全国高等院校创新教材

# 儿童福祉学导论

（供学前教育、社会工作等专业用）

主　编　隽国斌

全国百佳图书出版单位
中国中医药出版社
·北京·

图书在版编目（CIP）数据

儿童福祉学导论/隽国斌主编．—北京：中国中医药出版社，2020.1
全国高等院校创新教材
ISBN 978 - 7 - 5132 - 5991 - 0

Ⅰ.①儿…　Ⅱ.①隽…　Ⅲ.①儿童 - 社会福利 - 研究 - 中国　Ⅳ.①D632.1

中国版本图书馆 CIP 数据核字（2019）第 297792 号

**中国中医药出版社出版**
北京经济技术开发区科创十三街 31 号院二区 8 号楼
邮政编码　100176
传真　010 - 64405721
河北省武强县画业有限责任公司印刷
各地新华书店经销

开本 787×1092　1/16　印张 11　字数 256 千字
2020 年 1 月第 1 版　2020 年 1 月第 1 次印刷
书号　ISBN 978 - 7 - 5132 - 5991 - 0

定价　49.00 元
网址　www.cptcm.com

**社 长 热 线　010 - 64405720**
**购 书 热 线　010 - 89535836**
**维 权 打 假　010 - 64405753**

**微信服务号　zgzyycbs**
**微商城网址　https://kdt.im/LIdUGr**
**官 方 微 博　http://e.weibo.com/cptcm**
**天猫旗舰店网址　https://zgzyycbs.tmall.com**

如有印装质量问题请与本社出版部联系（010 - 64405510）
版权专有　侵权必究

# 《儿童福祉学导论》编委会

主　编　隽国斌

副主编　柳思宇　陈晓红　徐　晶

编　委　（按姓氏笔画排序）

于凌飞　王文迪　刘瀚青

孙　钰　杨之蕾　张育婷

庞天朝　郑雪琴　崔明玉

韩美玉

# 编写说明

　　福祉学的研究范畴涵盖哲学、经济学、法学、教育学、医学等多个学科门类。改革开放以来，随着中国社会及经济的发展，政府和社会对于儿童的关注和支持日益增加。欧美国家将 20 世纪称为"儿童的世纪"。于中国而言，21 世纪才真正到了"儿童的世纪"。2010 年被很多学者称为"中国儿童福利元年"，儿童福祉在中国发展的环境已经具备。儿童福祉学以全体儿童为研究对象，以留守儿童问题、特殊儿童问题、少年犯罪、虐童、儿童教育、儿童医疗等当下社会热点问题为研究重点，以交叉学科研究为思路，扩展当下中国儿童的教育、养育、医疗照护、法律保障、社会福利的内涵与外延，建立彼此间的有机联系，围绕儿童发展与权益保障形成一个全新的学科。这是一种新的探索和实践，具有一定的前瞻性。

　　本教材系统阐述了儿童福祉的概念、发展历程、政府的职责、儿童福祉的设施设备等，是一本适用于高等院校学前教育、社会工作专业学生使用的教材。全书共七章，第一章为儿童福祉概论，第二章介绍中国儿童福祉政策，第三章介绍外国儿童福祉政策，第四章介绍儿童福祉与养护机构，第五章介绍儿童福祉与家庭支援，第六章介绍弱势儿童福祉，第七章介绍儿童福祉相关工作人员与职业发展。

　　本教材由东北师范大学人文学院资助、东北师范大学人文学院师生共同编写。具体分工：第一章、第六章由陈晓红编写，第二章、第三章由隽国斌编写，第四、五章由柳思宇编写，第七章由徐晶编写，主编隽国斌负责统稿和审稿，杨之蕾、庞天朝、于凌飞、韩美玉、崔明玉、郑雪琴、孙钰、王文迪、张育婷、刘瀚青参与了资料收集、整理与核查等工作。

　　在编写本教材的过程中，我们深刻感受到儿童福祉研究意义之重大，发展道路之艰辛漫长，在国家的引领下，社会、学校、家庭共同为儿童构建友好支持的成长环境，发挥法律的神圣功能、社会的监督责任和家长的监护职责以及儿童福祉研究者的聪明才智，让儿童的成长多一些保障和支持，少一些担忧，携手开创儿童福祉研究与实践的新气象，为中华民族的伟大复兴贡献力量。

　　本教材编写参考和借鉴了国内外专家、学者的部分观点和资料，在此向相关作者表示由衷地感谢。由于时间仓促，加之水平有限，本教材若有疏漏、不足之处，敬请读者批评指正，以便再版时修订提高。

《儿童福祉学导论》编委会

2019 年 12 月

# 目 录

# 第一章 儿童福祉概论

**【学习目标】**

掌握：儿童福祉的含义和范畴，儿童福祉的基本理念。

熟悉：儿童福祉的理论基础。

了解：儿童福祉的发展历程。

**【本章导读】**

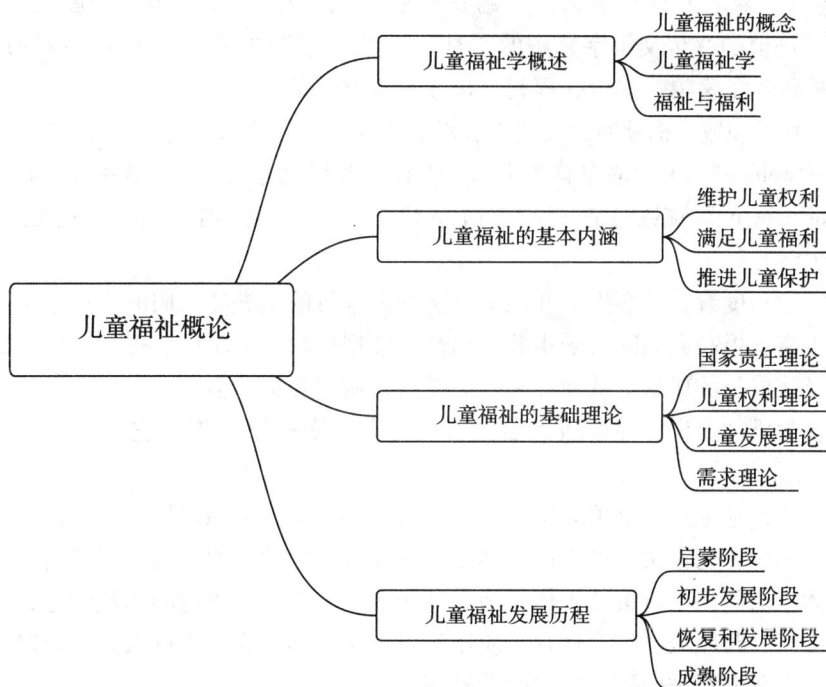

图1-1 儿童福祉概论内容导读

儿童福祉这一概念在近些年传入中国，随着时代的发展，传统的福利和救助已不能满足新时代儿童成长与发展的需求和国家政策变革的需求，儿童福祉的研究和探索成为必然选择。本章介绍儿童福祉的相关概念、理论基础及世界范围内儿童福祉的发展历史，以从宏观上把握儿童福祉概况。

# 第一节　儿童福祉学概述

儿童福祉学为一个全新的概念，在国内尚无人正式提出，作为一个新的交叉学科，与传统学科既有区别也有着密切的联系，这一新兴学科的诞生是时代发展的必然产物。

## 一、儿童福祉的概念

### （一）福祉

福祉一词于现代中国而言是一个涉及教育学、经济学、社会学、法学、心理学等学科的综合概念，有着悠久的历史，并随着时代的变迁而不断生成新的内涵。

从文字学角度来看，福祉一词最早见于商代甲骨文：甲骨文的"福"字，表示巫师手奉美酒，祭祀祈祷，作为形容词，意为满足、理想、幸运；作为名词，意为丰盛的物质享受，理想的生活。甲骨文的"祉"字，表示新址祭祀祈祷；作为动词，意为祈祷基址吉利，新宅平安；作为名词，意为吉利平安、福份、福禄。汉代易学家焦延寿在《易林·卷三·泰之大有》中曰："赐我福祉，受命无极。""福祉"就是"福、禄、利"之意。许慎的《说文解字》中的"祉"即是"福"的意思。可见，中国历史文字记载的福祉包含了幸福、快乐、福利、福气等多重含义。

在社会科学领域，福祉的含义主要借鉴了西方对于福利的研究，英文表述为"well-being"或"welfare"，有学者翻译为幸福，也有学者翻译为福祉，包含幸福与福利的双重概念，"well-being"描述的是一种人的生活状态，"welfare"则用于表明如何通过社会行动让人"生活好"。

从经济学角度看，社会生产和经济发展的根本目的是提高人们的生活水平，使人们物质更加丰富，提高人们的快乐指数。福祉的实现使每一个阶层、每一个群体的人们都能享受到经济成长的成果，从而缓和社会矛盾，构建和谐社会。

从心理学维度上说，福祉即幸福，学术界常用幸福感来表示它，幸福是一种心理感受。

综上所述，福祉是一个关系国计民生的复合型概念，是指能提供给个体物质和精神满足的幸福感的一切做法，可以由个体或社会发起，由社会团体或政府部门执行，最终作用于个体生活的国家政策和个体行为。基于福祉的发展和研究的福祉学是跨学科、跨行业、跨部门、跨领域的综合性社会应用学科，是人类社会发展进入高级阶段的必然产物，也是未来研究福祉问题与实践的前沿领域。

### （二）儿童福祉

#### 1. 儿童福祉的分类

儿童福祉作为大福祉的一个细分领域，根据年龄划分，研究对象是指年龄段为 0～18 岁的儿童。儿童有着自身特殊的发展需求，与其他福祉有着较大的差异。儿童福祉的概念可分为理论概念角度的儿童福祉与实际操作角度的儿童福祉。

（1）**理论概念角度的儿童福祉**　理论概念角度的儿童福祉亦可称为理念或思想层面的儿童福祉，是以儿童福祉政策、制度、活动等为手段，为了儿童的幸福、安宁，实现一种理想的儿童生存状态所采取的一切措施，帮助儿童克服生活和成长的困境，保障儿童基本权利。

（2）**实际操作角度的儿童福祉**　实际操作角度的儿童福祉分为广义的儿童福祉和狭义的儿童福祉。它从活动内容、对象、主体范围角度，广泛地定义儿童福祉概念，包括围绕所有儿童进行的一切社会服务，儿童保健、教育、保护、儿童游乐设施设备、特殊需要儿童相关服务等，也包括与儿童生活息息相关的家庭活动。实际操作角度的儿童福祉强调必须与全体儿童的生活相关，让所有儿童都能感受到幸福和来自于社会的关爱，其中，特殊需要儿童群体的需求是关注的重点。

**2. 儿童福祉的定义**

儿童福祉的概念是包含了目的、理念在内的具有实际意义的含义，现今对儿童福祉的定义有两种说法。

（1）**权利至上的儿童福祉**　权利至上的儿童福祉指为了让所有孩子的权利得到尊重，所有孩子都能健康、开朗、人格健全地生活、成长，以儿童利益最大化为基本原则，确保实现孩子自身和社会价值所进行的所有活动。公共领域和私人范畴的活动，都应为孩子的生活和发展提供支持。

（2）**发展为核心的儿童福祉**　发展为核心的儿童福祉是以儿童的发展、自我成长为核心，确立儿童与整体生存环境的交叉点，重视儿童作为人的尊严，努力为儿童寻求自我实现的途径，以国家、地方公共团体、法人、私人机构为主体，构建适合儿童发展的相应体系。

对于当下的中国，定义为权利至上的儿童福祉更为现实，能够满足目前儿童发展所面临的急迫需求，解决教育、环境、医疗等难题，需要政府的主导和支持，给予儿童权利、尊严和保护。未来发展为核心的儿童福祉是未来数十年努力的方向，它需要政府、社会、个人加强对儿童的重视和支持，这种观念的改变和体系的构建需要较长时间。

## 二、儿童福祉学

### （一）儿童福祉学的研究对象

本教材的"儿童"年龄界定参照《儿童权利公约》对儿童年龄的界定，即"0～18岁"。

儿童福祉学主要研究对象涵盖保障儿童健康、安全、成长的政策、法规、做法、现象、问题及对策，具体包括以下7个方面：①儿童福祉相关立法的分析、制定与应用研究；②儿童福祉相关政府部门职能开发与整合；③儿童福祉相关社会机构的创建、运行；④儿童福祉相关设施、设备的开发与提供；⑤儿童福祉相关现象、问题的分析与解决；⑥儿童福祉相关成功经验的推广；⑦儿童福祉相关理论的创设与完善。

### （二）儿童福祉学的研究范畴

#### 1. 法学领域

儿童相关政策、法律、法规的构建与实施是实现儿童福祉的必要条件，目前专门针对儿童的立法还不够完善，儿童问题的解决存在无法可依的现象，需要法律监督与管理才能构建出儿童友好的社会。

#### 2. 教育领域

教育对于国家、家庭和个人的成长有着关键作用，也是社会关注的重点。从早期教育到高中教育，无论是正规学校教育还是校外教育，都是儿童成长所必需的条件。义务教育向下延伸目前是很多教育家所呼吁的，也是很多家庭所期盼的。2015 年联合国教科文组织在《仁川宣言》提出"到 2030 年，各国政府提供至少 1 年的免费学前教育"的目标。2018 年 11 月《中共中央国务院关于学前教育深化改革规范发展的若干意见》中指出"到 2020 年，全国学前 3 年毛入园率达到 85%，普惠性幼儿园覆盖率达到 80%。到 2035 年，全面普及学前 3 年教育"。进一步明确了学前教育在国民教育体系中的地位和公益普惠属性，体现了教育的福祉性质。

#### 3. 经济学领域

儿童生活、成长、发展需要经费保障，面向全体儿童和针对特殊儿童的政策与福利的实施同样需要经费支撑，做好国民财富的再分配，将社会资金和财富引入儿童福祉建设是我国目前面临的一个重大的经济课题。

#### 4. 哲学领域

哲学领域中的伦理学关系到家庭成员之间关系的构建，家庭作为儿童成长和生活的主要场所，家庭关系的健康显得尤为重要，家庭暴力等家庭行为既是伦理学的问题也可能上升为法律问题。

### （三）儿童福祉学概念界定过程

儿童福祉学是以儿童成长相关政策、法规、部门机构、做法、现象、问题及对策为主要研究内容的学科。通过梳理儿童福祉发展历史，分析儿童福祉发展现状，比较和借鉴国内外儿童福祉的优秀做法，提出有效的问题解决策略，为中央和地方政府制定相关政策、措施的实行提供理论依据，为社会各相关部门实践儿童福祉提供参考做法和建议，为儿童福祉的理论研究开创道路，为儿童福祉产业发展及人才培养开创路径，为儿童更好地成长保驾护航。

### （四）儿童福祉发展的影响因素

#### 1. 经济因素

经济发展对于福祉内涵的提升有着密切关系，福祉常被认为是经济增长的成果，国民生产总值（GDP）或居民收入对于从经济视角评估居民福祉水平是十分重要的，所以福利经济学常常把收入或财富水平作为影响福祉高低的主要因素，认为绝对收入、绝对财富的增加就意味着更高消费水平和更为幸福的生活。

**2. 社会文化因素**

文化是福祉的重要影响因素，文化教育可以较大地提升人们的福祉水平。社会保障制度、社会文化、社会卫生状况、教育发展等应作为幸福指标体系的主要指标。随着时代的进步，人类发展目标也从"物本主义"转向"人本主义"，不再只看重物质对于人文发展、生活质量也有多方面的考量。

**3. 生态环境因素**

研究表明，人均生态系统服务与人类主观福祉呈正相关关系。生态环境福祉存在的较大差异性源于不同社会群体对生活的不同诉求，消费者的收入水平与环境质量的需求呈正相关，高收入群体对生态环境福祉的需求更高。

**4. 个人特征与遗传因素**

个人福祉的判定存在较为明显的个体差异，个人的性格特点、教育程度会带来较为显著的功能性选择差异，进而产生福祉体验的差异。有研究表明，个体对未来期望和目标的差异影响着个体的福祉体验和幸福指数。

**5. 政策因素**

国家之间对于财富的再分配有着明显的区别，形成了多个局域性的有特色的福利体系，经济最发达的国家并不是儿童福祉发展最好的国家，经济落后的国家儿童福祉也可以发展得很好，所以政策因素对于儿童福祉发展的影响大于经济因素的影响。

## 三、福祉与福利

### （一）福利

早期的社会福利（social welfare）概念体现出较强的补缺型特点，其政策设计所针对的个体以特定困难人群为主，随着时代发展福利提供范围开始从特殊困难群体转变为全体公民，美国的《社会工作辞典》将其界定为"帮助公民满足社会、经济、教育和医疗需要的项目、待遇或服务制度"。

### （二）儿童福利

儿童福利是指帮助儿童满足社会、经济、教育和医疗需要的国家支持、补助和服务的制度，是维持儿童成长的基本条件。同时，儿童福利亦指儿童作为自然人，在社会生活中处于幸福、正常的存在状态。

### （三）儿童福利制度

广义的儿童福利制度是指国家依法为全体 18 岁以下公民提供的旨在保证一定生活水平，尽可能提高其生活质量的资金、物品、机会和服务的制度，强调社会公平和普适性。

狭义的儿童福利制度是指面向特定儿童和家庭的服务，特别是在家庭或其他社会机构中未能及时满足其需求的群体，如留守儿童、孤儿、残疾儿童、流浪儿、被遗弃的儿童、被虐待儿童、行为偏差或情绪困扰的儿童等，为保证社会公平给予其特别的救助和帮助。

### （四）福祉与福利

从内容方面，"福利"更多指向物质层面的利益享受状态，"福祉"更强调物质和精神上的双重"幸福感"和"生活状态"。

从服务对象方面，"福利"一般指向弱势群体，"福祉"则包括全体社会成员，福祉涵盖范围更具广泛性。

从执行部门方面，"福利"执行部门相对复杂，包含十几个部门，分属于国务院妇女儿童工作委员会、民政、财政、发展改革委员会、卫生、教育、劳动保障、公安、司法、建设、共青团、妇联、残联等。"福祉"未来需成立统一的管理部门来进行管理，例如儿童局。

总体来看，"福祉"与"福利"在本质上是一致的概念，在人类历史发展与文化建构中形成一定的区别，福祉的范围更广，福利包含于福祉中，福祉代表着人们更高层次的物质和精神需求。

# 第二节　儿童福祉的基本内涵

儿童福祉在全世界范围内获得认同，虽然每个国家的具体做法不同，但是各国所遵循的基本理念却是相同的，即将儿童的利益放在首位，保证儿童利益的最大化。

## 一、维护儿童权利

### （一）儿童权利的内容

儿童权利的内容包含《儿童权利公约》中所述的生存权、发展权、受教育权、医疗权利、自由发表言论等权利，儿童的权利不因种族、肤色、性别、语言、宗教、家庭成员的身份而被剥夺或受到不平等对待。儿童权利主要有四个，分别为生存权、受保护权、发展权、参与权，目前中国社会关注的热点具体体现在儿童教育（胎教到高中）、儿童健康（医疗、保健、环境）、儿童保护（防虐待、防拐卖）、弱势儿童救助（孤儿、残疾儿童、流浪儿童、留守儿童）等方面。

### （二）儿童权利的特殊性

儿童权利有着特殊性即"权利和义务的不对等"，儿童作为身心极度弱小的群体，实现对等的义务是不现实的。对于这样一个特殊的群体，世界各国的态度已经达成共识。《儿童权利宣言》中说："儿童因身心尚未成熟，在其出生以前和以后均需要特殊的保护和照料，包括法律上的适当保护。"在《日内瓦儿童权利宣言》（1924 年）、《世界人权宣言》（1948 年）、《儿童权利宣言》（1959 年）、《公民权利和政治权利国际公约》（1966 年）、《经济、社会、文化权利国际公约》（1966 年）等国际文件中都明确提及儿童权利和义务的不对等性。联合国将每年 11 月 20 日定为"国际儿童人权日"，以提高缔约国对儿童权利的重视和尊重。虽然儿童无法履行所对应的义务，但是儿童具有巨大的潜力，在儿童成年之后，会对社会和世界作出贡献。这种"迟来"的或者说"延后"的"义务"，对于维系国家的发展和人类的发展是至关重要的。儿童为自己争取权益的条件远不及成人，越是年龄小的儿童越是需要政府、社会各界及家庭成员共同的关注和支持。

## 二、满足儿童福利

### （一）全体儿童的福利

儿童的福祉是面向全体儿童的，而非仅仅面向部分特殊儿童或者弱势儿童群体的。每个儿童都有权利获得相应的福利，获得照料者、家庭、社会、政府在生活、法律、机构设施、专业人员等方面的帮助。目前很多国家将重点放在弱势儿童群体上，实施的是补缺型的儿童福利政策，这既有各国福祉理念不同的原因，也是"心有余而力不足"的表现。对于儿童福利的全覆盖需要大量的财政来支持，以儿童医疗为例，1949 年中华人民共和国成立后，实行的是城乡二元制，福利覆盖范围主要是城市儿童。2002 年起推行的新型农村合作医疗制度，将儿童纳入了保障范围，目前参保率达到 90% 以上。2010 年政府开展了提高农村儿童重大疾病医疗保障水平试点工作，保障范围逐步扩大。

### （二）弱势儿童的特殊福利

弱势儿童是指在儿童群体中身体、心理、经济、成长环境等处于不利地位的儿童，包括身体或心理残疾儿童、流浪儿童、孤儿、农村留守儿童、贫困儿童等，相对于正常儿童来说，他们的生存和发展环境堪忧，需要额外的关注和帮助。补缺型福利制度的国家将弱势儿童作为主要服务对象，也是政府资金重点投入的地方，公办儿童福利机构的条件好，运行经费有保障。《儿童权利公约》明确指出"残疾儿童有接受特别照顾的权利"，对于经济欠发达国家，针对弱势群体的救助也十分有限，接受国际组织和外国基金会援助成为改善儿童福祉的重要途径。

## 三、推进儿童保护

保护儿童是政府的职责所在，也是家庭、社会共同的责任，扎实推进儿童保护是儿童福祉各项措施取得成果的必要保证，应该避免只说不做，或者不按法律法规要求做的现象，变被动为主动。

### （一）政府职责

政府作为维护儿童权益的主要力量，其地位无可替代。纵观中外儿童福祉发展历史，政府的职责和对儿童福利的态度经历了从不关心、关心很少到主动承担保护和支持职责的发展过程，不断加大投入和监管力度。截至 2015 年，联合国通过的《儿童权利公约》缔约国已经达到 196 个，世界大部分国家已在公约的框架和监督下履行政府职责，国家是保护儿童生存、发展、受教育、健康、免受迫害的最有力且最大的屏障。

**1. 政府的强有力支持，可扩大义务教育范围**

对于一些人口大国，如中国、印度等，想要普及学前教育和义务教育必须投入巨额资金，儿童医疗的覆盖和大病救助也需要政府的统一政策与规划。

**2. 完善儿童福祉相关法律是儿童福祉实现的重要条件**

世界各国儿童福祉方面的法律建设是儿童福祉实施的保障，代表性的法律有日本的《儿童福利法》（1947 年），瑞典的《儿童及少年福利法》（1960 年）、《学前教育法》（1975 年），加拿大的《儿童福利法》修正案（1965 年），美国的《儿童保育法》（1979 年），南非的《儿童保健法》（1983 年）、《儿童法》（2005 年），墨西哥的《学前义务教育法》（2002 年）等。

**3. 政府工作人员是儿童福祉的保护者**

发生战争、自然灾害时，政府对受灾儿童的救助是最有效的，对于家庭暴力、人口拐卖、学前机构虐待儿童等犯罪行为，也需要政府立法部门完善法律，执法部门认真执行。

### （二）家庭职责

家庭在儿童的成长中有着不可替代的作用，在古代，家庭几乎承担着儿童成长的所有风险和所需，古代中外的儿童观认为儿童是家长的"私有财产"，可以任意处置。随着儿童的价值被发现以及欧洲掀起了人权运动，儿童的地位获得持续提升，在家庭中不再是父母的"附属品"。联合国在《世界人权宣言》中说："母亲和儿童有权享受特别照顾和协助。"《儿童权利公约》强调，儿童与成人一样拥有各种权利，儿童与家长之间不存在不对等关系。虽然儿童不能为家庭提供经济上的帮助，年龄小的儿童甚至不能明确表达诉求，但是这并不影响家长与儿童之间的平等地位。

家庭中家长与儿童之间的责任和义务，由于儿童年龄的特殊性，存在着不对等的特殊状态，但家长对于儿童的责任不能打折扣，需保证儿童的生存、发展、安全、不受迫害，承担起监护者和保护者的责任。如果家长因忽视导致儿童受伤、走失，甚至受到虐待、抛弃、故意伤害是要承担法律责任的，家长要在国家的法律监督和社会舆论监督下履行自己的职责。很多国家把对儿童的支持是通过支持家庭的方式来实现，例如提供各种津贴、补贴、免税等。政府除了金钱的支持还应提供高质量的免费培训，例如，我国台湾的台中市就通过"托育中心"免费为祖辈父母提供专业的教养儿童培训，合格者会获得一定的现金奖励。

### （三）社会监督

社会对于儿童的成长同样负有责任。在公共场所提供无障碍设施，为残疾儿童出行与活动提供便利应成为城市建设者需要思考和注意的重要内容。2016 年，国家卫计委发布了《关于加快推进母婴设施建设的指导意见》，增加公共场所的母婴设施。社会还应该起到监督的作用，监督家长的行为，在公共场所发现家长对待儿童的不当行为、儿童被拐卖等犯罪行为，当及时阻止并报警，如 2018 年的长春长生疫苗事件中，社会的舆论监督起到了十分重要的作用。因此，需要社会、政府、家庭等各界力量结合，为儿童的成长和发展提供更好的条件和保障。

# 第三节　儿童福祉的基础理论

儿童福祉作为一个新的交叉学科，涉及教育学、法学、经济学等多个学科领域，其研究的理论基础也较为广泛，既包括法学的理论也包含教育学等其他学科的相关理论。这些理论共同成为儿童福祉诞生和发展的基础，代表性的理论有国家责任理论、儿童权利理论、儿童发展理论、需求理论等。

## 一、国家责任理论

国家责任（national responsibility）是指一个国家要为其国民的生存、发展、安全、健康、幸福生活和可持续发展承担和履行责任。在法学当中，既要承担国内责任，也要承担国际责任。国家责任理论起源于工业革命之后，社会出现的老、弱、病、残、儿童等弱势群体需要政府承担起照顾的责任，保障其生存与发展，是现在世界各国福利制度的思想源泉，补缺型福利制度的国家是这种理论的忠实奉行者。对于儿童而言，在家庭当中，父母是儿童的庇护者，尤其是父亲，当家庭中的父母缺位时，国家应站出来替代父母承担监护的职责。1899年美国伊利诺伊州的《少年法院法》是"国家亲权"这一理论在欧美广泛传播和应用的重要标志，这使得儿童得以国家的庇护，法院的判决也有了理论基础。随着时代的发展，国家由儿童的权威式的保护演变为对儿童权益的保护，即帮助每个儿童过上幸福生活是政府不可推卸的责任。

## 二、儿童权利理论

儿童权利理论源于西方的儿童观，西方儿童观的演进经历了原始社会到现代社会的漫长历程。古代社会视婴儿为私有财产，孩子的成长受到成人意志的影响，随着基督教的崛起，宗教思想主导着中世纪的儿童观，"性恶论""赎罪说"导致家长严厉的惩罚和对待儿童，同时存在的还有"预成说"，把孩子当成"小大人"。经历了文艺复兴和启蒙运动后，人们发现儿童有着自身独特的特点。到了20世纪，儿童的地位获得极大的提升，儿童权利理论的哲学基础也在这一时期诞生，即儿童与成人一样拥有权利这一观点得到广泛认可，相继颁布了《儿童权利宪章》（1923年）、《儿童权利宣言》（1959年）、《儿童权利公约》（1989年）等法律，世界关于儿童权利的议题也从"儿童有没有利力"到"应该拥有何种权利""儿童权利的特点""究竟是应该保护儿权利还是解放儿童权利""国家的角色与手段""父母的角色与手段"等更加深入和细致的话题。《儿童权利公约》是全世界对儿童权利探索和实践的重要成果，也是关于儿童权利的最丰富、最全面、最权威的国际公约，关于儿童权利理论的核心观点在其中有着较为明确的描述，可概括为"四项原则"，即无差别歧视、儿童的最大利益、生存与发展、尊重儿童的意见；"四类权利"，即生存权（survival rights）、受保护权（protection rights）、发展权（development rights）、参与权（participation rights）；"三项内涵"，即"儿童是独立的生命体，而非父母或政府的私有财产，应受到作为人的生命尊重""儿童不应被歧视""儿童发展尚未成熟，其生命具有依赖性"。

### 三、儿童发展理论

美国加利福尼亚大学默里·托马斯（Murray Thomas）教授在其著作《儿童发展理论》一书中详细阐述了儿童发展的教育学和心理学观点，这种提法也是目前国内外对于儿童健康、和谐发展的教育学和心理学相关观点的总称，例如皮亚杰的认知发展阶段理论、弗洛伊德的精神分析学说、班杜拉的社会学习理论、加德纳的多元智能理论、罗杰斯的人本主义、布朗芬布伦纳的生态系统理论等。根据这些思想，儿童的成长和发展有着其自身独特的特点，不同发展阶段有着各自的需求，外界环境提供的支持也各不相同，包括父母的教与养、学前教育的机构、社会或政府提供的物质支持、安全的儿童生活和虚拟网络的构建等。有针对性地提供儿童需要的或者说是以儿童喜欢的方式提供儿童发展所需的支持，对于儿童而言即为幸福，此即福祉。

### 四、需求理论

需求概念是西方补缺型福利理论的重要概念。需求是人类生存、发展、追求幸福的各方面发展的诉求，既包括生存方面也包括发展方面，依据不同生活阶段而有所不同。儿童有着自身特殊的需求，作为人生中最弱小的一个阶段，儿童的"需求"不同于成人，儿童身体弱小，身心发展都处于初级阶段，在生存、自理能力方面对于外界的依赖很大，需要父母、家庭、社会、国家给儿童提供特殊的照顾和保护，在立法、物质保障、制度保障等各方面都要让儿童获得"满足"。常见的需求保障包括儿童的医疗、教育、家庭支持、福利服务、困境儿童的救助等。儿童的需求得到满足才能获得成长和发展，儿童需求获得满足的质量决定了儿童的福祉是否实现以及实现的程度如何。

# 第四节  儿童福祉发展历程

儿童福祉的发展与政治、经济、文化、教育的发展密不可分，儿童福祉的实现是通过儿童之外的人和物来实现的，具有极大的依赖性。全球范围内儿童福祉发展的进程大致可分为四个阶段，呈现较为明显的地域差别，而划分的主要依据是代表性的法律法规颁布、典型事件等。

### 一、启蒙阶段（1850 年之前）

#### （一）时代背景

在 19 世纪中期之前，世界对于儿童的态度总体并非友好，欧洲在基督教原罪说的影响下，对孩子的照顾并非十分精细，体罚、杀婴、弃婴现象频发。非洲、亚洲也有着类似的现象，儿童的生存状况堪忧，但也存在一些救助儿童的行为，儒家的仁爱思想以及宗教的救世思想支持了官方和民间对儿童的救助行为。

### （二）典型做法

19 世纪中期之前是一个漫长的时期，世界各国对于儿童的观点也在经历着变迁。儿童观的变化也随着政治、文化的变化而不同。在欧洲，16 世纪之前，官方对儿童权利和福利关注较少，最先关注儿童福利的是英国，英国是欧洲最早进行工业革命的国家，也是较早摆脱基督教控制的国家之一。16 世纪之前的英国对于儿童的教育，以及贫困和流浪儿童的救助态度冷漠，针对平民和贫困、流浪儿童、弃婴的教育及救助主要以教会为主，个人慈善也会参与其中，例如针对平民儿童的著名的教育方式"贝尔兰卡斯特制"就是在这样的背景诞生的。1601 年英国颁布了《济贫法》，这是欧洲最早关于儿童福祉的法律，根源在于英国是最早实施圈地运动和工业革命的国家，农民失去土地，产生了大量的贫困家庭和儿童，童工现象日益突出。欧洲近代的人权运动推动儿童观的变革，法国颁布了《人权宣言》（1798 年），英国颁布了《学徒健康及道德法案》（1802 年）、《新济贫法》（1834 年）等法律，政府开始关注儿童的生存状况，并承担起一定的责任，随着欧洲各国相继开始工业革命，儿童的问题成为各国政府关注的焦点。

19 世纪中期之前的中国，婴儿生存威胁的主要因素有杀婴、弃婴等社会习俗，以及贫困、战争、自然灾害等因素，这也是孤儿、贫儿、弃儿大量存在的主要源头。面对这种状况，中国古代官方的态度总体上还是关注儿童的，汉武帝以后历朝历代总体上延续了儒家的仁爱思想，以及佛教、道教的救世思想，传承相对稳定，至宋朝发展到儿童福祉的一个巅峰时期，明清得以传承和发展。

总体而言，在 19 世纪之前，中国对待儿童的态度相对西方较为友善，且中国宗教较少干预政权与决策，加之缓慢的工业化进程，让以农业和儒家思想为主的慈幼的态度和做法在漫长的历史中延续，欧洲各国则经历了对儿童从漠视到重视的巨变。

### （三）特征

#### 1. 对儿童不够重视，儿童权利未被广泛承认

大部分时间儿童权利并未被国家承认和尊重。18 世纪中期之前的历史时期，从文明荒芜到文明诞生，东方和西方国家都经历了漫长的过程，希腊文明被基督教所替代，持续了近千年的中世纪让儿童处于十分不利状态，后经历了文艺复兴，启蒙运动，工业革命，儿童才被发现、被承认、被尊重，直至 18 世纪儿童的地位得以被西方国家重视，生存与发展也受到政府的支持和法律的保障。中国为代表的东亚和东南亚地区，受持续千年的儒家思想影响，对儿童的态度总体平稳，并在宋朝儿童受到了更多的关注和照顾。

#### 2. 儿童权利的觉醒，儿童福利制度萌芽

儿童的地位和价值被发现，儿童权力观的确立是西方文明带给世界的全人类的重要成果。从文艺复兴至启蒙运动，在夸美纽斯、卢梭等教育家和思想家的推动下，"个人权利"的地位得以提高，为儿童权利保障奠定了思想基础。到 19 世纪中期，在欧洲，很多国家都颁布了针对儿童的法律，儿童时代的大幕被徐徐拉开。

## 二、初步发展阶段（1850—1945 年）

### （一）时代背景

这一阶段世界经历了经济、政治、思想的巨大变革，对儿童福祉事业有着巨大的影响。政治方面，众多国家的分裂与合并在世界各地频频上演，形成了两个政治对立的阵营，苏联为首的社会主义国家和美国为首的资本主义国家，形成各具特点的儿童福利制度。战争方面，这一期间发生了两次世界大战，儿童是受害者之一，战争带来的死亡、疾病等严重威胁着儿童的生存与发展。经济方面，工业革命在世界各地不断发展和深化，新技术、高科技的出现，改变了家庭的生活方式，世界各国逐步实现工业化，随之产生的是女工的增多带来儿童照料的困难，以及贫困儿童、流浪儿童、童工等社会问题。思想变革方面，人权思想逐步深入人心，儿童权利被不断地提升，走向了一个极端的地位，以教育权为例，19 世纪末开始的欧洲的新教育运动和 20 世纪初开始的美国进步主义教育运动，让儿童成为课堂的主宰，废除教材、废除课堂、不再留作业、取消考试等实验，让儿童获得充分的"自由"，这种情况持续到 20 世纪 50 年代而宣告结束，虽然饱受争议，但是对于儿童的权益的发展而言是有进步和积极意义的。

### （二）典型做法

20 世纪被称为"儿童的世纪"，这一时期世界各国普遍承认并积极推动儿童福祉的发展。

政府的做法一是立法，二是召开会议或者成立组织。立法方面，各国政府普遍通过立法维护儿童的权益，代表性的法律有英国《儿童法案》（1889 年）、《产妇幼儿福利法》（1918 年）；日本《母子保护法》（1937 年）、《儿童保护法案》（1921 年）、《儿童虐待防止法》（1933 年）；德国《帝国青少年福利法》（1922 年）；中国《工厂设置哺乳室及托儿所办法大纲》（1936 年）、《推行家庭教育法》（1940 年）、《免费医疗陪都贫病儿童暂行办法》（1943 年）、《强迫入学条例》（1944 年）；美国《社会保障法》（1935 年）；瑞典《家庭补贴法》（1937 年）、《公立托育政策》（1944 年）等。

举办会议或成立机构也是政府推行儿童福祉通常采取的措施之一。1894 年澳大利亚成立维多利亚预防虐待儿童协会是较早的防儿童虐待组织，19 世纪末澳大利亚大多数州成立儿童法院。1909 年美国的白宫儿童会议在全世界都有巨大的影响，连续举办多次。美国 1912 年成立了联邦儿童局成立，1920 年成立美国儿童福利联盟，1941 年日本儿童福祉协会成立。

### （三）特征

这一时期世界儿童福祉的典型特征是政府主动承担更大责任，民间力量逐步退出主导舞台。教会、慈善组织、个人慈善在 18 世纪以前的欧洲占据着主要的地位，随着工业革命和政治变革，教会力量日渐衰弱，工业革命带来了大量的贫困人口、流浪儿童、贫困儿童，童工问题突显，失败家庭不断增多，儿童成长无法获得保障，儿童的保护必须由国家来接管，医生、护士、警察、社工、教育工作者代表国家意志保护儿童，为儿童安全和成长提供保护网。

在儿童福祉模式上，这一时期世界各国补缺型模式占据主导，家庭负担儿童成长的首要责任。美国、英国等欧美主要国家，以及中国、日本等亚洲主要国家在这一时期都是以弱势儿童为政策关注重点和财政拨款的倾斜对象。

## 三、恢复和发展阶段（1946—1979 年）

### （一）时代背景

第二次世界大战之后，世界各国进入到相对稳定的经济发展时期，各国都在弥补战争的创伤，恢复战前的儿童福祉做法的同时，也在积极的解决战争遗留下来的大量的孤儿、贫困儿童、流浪儿童等社会问题。各国都出台了相应的政策和措施，例如日本《儿童福利法》（1947 年）、英国《子女法》（1948 年）、美国《儿童虐待预防法案》（1974年）等。西方国家进入在经济发展黄金时期，财富的积累为儿童福祉的发展提供了经济基础，大部分国家的儿童福祉的法律和政策框架是在这个时期完成的，为后期儿童福祉走向成熟奠定了重要的基础。

### （二）典型做法

国际组织发挥着越来越大的作用，在全世界范围内努力维护全世界儿童的权益。1948 年联合国发布了《世界人权宣言》，1950 年《欧洲人权公约》签署，1959 年成立欧洲人权法院。1959 年，联合国大会通过了《儿童权利宣言》，明确了世界各国的儿童应当享有的各项基本权利，包括儿童最大利益原则、儿童应受到特别保护、免费和义务的初级教育权等，成为各国儿童权利发展的重要纲领。这些国际文件为 20 世纪末出台的《儿童权利公约》奠定基础。

这一个时期世界各国进入了政策和法律颁布的密集时期，进一步的丰富和完善本国的儿童福祉法律框架，例如加拿大修订了《儿童福利法》（1965 年），制定了《少年保护法案》（1979 年），美国颁布了《所有残疾儿童教育法》（1975 年）和《儿童保育法》（1979 年），瑞典颁布《儿童及少年福利法》（1960 年）和《学前教育法》（1975年），日益完善的法律是儿童福祉发展与进步的重要特征。

### （三）特征

这一时期儿童福祉的典型特征是各国儿童福祉发展迅速，法律修订较多，新制订的法律也更加细致。各国在福祉建设方面更加的积极，总体呈现繁荣的景象，很多国家的儿童福祉框架体系就在这个时期完成的。

## 四、成熟阶段（1980 年至今）

### （一）时代背景

世界各国经历了经济普遍获得腾飞，中国、印度、巴西、南非等国家经济飞速发展，被称为金砖国家。"地球村"的概念被广泛接受，国家之间经济、文化、技术、旅游等往来变得十分密切，信息技术、网络技术让世界变得不再遥远。经济发达国家的儿童福祉日趋成熟，形成了几种代表性的儿童福祉类型，参照丹麦学者艾斯平－安德森对西方福利国家的划分方式，可将儿童福祉划分为英国模式、德国模式、北欧模式和东亚模式，其中英国模式主要以补缺为主，针对贫困儿童等弱势群体展开救助，代表国家是英国、美国、中国；德国模式强调个人对社会的贡献，家长需要就业、纳税来获得政府为家庭成员提供的公共保障，代表国家是德国；北欧模式强调的是普惠性、全覆盖、公平性的儿童福利，只关注受助儿童的公民资格，无更多限制，代表国家瑞典、挪威等；东亚模式更注重家庭、社区对儿童福祉的作用，政府干预能力强，不存在大规模的个人福利和市场福利，代表国家日本、韩国。

### （二）典型做法

各国进一步修订和完善儿童福祉相关法律，提供更精细化的支持，例如，瑞典的《少年管教（特别条款）法》（1990 年），美国《不让一个孩子落后法》（2002 年）、《儿童和家庭服务改善与创新法案》（2011 年）等。部分发展中国家也在加大立法和对儿童的支持，例如墨西哥的《学前义务教育法》（2002 年），南非的《儿童法》（2005 年）等。区域性文件的颁布也标志着人们的儿童权利意识的进一步觉醒，例如《非洲儿童权利和福利宪章》。联合国儿童基金会、世界卫生组织、救助儿童会等国际组织采取行动帮助贫困国家和地区的儿童，例如联合国儿童基金会在埃及、中国的救助都取得了有效的成果。

### （三）特征

#### 1. 儿童福祉从补缺型向普惠型发展

世界大部分国家的儿童福祉是补缺型的，随着经济的稳步发展，政府有更多的财力支撑更大规模的福祉投入，呈现向普惠型发展的趋势，日本的儿童福祉在 1998 年前后呈现关注全体儿童发展的倾向。日本修订的《儿童福利法》（1997 年）为有儿童的家庭建立"儿童家庭支援中心"和"儿童咨询所"。中国的儿童福祉出现普惠型发展倾向是在 2010 年前后，2010 年被称为中国儿童福利元年，代表成果有农村合作医疗推广，普惠性幼儿园的推广，留守儿童的相关政策，《中国儿童发展纲要（2011~2020 年)》中首次单独设立了"儿童与福利"章节等，都表明政府应关注和扩大儿童福祉的覆盖范围。

#### 2. 儿童福祉发展的家庭取向

儿童福祉发展中家长的"懈怠"和不负责任的现象日渐明显，一些国家的儿童福祉出现了关注家庭的取向。韩国颁布的《健康家庭基本法》（2004 年）、《创造友好家庭社会环境促进法》（2007 年）等更多地倾向于家庭的帮助和自立，发挥家庭作为儿童成长责任主体的作用。美国等国家为避免出现家长享受福利的同时失去责任心情况而进行了"回归家庭"的制度改革，增强家庭的责任。

**3. 社会参与增多，儿童福祉供给主体多元**

儿童福祉的供给主体方面，各国因采用的儿童福祉模式不同而有所差别。北欧模式的国家，政府是儿童福祉供给的绝对主体，但在其他儿童福利模式的国家当中，尤其是发展中国家呈现出儿童福祉供给主体多元化的趋势，政府若无法做到高投入与全覆盖，则会动员社会力量、国际力量共同帮助政府实现儿童福祉的更大覆盖和更多供给的情况。

**4. 国际组织对贫困国家儿童的支持加大**

进入 21 世纪以来，世界各国交流日益频繁，国际组织发挥作用越来越大。在非洲、南美洲、亚洲等经济落后地区，国际组织致力于解决贫困地区和国家的儿童医疗卫生、教育等生存和发展难题，且取得了很好的成果，同时也带动了当地政府积极关注儿童，救助儿童。

**【材料链接】**

## 《儿童权利公约》的历史沿革

《儿童权利公约》（convention on the rights of the child）是世界范围内关于儿童的影响最大的国际公约，其发展却有着漫长的历程。从背景上看，欧洲人权运动和欧洲思想家对儿童的发现，使得 20 世纪上半叶儿童的地位获得快速提升。1923 年《儿童权利宪章》被救助儿童国际联盟所认可，1948 年《世界人权宣言》在联合国通过，1959 年联合国《儿童权利宣言》发布，明确了各国儿童应当享有的各项基本权利。这是第二份《儿童权利宣言》，1978 年《儿童权利公约》起草工作组成立。1979 年《儿童权利公约》开始起草，1989 年《儿童权利公约》起草完毕并于同年在联合国大会《儿童权利公约》获批，1991 年我国政府签署了《儿童权利公约》，成为第 105 个签约国，至 1999 年签约国增加至 192 个国家。

**【思考与练习题】**

1. 儿童福祉与传统福利概念有何差别与联系？
2. 儿童福祉是如何发展起来的？
3. 结合实际，谈谈你眼中的儿童福祉是什么样子。

**【小组讨论】**

1. 儿童福祉与政治、经济、文化、地域的关联有哪些？
2. 如何看待儿童福祉的国际化？

# 第二章　中国儿童福祉政策

【学习目标】

掌握：中国儿童福祉各历史阶段的特点，中国儿童福祉发展的趋势。

熟悉：中国儿童福祉发展与政治、思想、文化、经济的关系。

了解：中国儿童福祉发展的历史重大事件。

【本章导读】

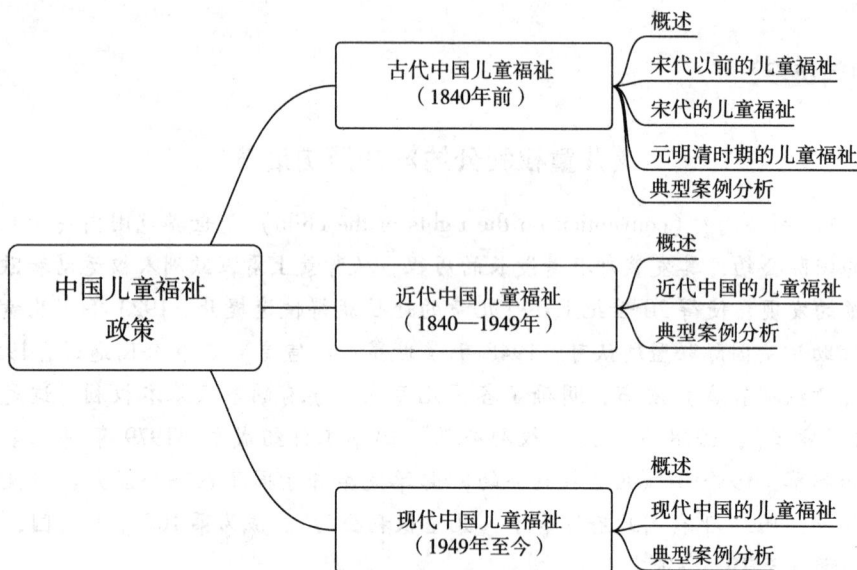

图2-1　中国儿童福祉政策内容导读

中国儿童福祉历史悠久，伴随着中国的政治、文化、经济的发展而改变，各个时期有着不同的特点。中国儿童福祉的发展维度，根据行使主体的不同，可分为官方实施的福祉和民间实施的福祉；根据福祉实施形式，可分为个体行为与有组织行为。

## 第一节　古代中国儿童福祉

古代中国是指1840年前这段时间，包括原始社会、奴隶社会和封建社会，以封建社会为主体。虽然各个朝代对于儿童的重视程度不同，但总体呈现出官方和民间对儿童逐渐重视，给予的支持总体攀升的态势。

## 一、概述

福祉于古代中国古籍中有所记述，其核心所代表的"善""亲""慈""爱"是中华文化一直接传承的正统思想。《礼记·礼运·大同》中记载"故人不独亲其亲，不独子其子，使老有所终，壮有所用，幼有所长，鳏寡孤独废疾者皆有所养"，先贤墨子提出了"兼爱"思想，古代先贤的思想反映了构建大同世界的美好愿望。

### （一）古代中国儿童福祉发展的影响因素

**1. 思想因素**

古代中国的儿童福祉主要关注内容是儿童的生存和养育，受到三种思想的深刻影响。

（1）"慈幼"　《周礼·地官司徒·大司徒》云："以保息养万民：一曰慈幼，二曰养老，三曰振穷，四曰恤贫，五曰宽疾，六曰安富。"

（2）"仁爱"　《论语·颜渊》中"樊迟问仁。子曰：'爱人'"。孔孟的仁爱思想是中国封建社会的道德标准，《孟子·梁惠王上》曰："老吾老以及人之老，幼吾幼以及人之幼。"仁爱思想让人们将关注儿童的目光从家里转向家外，这样才会有施舍、救济与互助。

（3）"民本"　民本思想体现了历代君主对百姓的重视。《荀子·哀公》曰："且丘闻之，君者，舟也；庶人者，水也。水则载舟，水则覆舟，君以此思危，则危将焉而不至矣？"《贞观政要·论政体》云："君，舟也；人，水也。水能载舟，亦能覆舟。"儿童为民本之本，根基所在，做好儿童福祉才能让统治稳固。

**2. 经济因素**

古代中国经济以封建农业为主的经济，汉唐以前，经济发展较弱，对于儿童的生存和发展的保障有限，汉唐以后经济快速发展，积累了较多的财富，对儿童的保障力度也日益增加，发展至宋朝官方对儿童的生存和发展提供了衣、食、医、教全面的保障，明清多延续宋朝做法，民间更加富有，创设的儿童救助机构也更多。

**3. 政治因素**

封建统治者们清楚地意识到百姓于国是未来的兵源和劳动力，于家是血脉与文化传承者，儿童是国与家的财富，儿童虽小，也关乎国家之兴衰，社稷之稳定，这也是封建社会爱护保护儿童的法律和做法诞生的重要依据。

### （二）古代中国儿童福祉的发展趋势

古代中国儿童福祉以残补型的救助为主要形式，实施对象多为弱势儿童，以救助的方式实施。

**1. 救助行为从分散到系统**

古代中国跨越了数千年，官方和民间的救助措施经历了从零散的、临时性的救助到系统性、持续性救助的过程，自魏晋以后形成了专门的救助机构，例如宋朝官方的慈幼局，民间的义庄等。民间的救助行为也从以个体救助为主演变为有组织的实施救助，形成了宗教组织形态（兴起于魏晋南北朝）、家族事业形态（兴于宋朝）、民间组织形态（历朝皆有）3 个类型。

**2. 救助方式从官方为主到官民一体化救助**

中国古代儿童福祉总体上看以官方为主导，民间的慈善组织作为重要补充。发展到明清，官方救助与民间救助呈现出互相补充、紧密配合的一体化趋势。以明嘉靖 34 年的关中大地震为例，除了减免赋税及地方官员开仓放粮，还有民间的宗教寺庙提供的施舍救助，富庶人家提供的饮食救助等。

**3. 救助内容从生存、养育到养、教、学、医的全面救助**

古代中国的儿童福祉以生存、养育为主要内容，这与先秦儒家贵"生"重"死"的思想密切相关。这种以"仁"为核心的人文情怀不仅影响着官方行为，对民间的救助也有着重要的导向作用。中国奴隶社会和封建社会的大部分时间，无论是鼓励生育的政策，还是对孤儿、贫儿、病儿的照料，多采用赠送布帛絮粮等实物的方式，保证儿童生存为优先考量因素。至宋元明清，则发展到不仅要救一时，还要帮助儿童获得独自生存的本领，增加了"教"与"学"的内容，明清时期外国慈善思想的传入进一步强化了这种趋势，孤儿、贫儿等弱势群体不仅衣食无忧，还可以上学，学习就业技能，乃至婚配都纳入到慈善组织的服务范围当中。

## 二、宋代以前的儿童福祉

宋朝以前的儿童福祉处于探索和初步发展阶段，早在西周时期就有救助和帮扶儿童的相关措施，西周的都邑中设有专门的官职"司救"，救济有病之民，可看作是中国官方福祉的滥觞，内容主要涉及对生育特殊照顾与奖励扶持，对鳏寡孤独实行特殊救济，如给粮食衣物等，也有恤刑、免赋税、徭役等做法，民间对儿童的救助也以保障生存为主要内容。

### （一）政府的举措

**1. 法律法规**

宋以前的儿童福祉政策以对弱势儿童的支援为主，采取赠送饮食、赠送衣物、免除赋税等措施。由于古代中国奴隶社会和封建社会都由皇帝、君王等统治，权力集中于个人手中，很多的政策是以皇帝或国王指令的形式颁布的（表 2-1）。

表 2-1　宋朝之前各朝代的儿童福祉政策

| 年代 | 名称与适用范围 | 救助方式 | 是否专门针对儿童 | 历史地位 |
|---|---|---|---|---|
| 西周 | 保息六政：儿童 | - | 否 | 慈幼为保息六政之首 |
| 春秋 | 九惠之教：儿童 | - | 否 | 设专职主管官员"掌幼" |
| 春秋（前 494 年） | 越王勾践诏令：生育家庭 | 家庭支援：饮食供给 | 是 | 有记录最早的育婴政策 |

续表

| 年代 | 名称与适用范围 | 救助方式 | 是否专门针对儿童 | 历史地位 |
|---|---|---|---|---|
| 西汉（前200年） | 汉高祖《胎养令》：生育家庭 | 家庭支援：税赋、徭役的豁免 | 是 | |
| 西汉 | 汉惠帝诏令：0～10岁犯罪儿童 | 刑法：优待犯罪儿童 | 是 | |
| 西汉 | 汉惠帝诏令：生育家庭 | 家庭支援：赋税、徭役豁免，饮食供给 | 是 | |
| 西汉（前167年） | 汉文帝诏令：孤儿 | 衣物供给 | 否 | |
| 西汉 | 汉景帝诏令：养子 | 刑法：保护儿童 | 是 | |
| 西汉 | 汉景帝诏令：0～8岁犯罪儿童 | 刑法：优待犯罪儿童 | 是 | |
| 西汉 | 汉成帝诏令：0～7岁犯罪儿童 | 刑法：优待犯罪儿童 | 是 | |
| 东汉 | 光武帝诏令：生育家庭 | 家庭支援：赋税（人头税）减免 | 是 | |
| 东汉 | 光武帝诏令：0～10岁犯罪儿童 | 刑法：优待犯罪儿童 | 是 | |
| 东汉（86年） | 汉章帝诏令：孤儿，贫儿 | 家庭支援：补助 | 是 | |
| 东汉 | 汉章帝诏令：生育家庭 | 家庭支援：赋税（人头税）减免，饮食供给 | 是 | |
| 南北朝（535年） | 北魏文帝诏令：被贩卖儿童 | 刑法：保护儿童 | 是 | |
| 南北朝 | 南朝陈文帝诏令：孤儿 | 粮食供给 | 否 | |
| 唐（827年） | 文宗诏令：孤儿 | 替代性福利，机构外照料 | 是 | |
| 唐 | 《唐户令》：孤儿 | 替代性福利，机构外照料 | 否 | |

## 2. 机构设置

官方主办的慈善救济机构最早可追溯至南北朝时期的六疾馆和孤独园，但这些并非专门针对儿童的独立机构，而是与其他弱势群体如孤老、寡妇等在一起，且机构数量和种类十分有限，主要是饮食和医疗救助方面（表2-2）。

表2-2 宋朝之前各朝代的官方儿童福祉机构

| 年代 | 名称与适用范围 | 救助方式 | 是否专门针对儿童 | 历史地位 |
|---|---|---|---|---|
| 南朝齐 | 六疾馆：患病贫困儿童 | 医疗救助 | 否 | |
| 北魏宣武帝（510年） | 六疾馆：患病贫困儿童 | 医疗救助 | 否 | |
| 南朝梁梁武帝（521年） | 孤独园：孤儿 | 综合救助 | 否 | |
| 唐朝唐玄宗（734年） | 悲田养病坊：乞儿 | 医疗救助 | 否 | |

### 3. 官方儿童福祉事件举例

唐贞观年间关中大旱，"饥民多卖子以接衣食"，太宗即下令"出御府金帛为赎之，归其父母"。该案例中官府出资为饥民赎子，保证贫者家庭父母与子女得以团聚，幼童得以在自己的原生家庭中成长，有利于儿童的健康，间接地对饥民家庭的资助，体现了统治者的慈悲思想，爱护儿童的善心。

## （二）民间举措

宋之前民间的儿童福祉主要是以个人乐善好施的形式进行，汉以后佛教等宗教救助逐步发展起来，成为另一股重要的力量。

### 1. 思想渊源

道德情感与伦理规范是行善举的动力，代表性思想如下。

（1）以孔孟为代表的儒家仁爱思想　儒家提倡扬善抑恶，"恻隐之心，仁之端也"，爱护生命为"仁"，滥杀无辜为"非仁"，儒家思想的代表人物董仲舒在《春秋繁露》中主张凡"木用事"时，"则行柔惠，存幼孤"；而"土用事"时，"则养长老，存幼孤，矜寡独，赐孝悌，施恩泽"，其所主张的"亲亲""仁民"也包含儿童群体。

（2）道教思想　东汉顺、桓之际，道教正式产生，道教经典《太平经》提出"乐生""好善"济世观。至唐宋，道教形成了新的慈善观，《太上感应篇》提到"慈心于物，忠孝友悌，正己化人，矜孤恤寡，敬老怀幼""善恶之报，如影随形"不仅是规劝教徒要关怀弱势群体，甚至带有恐吓的味道，有效约束了人们的行为，形成了慈善导向。

（3）佛教的影响　佛教诞生于前6世纪的印度，西汉末年传入我国，佛教主张六道轮回，因果报应，修来世，佛教的慈悲观规劝信徒向善，"救人一命胜造七级浮屠"的说法流传甚广，激发佛教徒实施救助儿童行为。魏晋的六疾馆、孤独园，唐宋的悲田养病坊、福田院等慈善机构寺庙也多参与管理。

### 2. 机构开办

中国民间的福祉机构最早可以追溯到周朝时期，宋之前的民间福祉机构，还处于发展的初级阶段，大多是社会精英们的个人行为，如地方官员、皇亲国戚、地方富户、有号召力的僧侣等，他们的行为大都是单独甚至偶然的行为，主要提供的救助内容为食物发放、免费医疗等，救助对象并未将儿童单独列出来，而是与其他群体一起（表2-3）。

表2-3　宋朝之前各朝代的民间儿童福祉机构

| 年代 | 名称与适用范围 | 救助方式 | 是否专门针对儿童 | 历史地位 |
|---|---|---|---|---|
| 北齐 | 义：饥儿 | 综合救助（饮食、医疗） | 否 | |
| 隋朝 | 大药藏：儿童 | 医疗救助 | 否 | |
| 唐 | 悲田养病坊：孤儿、病儿 | 医疗救助 | 否 | |
| 唐 | 五台山华严寺：饥儿 | 饮食救助 | 否 | |

### 3. 民间儿童福祉事件

宋朝之前的民间儿童福祉行为各朝各代都有，一些有代表性的个人行为见表2-4。

表 2 - 4　宋朝之前各朝代的个人儿童福祉事件

| 年代 | 实施者姓名与适用范围 | 救助方式 | 是否专门针对儿童 | 历史地位 |
|---|---|---|---|---|
| 东周（前607年） | 宋国公子鲍：饥儿 | 饮食救助 | 否 | |
| 春秋 | 卫国公叔文子：饥儿 | 饮食救助 | 否 | |
| 西汉 | 泉州太守黄霸：贫儿 | — | 否 | |
| 东汉 | 赵典：受灾儿童 | 饮食救助 | 否 | 所活万人 |
| 南朝梁 | 义兴太守任昉：孕妇 | 经济援助，法律制裁 | 是 | |
| 唐 | 宰相崔玄暐：宗族内贫儿、孤儿 | 综合救助 | 否 | 族内救助 |

### （三）宋朝之前各朝代的儿童福祉的发展特点

**1. 组织性差、持续性差**

这一时期的儿童福祉大多是临时性的，救助对象为天灾人祸造成的饥民、病民、鳏寡孤独等，救助方式主要是赈灾、施粥、诊病等。这些行为没有完整和成熟的制度作为保障，是非可持续的，相对封闭，且由于害怕朝廷的猜忌而较少形成规模较大的民间慈善机构。

**2. 儿童福祉的政策与措施未独立**

宋之前各朝代的关于儿童福祉的相关政策中，单独为儿童设立的政策较少，大多将儿童与老人、妇女等弱势人群在一起制定政策，专门的服务儿童的官方机构也没有出现。

**3. 官方为主体，民间行为相对独立**

民间自救和互助是这一时期儿童福祉的重要形式，具备及时性、分散性的特点。民间的慈善行为主体一是社会精英们，他们一般具备较为深厚的财力或一定的社会地位，较多行为是提供食物。另一主体是亲族或邻里，尤其是对于鳏寡孤独者，亲族或邻里的救助是帮助她们摆脱困境的重要方式。民间的救助与官方行为相对独立，官方对民间救助的态度以支持和表彰为主。

**4. 宗教组织发挥独特的作用**

佛教、道教为主的宗教组织在儿童福祉支援方面有着独特的作用，随着信徒的不断增多，以及统治者的支持，寺庙有机会获得较多的土地和财富，官方的赠予、信徒的捐赠、僧人的化缘为寺庙济世救人的善念和善行奠定了物质基础，在民众遭遇饥荒、战乱等困境时能伸出援手，救人医病，相比较官方的行动更加及时。

**5. 对儿童救助以养育、生存为主**

宋之前各朝代的儿童福祉以养育、生存为主，救助对象主要是处于困境的儿童，所提供生活物资主要为米粟、衣物、医疗等，以确保生命延续为首要目标。

### 三、宋代的儿童福祉

儿童福祉发展至宋朝达到了规范化、法制化、专门化的阶段，形成补缺型与普惠型混合的福利体制。补缺方面，儿童福祉政策覆盖范围进一步扩大，质量进一步提高，当时称官府"不养健儿，却养乞儿"。普惠性方面，宋朝的教育、医疗等都有面向全体儿童的优惠政策。宋朝儿童福祉之所以获此蓬勃发展的原因有三：一是宋朝完成统一，经济获得较快发展，积累了巨大的社会财富；二是统治者重用文臣，以文立国，政策、诏令中多体现"仁"的理念，程朱理学的风俗教化也起到积极作用；三是宋朝经济发展，人口剧增，城市规模不断扩大，不抑制土地兼并，农民抗灾能力弱，每逢天灾人祸，出现大量饥民，社会问题突显。

### （一）政府的举措

#### 1. 法律制定

宋朝是个有"爱"且有"责任"的政府，儿童福祉政策关注对象不仅包含弱势群体，也包含全体儿童的教育和健康成长，体现了福利型社会的雏形，但仍然以补缺为主要特征。制定很多专门针对儿童的救助政策，"舍得"花钱在儿童身上，积极与民间的慈善力量合作，主动承担责任，做主导者和引导者，这在中国历史上是少见的，起到了榜样的作用（表2-5）。

表2-5　宋朝的儿童福祉相关政策

| 年代 | 名称与适用范围 | 救助方式 | 是否专门针对儿童 | 历史地位 |
|---|---|---|---|---|
| 北宋仁宗 | 居养令：孤儿 | 居住、饮食救助 | 否 | |
| 北宋（1102年） | 徽宗诏令：全体儿童 | 教育供给（小学） | 是 | |
| 北宋 | 徽宗诏令：弃婴 | 机构救助 | 是 | |
| 北宋（1071年） | 神宗诏令：全体儿童 | 教育供给（小学） | 是 | |
| 北宋 | 蔡京：孤贫小儿、遗弃小儿 | 教育救助、饮食救助、职业培训 | 是 | 涵盖终身发展 |
| 南宋 | 孝宗诏令：孤儿 | 法律救助 | 是 | |
| 南宋 | 江西提举黄震"保产法"：贫困妇女 | 家庭支援：粮食救助 | 是 | |
| 南宋（1135年） | 胎养令：家中有子贫民 | 家庭支援：金钱救助 | 是 | |
| 南宋（1145年） | 高宗诏令：贫困产子家庭 | 家庭支援：饮食救助 | 是 | |

#### 2. 机构设置

儿童福祉机构在宋朝获得大发展，尤其是宋徽宗时期蔡京为宰相时，极力推动儿童福祉的发展。整个宋朝的儿童福祉相关机构种类众多，可查的有十几种（表2-6）。

表2-6　宋朝的官方儿童福祉机构

| 年代 | 名称与适用范围 | 救助方式 | 是否专门针对儿童 | 历史地位 |
|---|---|---|---|---|
| 北宋 | 福田院：孤儿、弃婴 | 综合救助 | 否 | |
| 北宋 | 安济坊：病儿 | 综合救助 | 否 | |
| 北宋 | 居养院：孤儿、贫儿、弃儿 | 综合救助 | 否 | |
| 北宋 | 惠民药局：全体儿童 | 医疗救助 | 否 | |

续表

| 年代 | 名称与适用范围 | 救助方式 | 是否专门针对儿童 | 历史地位 |
|------|---------------|---------|----------------|---------|
| 南宋 | 慈幼局：遗弃小儿 | 机构救助 | 是 | 世界最早的孤儿院，标志育婴从慈善机构中独立出来 |
| 南宋 | 举子仓：受孕五月以上的孕妇家庭 | 饮食救助 | 是 | |
| 南宋 | 慈幼庄：弃婴 | 综合救助 | 是 | |
| 南宋（1219年） | 婴儿局：婴儿 | 综合救助 | 是 | |

### 3. 官方儿童福祉事件举例

南宋绍兴八年颁布法令"州县乡村五等、坊郭七等以下贫乏之家，生男女不能养赡者，每人支'免役宽剩钱'四千"。宋朝依据财产多寡，将乡村户划为五等，坊郭户划为十等。乡村第五等户，是"家业钱"只有三四十贯以下，家境贫寒，"粗粝不充，布褐不备，均未免冻馁之忧"；城市第七等户以下，家产通常不足十几贯钱。具体的实施是地方政府财政负担，标准为生育后每户每胎补贴四贯钱。该笔补贴执行情况较好，受众颇多。

## （二）民间的举措

### 1. 思想渊源

宋朝民间儿童福祉行为思想源泉，一是民众宗教信仰进一步大众化、世俗化，佛教寺庙广泛的参与了慈善活动，设药局、书院、悲田院、修桥铺路等公益项目，发动募捐，感化和动员了广大的信徒参与慈善活动。二是程朱理学，程朱理学强调"仁"的重要，理学代表张载就主张"以爱己之心爱人则尽仁"，纵观宋朝以"仁"为核心的行为非常之多，官员、乡绅以及经济发展形成的富裕阶层纷纷投入儿童慈善事业当中，呈现多元化的特点。

### 2. 机构开办

宋朝民间儿童福祉机构大多是官员、士绅等社会精英和富商等富裕阶层创办的，并发展出"会社慈善"等新的慈善形式，如范仲淹的"义庄"等，具体可分为完全依靠民间的个人或集体力量开办的机构以及官方和民间合办的机构，种类众多（表2-7）。

表2-7　宋朝的民间儿童福祉机构

| 年代 | 名称与适用范围 | 救助方式 | 是否专门针对儿童 | 历史地位 |
|------|---------------|---------|----------------|---------|
| 北宋 | 范氏义庄：5~10岁贫苦宗族儿童 | 饮食、教育、金钱 | 否 | |
| 北宋 | 安乐病坊：病儿 | 医疗救助 | 否 | 后变为官办，最早的"公办医院" |
| 北宋 | 吕氏乡约：爱幼乡民互助 | 综合救助 | 否 | 中国最早的成文乡约 |

### 3. 民间儿童福祉事件

宋朝民间儿童福祉行为兴盛，涌现出了苏轼、刘宰、真德秀等著名慈善家（表2-8）。

表2-8  宋朝的个人儿童福祉事件

| 年代 | 实施者姓名与适用范围 | 救助方式 | 是否专门针对儿童 | 历史地位 |
|---|---|---|---|---|
| 北宋 | 苏轼：饥民之弃子 | 饮食救助 | 是 | |
| 北宋 | 刘彝：饥民之弃子 | 饮食救助 | 是 | 寄于机构外收养 |
| 北宋 | 文彦博：病儿 | 医疗救助 | 否 | |
| 南宋 | 刘宰：贫儿 | 饮食救助 | 否 | 三次施粥，惠及万人 |

### （三）宋朝的儿童福祉的发展特点

#### 1. 机构种类丰富，多元化特点明显

宋朝官方和民间儿童福祉机构除数量众多之外，种类也十分丰富，且分工明确。可分为收容、饮食、卫生疾病、丧葬四类。收容类机构包括慈幼庄、婴儿局、福田院、居养院、慈幼局。卫生疾病类机构包括惠民药局、安济坊。丧葬类包括漏泽园。饮食类包括粥局、义庄、举子仓。各类机构涵盖了儿童的出生、哺育、喂养、医疗、教育、发展、死亡等多方面，实现儿童从生到死的全覆盖，达到了古代中国前所未有的巅峰。

#### 2. 规范化、法制化、持续性

宋朝儿童福祉法律建设较为完善，颁布了收养赤贫者的《居养法》、赈养乞丐的《惠养乞丐法》、救助流民的《灾伤流移法》等，并规定各个机构的具体标准，钱粮如何支取，成人、儿童的标准、工作人员的工资等，例如规定漏泽园守园僧（守墓人）工资为"月给各支常平钱五贯、米一石。瘗及二百人，申朝家给赐紫衣师号赏之"。寺庙掩埋尸体的费用"瘗尸，一棺给钱八百，幼者半之"。埋尸标准为深三尺，不外漏，监司负责巡检。

#### 3. 覆盖的范围大，照顾质量高

宋朝儿童福祉相关政策覆盖范围大，提供的服务内容也更齐全，具体表现为：

（1）受益儿童多  宋朝的福祉政策不仅包含贫儿、孤儿等弱势儿童，还包括正常的平民儿童。宋朝的小学教育享受对象包括占人口比例最大的平民儿童，为儿童的成长与发展提供极大的助力，尤其是在"学而优则仕"的封建社会，为儿童们打开了通向仕途，改变命运的大门。

（2）照顾质量高  宋朝对于儿童尤其是弱势儿童的照顾质量前所未有的提高，达到了吃得饱、吃得好的水平，以至于"贫者乐而富者扰"，颇为让人羡慕。教育方面，宋朝普建小学，还要求小学办学地点独立，北宋的三次兴学让儿童的教育福祉获得保障。

#### 4. 既重视儿童生存，也关注儿童发展

宋朝的儿童福祉注重保障儿童的健康权和发展权，在健康保障方面，南宋设立的24小时营业的"医药惠民局"可称得上是最早的惠民医疗机构。南宋黄震在江西所做的慈幼政策的改革，不仅实施"保产"，对贫困孕妇产前给米给钱，确保婴儿的降生，防止弃婴和溺婴事件，慈幼局的弃婴长到一定的年龄还可学习谋生之道，帮助独立生存。

### 5. 官民合作，官方主导

宋朝很多儿童福祉机构的创建和运行都以官方和民间共同合作的方式，但仍然以官方为主导。官方在福祉方面的资金投入巨大，也存在浪费的现象，以北宋安济坊为例，自宋徽宗崇宁元年诏令全国各州县建立安济坊，购买帐帷，雇佣女佣，给婴儿雇佣奶妈，花费极大，以至于宋徽宗在宣和二年，诏令安济坊、居养院参考元丰旧法执行，以减少开支。官方对待民间儿童福祉行为的态度是积极的，例如在漏泽园的管理与运行方面官府与寺庙进行紧密合作，南宋刘宰三次设立私人粥局赈灾，宋理宗赐刘宰官职以示表彰。

## 四、元明清时期的儿童福祉

### （一）政府的举措

#### 1. 法律法规

元明清时期中国儿童福祉相关的法律法日渐完善，尤其到了清朝中后期，外来的文化和思想的传入，促进了保障制度的近代化进程（表2-9）。

表2-9　元明清朝儿童福祉相关政策

| 年代 | 名称与适用范围 | 救助方式 | 是否专门针对儿童 | 历史地位 |
|---|---|---|---|---|
| 元朝（1260年） | 元世祖诏令：孤儿 | 饮食救助 | 否 | |
| 元朝（1260年） | 元世祖诏令：残疾儿童 | 饮食救助 | 否 | |
| 元朝（1283年） | 元世祖诏令：孤儿 | 居住救助 | 否 | |
| 元朝（1293年） | 元世祖诏令：孤儿 | 饮食救助 | 否 | |
| 元朝（1296年） | 元成宗诏令：孤儿 | 饮食救助 | 否 | |
| 明朝 | 《大明律·户律》：孤儿 | 刑法保护 | 否 | |
| 明朝（1372年） | 明太祖诏令：孤儿 | 机构救助 | 否 | |
| 明朝（1399年） | 建文帝诏令：孤儿 | 饮食救助 | 否 | |
| 明朝 | 《大明会典》：0~7岁儿童 | 刑法优待 | 否 | |
| 清朝（1648年） | 顺治诏令：孤儿 | 机构救助 | 否 | |
| 清朝（1724年） | 雍正诏令：孤儿 | 机构救助 | 否 | |

#### 2. 机构设置

元明清朝官方的儿童福祉机构很多传承自宋朝，三个朝代做法虽然各有不同，但总体还是延续的（表2-10）。

表2-10　元明清朝的儿童福祉机构

| 年代 | 名称与适用范围 | 救助方式 | 是否专门针对儿童 | 历史地位 |
|---|---|---|---|---|
| 元朝 | 惠民药局：贫病儿 | 医疗救助 | 否 | |
| 元朝 | 济众院：孤儿、病儿、贫儿 | 综合救助 | 否 | |

| 年代 | 名称与适用范围 | 救助方式 | 是否专门针对儿童 | 历史地位 |
|---|---|---|---|---|
| 明朝 | 养济院（原名孤老院）：道德合格的孤儿、病儿、贫儿、15 岁以下盲人儿童 | 综合救助 | 否 | |
| 明朝 | 惠民药局：贫病儿 | 医疗救助 | 否 | |
| 清朝 | 育婴堂：婴儿 | 综合救助 | 是 | |
| 清朝 | 养济院：孤儿 | 综合救助 | 否 | |
| 清朝 | 栖流所：贫儿、乞儿 | 综合救助 | 否 | |

### 3. 官方儿童福祉事件举例

清代前期的统治者高度重视育婴堂的建设，孝庄皇后、雍正皇帝都亲自过问并支持育婴堂的建设与发展。雍正帝三次拨专款给京师育婴堂，并发"功深保赤"匾额"以重其事"，并御制《育婴堂碑记》，推动育婴堂在全国各地的建设，达到普建的水平。

## （二）民间的举措

### 1. 思想渊源

作为封建社会末期的三个王朝，儿童福祉思想既有传承也有新发展，血缘（义庄、宗族）、地缘因素（会馆、社仓、义仓）成为推动民间儿童福祉行为的重要力量，形成传统道德规范为代表的组织（善堂、善会）与血缘组织（义庄、宗族）、地缘组织（会馆、社仓、义仓）并存的局面。

### 2. 机构开办

民间儿童福祉机构数量多，持续性强，外国个人和机构参与创办，明清时期总体呈现繁荣局面（表 2 - 11）。

表 2 - 11　元明清朝的民间儿童福祉机构

| 年代 | 名称与适用范围 | 救助方式 | 是否专门针对儿童 | 历史地位 |
|---|---|---|---|---|
| 明朝 | 义庄：孤儿 | —— | 否 | 总数 200 个 |
| 明朝 | 育婴社：弃婴 | 机构救助 | 是 | 会员制 |
| 明朝 | 圣母会：孤儿 | 机构救助 | 是 | 外国人在中国较早创办救助儿童机构 |
| 清朝（1699 年） | 新安义学：孤寒子弟 | 教育救助 | 是 | |
| 清朝（1710 年） | 普济堂：病儿 | 综合救助 | 是 | 河南建有 129 所，山东建有 131 所 |
| 清朝（1764 年） | 彰化留养局：孤儿、贫儿 | 机构救助 | 是 | |
| 清朝（1860 年） | 衡阳育婴堂：孤童 | 机构救助 | 是 | |
| 清朝（1843 年） | 保婴会：家有儿童的贫困家庭 | 饮食救助 | 是 | |
| 清朝（1868 年） | 嘉义育婴堂：遗弃女婴 | 机构救助 | 是 | |
| 清朝 | 任氏义庄：贫儿 | 机构救助 | 否 | |

### 3. 民间儿童福祉事件举例

元朝蒋子晦于 1241 年重修义塾精舍，教育本地的孩子，用田产作为义塾的运行费用。蒋氏义塾自宋朝至元朝，延续数代，几经兴废，几代人的善行积累了很高的社会声望，并被朝廷垂青。

## （三）元明清朝儿童福祉的发展特点

### 1. 官方救助法制化延续

元代儿童福祉承袭了宋朝做法，总体时兴时废。明朝社会保障政策和制度由于开国皇帝凄苦的童年而颇受统治者的重视，后来的统治者大都能延续明太祖的做法，成果在人口的增长上体现了出来。清代历代皇帝都高度重视育婴事业，全国范围内推动育婴机构的建设。

### 2. 民间救助多元化、制度化、持续化、规模化

明清经济增长促进民间儿童机构的创设，数量上远多于前朝，地缘分布上以江浙为多，华南多于华北，沿海多于内陆。机构功能更趋完备，覆盖教育、医疗、丧葬等，形式上有完全民办组织、官办民助、民办官助等多种类型，还有非宗教、非宗族、志愿性的善堂，家族、宗族形式的义庄数量激增，外国人或机构参与创办医院、学校等也从明代开始逐步增加。机构组织性更强，大都具有一定的制度，保证机构的延续性，例如"义庄"有自己的救助标准即族规，彭氏规定"族中生产，不论男女，其贫乏者，支钱二千文"，这是民间儿童福祉进步和成熟的表现。

### 3. 受外来文化的影响较明显

明清期间，外国传教士带来了全新的社会救助的方式和做法，创办了众多的医院、学校等，例如利玛窦的圣母会，丹麦教会的丹国医院，其重视宣传，发动募捐的管理和运行方式，为中国的教育、医疗等的发展提供了可参考的样板。

### 4. 救助理念的进步

元明清时期的救助理念从救助本人关注到救助家庭，从注重养，救助疾病发展到"教""养""工"相结合，例如，无锡育婴堂规定"男孩六岁以外，酌送义塾读书，十二岁以外，倘质性愚钝不能读书者，酌行送业"。

## 五、典型案例分析

### 1. 马光祖改革慈幼庄

南宋度宗咸淳元年（1265 年），马光祖任建康知府，对建康慈幼庄进行了改革，制订了十分完善的收养幼婴的措施。据史料记载，"本府城内外诸厢，贫民遗弃小儿，或愿收养者，具四邻保明状申，提督官厅差入审实，出给历头"。对于未获收养的婴儿，"先雇乳媪四名，每名月支十八界六贯，米五斗"。婴儿寄养在乳媪家，对于寄养的家庭待遇为"自今一岁后照抱养人例月支十八界两贯，米三斗，就令媪家权行抚育"。婴儿管理方面"每月一申民间抱养数并寄养乳媪家数，申提督官厅支请钱米，仍仰各携抱当官点后，以防伪冒"。弃婴的寻找措施为"严督巡逻诸处，如有抛弃小儿，仰即时申解提督厅，每收一人，与支犒酒一瓶"。

### 2. 蔡琏扬州创办育婴社

1634 年，蔡琏在扬州创办了一个纯粹的民间组织——育婴社，救助贫困家庭的婴儿，运营方式采取会员制，通过募捐获得经费，在当时影响很大，延续至清初。

## 【材料链接】

### 1. 孤独园

《梁书》记载普通二年春（521 年），武帝诏曰"春司御气，虔恭报祀，陶甄克诚，苍璧礼备，思随乾覆，布兹亭育。凡民有单老孤稚不能自存者，郡县咸加收养，赡给衣食，每令周足，以终其身。又于京师置孤独园，孤幼有归，华发不匮。若终年命，厚加料理。尤穷之家，勿收租赋"。标志着统治者意识到政府对于弱势群体"单老孤稚"的国家责任，孤独园创办于京师，是中国古代专门的官方收养机构诞生的重要标志，影响了后来的唐、宋的福祉事业的发展，唐代的悲田养病坊、宋朝的福田院等都是在其影响和启发下创建的。

### 2. 宗族慈善

面对天灾人祸时宗族成员之间的救助及时且效果更佳，是国家救助之外的重要救助形式，《仪礼·丧服》规定了失去父亲的儿童随母亲改嫁的条件"夫死妻稚子幼，子无大功之亲，与之适人"。父亲去世，孩子不可以随母亲改嫁，应该被本宗族内的大功亲（即同一个祖父的亲人）收养；无大功亲时，孩子才随母亲改嫁给继父。

### 3. 医药惠民局

南宋时期，"熟药所"改名为"医药惠民局"，各州建立至少一所，制定了严格的运营机制。宋高宗曾下诏："熟药所、和剂局、监专公吏轮留宿值。遇夜，民间缓急赎药，不即出卖，从杖一百科罪。"可见，统治者对于真正惠及所有百姓的福利机构十分重视，严管药店必须通宵经营，不得延误百姓购药。

### 4. 宋朝的溺婴习俗

宋朝之前杀婴弃婴常有发生，宋朝亦如此。苏东坡在《东坡全集》记载："岳鄂间田野小人，例只养二男一女，过此辄杀之，尤讳养女，一女出生，则以冷水浸杀，其父母亦不忍，率常闭目背面以按之水盆中，咿嘤良久乃死。"这种陋俗是对古代儿童生存权的巨大危害，拯救婴儿也是宋代慈幼的重要动力和目标。

### 5. 清朝湖南的民间育婴机构

清朝湖南的慈幼组织按照育婴形式可分为堂养、寄养、自养。堂养是指育婴堂内养育弃婴，雇用乳妇哺养；寄养即在堂外雇寻找乳妇，将幼婴带回乳妇家抚育，定期回来检查并领取费用；自养是指由生母领取补助自己喂养，寄养和自养在江南苏州又称作散婴制。江南部分乡村地区也建立留婴堂、保婴会等机构，如周庄保婴会、盛泽留婴堂等，构建了合理完善的育婴网络。

# 第二节 近代中国儿童福祉

近代中国是儿童福祉的变革时代，典型的特点是外来思想和文化对原有的儿童福祉思想和做法的冲击，在这种交融冲击下，中国的儿童福祉逐步与世界接轨，实现了中国儿童福祉的近代化的进程，诞生了很多儿童福祉的"第一"。

## 一、概述

近代中国儿童福祉是指 1840—1949 年晚清和民国政府期间官方和民间的儿童福祉政策及行为。近代中国的儿童福祉开创了众多的中国第一，首次"全国儿童年"（1935年），首个中央政府专门的儿童福祉管理机构，首部家庭教育立法《推行家庭教育法》（1940 年）。民国时期为 1912—1949 年，在短短的 38 年间实现了较为完美的传统慈善思想的继承与国际福利救助的融合，促进了中国儿童福祉的大发展。

### （一）影响儿童福祉发展的因素

#### 1. 思想因素

近代中国的儿童福祉思想是多元的，在政治、经济、战争、思想巨变的时代背景下，儿童福祉也在快速的蜕变与进步，传统的儒家思想走到了尽头，但是几千年中流传下来的"善"心和"善"行已融入人们血液当中，成为实施儿童救助行为的动力之一。外国的思想和国际组织进入中国，带来了先进的救助理念，社会工作的思想通过西方的书报、留学生以及外出考察的政府官员等多种途径深刻地影响着近代中国儿童福祉事业的发展。

#### 2. 经济因素

近代中国封闭的农业经济被打破，在主动和被动中接受西方的经济模式的过程中，近代的工业和商业发展造成了人们生活的变化，导致了很多新型的社会问题，例如农民失去土地、妇女进入工厂、婴儿的照料、流浪儿童等问题。

#### 3. 政治因素

这一时期中国经历了从封建社会到资本主义社会的政治体制转变，政府大力借鉴西方国家的儿童福利政策和做法，不仅能请进来，例如英国人恒德在上海广播电视台介绍美国的《儿童宪章》、儿童局，英国和瑞典难童救济方式等，还能够走出去，派遣官员参加国际会议，学习和参与国际做法，促进儿童福祉政策和做法与世界接轨。

### （二）儿童福祉的发展趋势

#### 1. 私人慈善与公共救助交融

近代中国个人慈善和政府救助行为融合加大，私人力量在政府力量不足时会加入救助，政府也会支持私人的慈善行为，这种案例在近代中国十分普遍，例如 1884 年，清政府向上海的华生机械纺织厂提供了一万块银圆，年利率 0.6%，用于支付贫困者的医疗。

### 2. 中外救助思想融合

19 世纪传入中国的西方宗教思想、慈善思想冲击着原有的以"慈幼""仁爱""民本"为特征的儿童福祉思想，呈现出了很多新的变化和新的做法，国外的医院、学校不仅数量多，而且质量高，是当时的晚清和民国政府学习的对象，中国的儿童福祉思想与当时世界主流思想和做法越来越近，走上了近代化的道路。

### 3. 救助内容全面

1943 年 9 月 23 日，颁布了我国历史上第一部完整系统的《社会救济法》，实践了"全民救济、全面救济"的救助理念。救助对象不再附加被救济者的道德要求，救济方法上不限于贫穷老弱残疾等弱势群体的救济，而是扩及更广泛的范围。从救助内容上看，有免费医疗、免费助产，还提供住宅廉价租赁或免费供给、资金无息或低息贷与，此外还有感化教育、技能训练、职业介绍等内容，实现多方面覆盖，体现出政府维护社会公平，正义的治国思想。从救助程度上看，从"重养轻教"到"救人救彻"，从救一时到救终身。

### 4. 法制监督健全

这一时期民间慈善行为的蓬勃发展带来了政府监管的需求，民国政府制订了多部监督儿童福祉机构和行为的法律，例如《监督慈善团体法》《各地方慈善团体立案办法》《寺庙兴办公益慈善事业实施办法》《管理各地方私立慈善机构规则》《捐资举办救济事业褒奖条例》等，推动和保障了民国儿童福祉法制化的进程。

## 二、近代中国的儿童福祉

近代的儿童福祉发展可分为四个阶段，清末（1840—1911 年）、民国初年至抗战（1912—1937 年）、抗战期间（1937—1945 年）和国内战争期间（1945—1949 年），整体呈现快速发展的趋势。清末是中国传统儿童福祉思想发生变革，近代中国儿童福祉的启蒙期。民国初年至抗战是中国儿童福祉大发展的阶段，政治上的统一与国民经济的快速发展积累了大量的社会财富，为儿童福祉提供经济支持。抗战时期的儿童福祉体现了特殊时期的独特特点，难童是当时社会关注的焦点，国内战争时期的儿童福祉伴随着政权的更迭，很多前期做法被终止。

### （一）政府的举措

#### 1. 法律规定

近代中国儿童福祉相关法律颁布数量多，覆盖全面，创造了很多的中国儿童福祉"第一"，涉及综合支援、儿童福祉监督与管理、教育与医疗福祉三个方面的政策法规（表 2 - 12 ~ 表 2 - 14）。

表 2 - 12　近代儿童福祉相关政策——综合支援

| 年代（年） | 名称与适用范围 | 救助方式 | 是否专门针对儿童 | 历史地位 |
| --- | --- | --- | --- | --- |
| 1909 | 《城镇乡地方自治章程》：全体儿童 | 医疗、教育 | 否 | |

| 年代（年） | 名称与适用范围 | 救助方式 | 是否专门针对儿童 | 历史地位 |
|---|---|---|---|---|
| 1928 | 《各地方救济院规则》：孤儿、无自救能力儿童 | 机构救助 | 否 | |
| 1928 | 《中华民国刑法典》：全体儿童 | 法律保护 | 否 | 中国历史上第一部刑法典 |
| 1929 | 《中华民国民法典》：全体儿童 | 法律保护 | 否 | 中国历史上第一部民法典 |
| 1931 | 《改善地方育婴事业的决议案》：全体儿童 | 经济保障 | 是 | |
| 1938 | 《抗战建国时期难童教养实施方案》：难童 | 机构救助 | 是 | |
| 1942 | 《重庆育幼院组织规程》：孤儿 | 机构救助 | 是 | |
| 1942 | 《社会部直辖儿童保育机关收容儿童暂行办法》：0~12岁儿童 | 机构救助 | 是 | |
| 1943 | 《中华民国社会救济法》：0~12岁儿童 | 医疗、住宿、教育救助 | 否 | |
| 1943 | 《护童婴运动办法要点》 | 社会动员与支援 | 是 | |
| 1944 | 《中华民国社会部直辖育婴育幼机关领养童婴办法》：孤儿 | 机构救助 | 是 | |

综合救助主要由民国政府的行政院下属的社会部制定相关的政策，并监督实施，既有覆盖全体儿童的法律，也有救助难童、孤儿等弱势儿童群体的法案，民国时期战争频繁，难童和孤儿是关注焦点。救助内容上包含法律保护、教育支援、医疗救助。实施机构救助，重视发动社会力量参与救助，既关注对儿童本身的保护和救助，也关注儿童所在家庭的支援。这一时期创造了很多中国"第一"，例如中国历史上第一部《刑法典》《民法典》，开创了在刑法和民法中保护儿童的先河。

表2-13 近代儿童福利相关政策——监督与管理

| 年代（年） | 名称与适用范围 | 主要内容 | 是否专门针对儿童 | 历史地位 |
|---|---|---|---|---|
| 1928 | 《管理各地方私立慈善机构规则》：私立慈善机构 | 机构管理 | 否 | |
| 1929 | 《捐资举办救济事业褒奖条例》：捐助者 | 奖励措施 | 否 | |
| 1929 | 《监督慈善团体法》：慈善团体 | 奖励措施 | 否 | |
| 1930 | 《监督慈善团体法施行规则》：慈善团体 | 监督措施 | 否 | |
| 1932 | 《各地方慈善团体立案办法》：慈善团体 | 机构管理 | 否 | |
| 1932 | 《寺庙兴办公益慈善事业实施办法》：寺庙 | 机构管理 | 否 | |
| 1940 | 《私立托儿所监督及奖励办法》：私立托儿所 | 机构管理 | 是 | |

续表

| 年代（年） | 名称与适用范围 | 主要内容 | 是否专门针对儿童 | 历史地位 |
|---|---|---|---|---|
| 1940 | 《直辖儿童福利机关人员任用配置规则》：儿童福利机关 | 人员管理 | 是 | |
| 1943 | 《各直属儿童福利事业机关收领捐款暂行办法》：儿童福利事业机关 | 机构管理 | 是 | |
| 1943 | 《奖惩育婴育幼事业暂行办法》：育婴育幼单位 | 奖励措施 | 是 | |

　　民国时期政府对于儿童福祉机构和个人行为的监督与管理日臻完善，有着详细的规定，例如《奖惩育婴育幼事业暂行办法》规定了奖励的标准是教养童婴身心健全，达到儿童发育标准者，保育设备完全办理有成绩者，收容当地孤苦童婴有劳绩者，其他办理育婴育幼事业声誉卓著者。惩戒的标准是收养童婴保育致死亡率甚高者、保育设备简陋内容窳败者、未尽义务或无故拒绝收容童婴者、其他有违背育婴育幼宗旨或废除业务者。

表2-14　近代儿童福祉相关政策——教育与医疗福祉

| 年代（年） | 名称与适用范围 | 主要内容 | 是否专门针对儿童 | 历史地位 |
|---|---|---|---|---|
| 1928 | 《广州市市立托儿所章程草案》：日间工作空闲的贫民子女 | 托育支援 | 是 | |
| 1935 | 《实施义务教育暂行办法大纲及实行细则》：全体学生 | 普及义务教育 | 是 | |
| 1935 | 《父母会组织纲要》：父母 | 家庭教育支援 | 是 | |
| 1936 | 《工厂设置哺乳室及托儿所办法大纲》：女工子女 | 公共机构教养与教育支援 | 是 | |
| 1940 | 《推行家庭教育法》：家庭 | 家庭教育支援 | 否 | |
| 1940 | 《国民教育实施纲领保国民学校设施要则乡（镇）中心学校设施细则》：学生 | 普及教育 | 是 | |
| 1943 | 《免费医疗陪都贫病儿童暂行办法》：贫病儿童 | 医疗救助 | 是 | |
| 1944 | 《普设工厂托儿所办法》：女工子女 | 教育支援 | 是 | |
| 1944 | 《强迫入学条例》：适龄学习儿童 | 强迫教育 | 是 | |

　　民国时期十分重视儿童教育，1935年的《实施义务教育暂行办法大纲及实行细则》提出到教育发展目标"1940年，接受1年短期小学教育人数达到全国学龄儿童总人口的80%，到1944年接受2年短期小学教育人数达到全国学龄儿童总人口的80%"，但由于战争影响未能实现。1944年的《强迫入学条例》是全体儿童接受教育的政策保障，1947年统计显示已有1/3学龄儿童入学，对于战争时期的中国来说，这是不错的成绩。早期教育方面，1936年颁布的《工厂设置哺乳室及托儿所办法大纲》规定"雇佣已婚女工达300人的工厂，设置哺乳室外，应设置托儿所，未满300人者联合附近工厂设

置，6 星期至 18 个月大的女工子女寄托哺乳室，18 个月至 6 岁的子女寄托托儿所"，1944 年的《普设工厂托儿所办法》解决了女工子女的入学问题，保障 0 ~ 3 岁儿童接受正规教育。针对贫困儿童的免费医疗，解决家长教育中的问题的"父母会"等组织是很有前瞻性的。

**2. 机构设置**

近代的官方儿童福祉机构种类多种多样，机构的设施日趋完善和丰富，例如育婴所设有婴儿房间、游艺场、浴室等，重视身体检查和清洁，聘请医生保护儿童健康。还有针对特定人群和特定时间的机构，当时广东河源的农忙托儿所，专门为农忙期间无暇照顾儿童的农民服务。针对战争期间难童认养、收养、救济、返乡等成立的机构也很多，如培泸县育幼院（表 2 - 15）。

表 2 - 15　近代官方儿童福祉机构

| 年代（年） | 名称与适用范围 | 救助方式 | 是否专门针对儿童 | 历史地位 |
|---|---|---|---|---|
| 1839 | 留婴堂：婴儿 | 综合救助 | 是 | |
| 1869 | 育婴堂：婴儿 | 综合救助 | 是 | 1928 年 12 月改为救济院育婴所 |
| 1877 | 接婴会：婴儿 | 综合救助 | 是 | |
| 1909 | 保婴：婴儿 | 综合救助 | 是 | |
| 1928 | 育婴所：0 ~ 6 岁贫苦、遗弃婴儿婴儿 | 综合救助 | 是 | 抗战时期改名为儿童保育所 |
| 1928 | 孤儿所：6 ~ 15 岁孤儿 | 综合救助 | 是 | 抗战时期改名为儿童教养所 |
| 1935 | 上海市儿童幸福委员会第一劳动托儿所：6 ~ 15 个月，2 ~ 4 岁劳动人民子女 | 教育、养护、身体检查 | 是 | |
| 1943 | 北碚儿童福利实验区，托儿所，儿童福利所：社会儿童及学校儿童 | 综合救助 | 是 | 首创五善政策，家庭化教养，以爱代教，以所为家 |
| 1943 | 培泸县育幼院：一等伤残官兵之幼年子女 | 综合救助 | 是 | 伤残军人福利 |
| 1944 | 急救战区儿童联络委员会：难童 | 综合救助 | 是 | |
| 1945 | 重庆育婴院：0 ~ 2 岁孤儿 | 综合救助 | 是 | |
| 1947 | 南京儿童福利实验区：儿童、孕妇、乳母 | 综合救助 | 否 | |

**3. 官方儿童福祉事件举例**

1906 年，北京外城设立初级教养工厂，专收 8 ~ 15 岁无业乞丐、贫民的幼童"入厂教以读书识字，使有普通知识并各种手工，稗出厂后得以自谋衣食"，注重孝悌忠信礼义廉耻等道德教育，学习加减乘除、唱歌等有益身心的知识，采取"教养并重"的救助思想，注重儿童谋生技能的培养。

### (二) 民间的举措

清末与民国时期，民间福祉扮演着重要的角色。

**1. 思想渊源**

近代中国民间对儿童的救助思想随着与外国交流的增加发生一定的变化。一方面，传统的以"善"为核心的思想仍然获得延续，但是也吸收了外国的儿童福利思想，部分社会精英开始意识到个人对社会弱势群体的责任。另一方面，清末以来各宗教团体和个人通过开办的学校、医院、救济院等对儿童实施救助与教养，获得社会底层民众和社会上层人士的逐步认可，呈现多个宗教并存融合的态势，同行"善"举，整个清明民国期间，民间慈善行为十分繁荣。

**2. 机构开办**

这一时期各种救助机构类型众多，数量庞大，1927~1937 年被国内外学者普遍认为是中国的"黄金十年"，1919~1936 年，民族资本投资增长 3.34 倍。1920~1930 年，工农业总产值从 229.98 亿元增加为 306.12 亿元，人均国民收入从 45.99 元增加到了 57.34 元，工商业的繁荣与进步形成了新的富裕阶层，这些人普遍接受了西方新思想的富裕阶层意识，财富越多需要承担更多的社会责任，故而开办儿童服务机构也越多。儿童机构的运行可分为综合救助、教育支援、医疗支援、收容救助四类（表 2-16~表 2-19）。

**表 2-16　近代民间儿童福祉机构——综合救助**

| 年代 | 名称与适用范围 | 救助方式 | 是否专门针对儿童 | 历史地位 |
|---|---|---|---|---|
| 清朝同光年间 | 乡团救婴局：贫民，生女婴家庭 | 饮食救助 | 是 | |
| 1922 年 | 济南道院：贫民子女 | 教育救助 | 否 | 1940 年前后，发展为 400多所，传入日本、新加坡等国，1953 年 2 月解散 |
| 1924 年 | 北平市第一社会教育区母亲会：母亲 | 家庭育儿指导 | 是 | |
| 1927 年 | 战时儿童保育会：受战争影响的儿童 | 教育、医疗救助 | 是 | |
| 1928 年 | 中华儿童福利社：各阶层儿童 | 教育、医疗救助 | 是 | |

在儿童福祉机构的综合救援方面，救助内容更加多样，常见的有居住、饮食、教育、医疗、家庭支援等。

表2－17　近代民间儿童福祉机构——教育支援

| 年代（年） | 名称与适用范围 | 救助方式 | 是否专门针对儿童 | 历史地位 |
|---|---|---|---|---|
| 1859 | 毓英学校：弃婴 | 教育救助 | 是 | |
| 1888 | 盲人书院：盲童 | 特殊教育救助 | 是 | 传教士创办的较早的特殊学校 |
| 1891 | 两广浸信会女瞽目院：女，盲人 | 特殊教育救助 | 是 | |
| 1897 | 明心学校：良家瞽目儿童 | 特殊教育救助 | 是 | |
| 1919 | 私立武昌瞽目女校 | 特殊教育救助 | 是 | 1959年更名为武昌盲童学校 |
| 1920 | 北平香山慈幼院：孤贫失学儿童 | 教育救助 | 是 | 提供幼儿园到师范学段，全国有分校 |
| 1923 | 女子职业学校：贫困教徒家庭子女 | 教育救助 | 是 | 生存技能学习，宗教教育 |
| 1932 | 私立武昌瑞英聋哑学校 | 特殊教育救助 | 是 | 1959年更名为武汉市第二聋哑学校 |

这一时期出现了为特需儿童例如聋哑儿童、盲童等提供的专门学习场所，建立了很多女校，为女童的教育提供支持，来自外国的创办者建设的学校数量也越来越多。

表2－18　近代民间儿童福祉机构——医疗支援

| 年代（年） | 名称与适用范围 | 救助方式 | 是否专门针对儿童 | 历史地位 |
|---|---|---|---|---|
| 1871 | 丹国医院 | 医疗救助 | 否 | 免费医疗 |
| 1873 | 普爱医院 | 医疗救助 | 否 | 免费医疗 |
| 1904 | 中国红十字会 | 医疗救助 | 否 | |
| 1913 | 佛教慈悲会：难童 | 医疗救助 | 否 | 临时性 |
| 1925 | 佛化新青年平民医院：患病贫儿 | 医疗救助 | 否 | 最早的佛教医院 |
| 1928 | 黄楚九医院：低收入家庭儿童 | 医疗救助 | 否 | |
| 1935 | 上海闸北慈幼诊疗母亲大会：母亲 | 家庭卫生普及 | 否 | 临时性 |

这一时期儿童医疗机构特点：一是很多非专门儿童服务机构，将儿童与其他救助对象一并提供服务；二是国内外宗教的力量在儿童医疗救助方面为贫困儿童、难童等弱视儿童群体提供免费的医疗或补贴；三是从救助儿童延伸到对父母的卫生方面的培训和指导，让家长能用科学的方法预防和处理儿童的病患。

表2－19　近代民间儿童福祉机构——收容救助

| 年代（年） | 名称与适用范围 | 救助方式 | 是否专门针对儿童 | 历史地位 |
|---|---|---|---|---|
| 1859 | 保生堂：弃婴，母亲无法哺育女婴，贩卖获救女婴 | 机构救助 | 是 | 传教士创办，教育体系完备，从启蒙教育到大学教育 |

续表

| 年代（年） | 名称与适用范围 | 救助方式 | 是否专门针对儿童 | 历史地位 |
|---|---|---|---|---|
| 1894 | 孤儿院：孤男 | 机构救助 | 是 | 天主教创办 |
| 1896 | 孤儿院：孤女 | 机构救助 | 是 | 天主教创办 |
| 1871 | 广仁堂：贫儿、孤儿 | 机构救助 | 是 | |
| 1893 | 基督教育婴堂：弃婴 | 机构救助 | 是 | 基督教创办 |
| 1897 | 莆田善育幼院：教徒子女，儿童中跛者、瞽者、残废者 | 机构救助 | 是 | 基督教创办 |
| 1908 | 福建孤儿院：孤儿 | 机构救助 | 是 | 传教士创办 |
| 1912 | 中国救济妇孺会：拐卖妇孺 | 机构救助 | 否 | |
| 1919 | 湖南贫女院：赤贫稚女 | 机构救助 | 是 | |
| 1922 | 芷江慈幼院：和麻县、阳晃县孤儿 | 机构救助 | 是 | |
| 1922 | 湖南佛教慈幼院：孤苦儿童 | 机构救助 | 是 | |
| 1930 | 回教孤儿教养所：穆斯林男童孤儿 | 机构救助 | 是 | |
| 1945 | 禹北抗属江村孤儿院：抗日的游击队员的遗孤 | 机构救助 | 是 | |
| 1948 | 普慈孤儿教育所：回族孤童 | 机构救助 | 是 | |

　　近代民间儿童收容救助机构数量较多，主要原因是这一时期战争频发，难童、孤儿的数量庞大，政府的收纳能力有限，需要民间机构协助，收容对象上更加细化，例如1894 年武昌的天主教会创办的孤儿院只接收男性孤儿，湖南贫女院只收容贫困的女童。

**3. 民间儿童福祉事件举例**

　　1912 年，仓玉真（译音）创办了北京孤儿院，专门接收烈士遗孤，后来也收容经推荐的无家可归或贫苦家庭的儿童，孤儿院设有董事会、孤儿院长、助理等职务，每年运行经费 7500 元，主要通过募捐和发行报纸收取广告费来维持，儿童在孤儿院除了吃饭和住宿，还会接受学习与职业培训。男生学习木工和织地毯，女生剪裁、编织袋子、烹饪等，锻炼儿童的生活自理能力，孩子们可以游戏、外出旅游，1923 年，并入香山慈幼院。

　　1917 年，京师总商会会长陈遇春于北京崇文门外南岗子街创办育婴堂，收养 0～3 岁婴幼儿，针对不同年龄段进行不同的喂养，0～1 岁完全用牛奶喂养，1～2 岁牛奶加蛋糕，2～3 岁的儿童吃米粥、牛奶和蛋糕，3 岁以上吃普通饭食，特别幼小婴儿由奶妈喂养，每名奶妈喂养 3 名孩子。儿童分别在半岁、一岁半、三岁接种牛痘。育婴堂的经费为绅商认捐加上政府资助，1918 年育婴堂的财政收入中，个人捐款为 10106 元，警方拨款 18093 元，市政公所拨款 4000 元。由于经营管理不善，经费短缺，于 1927 年停办。

### （三）近代儿童福祉的发展特点

#### 1. 政府重视，儿童福祉法律完善

清朝末年将蒙养院纳入学制，民国时期蒋介石曾说"世界文明各国，莫不特加重视。良以今日之儿童，即将来之国民，国本所在，关系极大……亟思完成革命，先行设法拯救，俾儿童各得其所，以期培养国家根本之元气，振兴民族独立之精神"。

民国时期政府颁布了多部儿童福祉相关法律，1928 年颁布的中国第一部刑法典规定"怀胎妇女服药或以他法堕胎者，处 6 个月以下有期徒刑、拘役或 100 以下罚金""母于生产时或刚刚生产后，杀其子女者，处 6 个月以上 5 年以下有期徒刑"。1929 年颁布的中国第一部民法典中规定"父母对于未成年之子女，有保护及教养之权利义务""父母滥用其对于子女之权利时，其最近尊亲属或亲属会议，得纠正之；纠正无效时，得请求法院宣告停止其权利之全部或一部"。在民国期间已经有终止监护权的法律规定了，还规定了养子女的权利与义务、继承权等诸多与儿童利益密切相关的内容。

#### 2. 设专门政府机构管理，职责分明

民国时期政府成立社会部社会福利司，分为七个部门，各个科室分管其职责，其中儿童福利事务，由社会福利司第六科主管，行政机关实现了专业分工，管理更加高效。

#### 3. 拓宽儿童福祉专业人才培养途径

民国时期政府主要通过长期训练、短期训练、在职训练及实习几种方式培养福祉工作人才，其中也包括儿童福祉事业的专业人才。长期训练是指大学或者专科学校内设置儿童福利科目，培育高级行政及技术人才；短期训练则由社会部主导，在中央成立训练团，培养高级干部，地方政府培养中层干部，学习内容有儿童教育、儿童心理、儿童医药学常识、儿童保育、儿童个案工作、儿童卫生、儿童团体工作和家政工作等内容；在职训练即对正在从事儿童福利工作的人员进行在职学习，在实践中实现理论的内化和能力的提升。

#### 4. 设立实验区探索新路径

在北碚儿童福利实验区，完成了《儿童保育标准及保育方法》《教材大纲及教材教法》《儿童营养》《卫生设施及儿童健康》《家庭化教养初步》《分担之责任》《战争对于儿童之影响》等译稿，以及《儿童服装设计说明》《托儿所音乐课程标准草案》《儿童情绪的陶冶》《谈儿童的营养》《儿童的品格》《儿童福利的意义》《心理学之研究——人类的智能及其教育》等多个儿童福祉相关的报告和文稿，为儿童福祉的推广和实施奠定了基础。

#### 5. 民间力量强大与民族特色突显

近代中国，儿童福祉事业在当时被认为是与国家、民族的命运紧密地联系起来的。"救济儿童就是救济国家""儿童是复兴民族的基础"，民间救助儿童掀起热潮，外国宗教团体、个人及国际组织也十分积极。据 1947 年国民政府社会部的《社会福利统计》显示：1947 年总共救济 8525618 人，其中政府救济 2695842 人，慈善机构救济 5643153 人，宗教团体救济 186623 人，可见民间力量之强大。

### 6. 儿童救助的"国际范"

民国时期借鉴国际的做法，募捐善款除了传统的官方资助、街头募捐，还通过报纸等宣传，例如《申报》发布募捐公告，义演募捐、义卖书画募捐、彩票募捐（江南义赈彩票）等新型的方式。募捐范围不仅涉及国内还涉及国外进行募捐，救助的范围也不仅局限于本国还对国外进行救助，例如民间组织济南道院曾为1923年的日本地震募捐，还有1903年美国旧金山地震、俄罗斯大旱、法兰西大水都有我国的慈善机构出力救助的情况。国际红十字会等国际组织在中国兴办医院、学校、孤儿院等，儿童救助国内外交集密切，逐步形成中国自己的儿童救助体系。

## 三、典型案例分析

### 1. 创办儿童年

民国时期，中华慈幼协会与教育部共同将1935年定为全国儿童年，具体时间为1935年8月1日到1936年7月31日，成立专门机构全国儿童年实施委员会。开展了系列活动，1935年颁布了《父母会组织纲要》，旨在"以涵养父母智德，研究及实施儿童教养方法，增进儿童幸福为目的"，1936年的1月和5月在南京举办了全国儿童读物展览会和全国儿童教具玩具展览会，提出了"儿童是民族生命的新苗""新儿童，创造中华人民共和国"等儿童年口号，极大地引发了社会对儿童的关注，推动了儿童福祉事业的蓬勃发展。

### 2. 创办香山慈幼院

民国时期著名慈善家熊希龄，曾任北洋政府总理，1920年创办香山慈幼院，接收灾区难童及满汉儿童，邀请张雪门等知名教育家任教和管理，推行学校、家庭、社会三位一体教育，建成幼稚园、小学、职业学校、师范学校（北平幼稚师范学校）等完整的教育体系。1932年，熊希龄将家产大洋27.5万余元、白银6.2万两捐给慈幼院，成为国内少有的裸捐人士，香山慈幼院1966年被接管，共培养孤贫儿童6000多名，其中五位部长级人物，1937年熊希龄逝世，国民政府为其举行了国葬。

### 【材料链接】

### 1. 民国时期的家庭教育支援

民国时期，国家重视对家庭、家长对儿童健康成长的作用，为了更好地实现家庭福祉，采取了一些较为有效的做法，一是立法，《中华民国刑法》和《中华民国民法》中对于儿童在家庭中的生存权、继承权、禁止堕胎、杀婴等权利提供了保障。全国儿童年实施委员会在1935年颁布了《父母会组织纲要》，要求各市县建立父母会以提升父母的养育儿童的方法，引导建立正确的养育观念即以"增进儿童幸福为目的"，教育部1940年颁布了《推行家庭教育法》，推广亲职教育，1943年颁布了《保护童婴运动办法要点》，进一步宣传和推动家庭对儿童的保护。二是具体行动上，开展了诸多活动支援家长，例如1929年江苏省立民众教育院举办的儿童幸福展览会，南京市教育局和卫生局举办的婴儿比赛，1936年全国儿童年实施委员会举办的全国儿童读物展览会，全国儿童教具玩具展览会等都为家长更科学的育儿提供支持和可借鉴的经验。

**2. 民国时期各省育婴事业统计**

民国时期较为重视对于育婴事业的统计，各省对于育婴事业经费投入差异较大（表 2－20）。

表 2－20　民国时期各省育婴事业统计

| 省份 | 官办育婴机构（个） | 官方经费（元） | 育婴机构总数 | 经费总数（元） |
|---|---|---|---|---|
| 江苏 | 13 | 42454 | 64 | 186885 |
| 江西 | 3 | 5866 | 40 | 30428 |
| 湖北 | 4 | 250 | 14 | 8542 |
| 湖南 | 3 | 13176 | 78 | 223804 |
| 山西 | 2 | 3615 | 26 | 26677 |
| 河南 | 1 | 5500 | 2 | 7616 |
| 河北 | 2 | 0 | 9 | 1000 |
| 浙江 | 13 | 20923 | 110 | 269307 |
| 福建 | 1 | 120 | 10 | 5918 |
| 广东 | 1 | 2400 | 18 | 18125 |
| 云南 | 2 | 3600 | 4 | 3900 |
| 辽宁 | 0 | 1800 | 2 | 5000 |
| 吉林 | 0 | 0 | 2 | 500 |
| 黑龙江 | 0 | 0 | 0 | 0 |
| 新疆 | 0 | 0 | 0 | 0 |
| 热河 | 0 | 0 | 0 | 0 |
| 绥远 | 0 | 0 | 7 | 616 |
| 察哈尔 | 0 | 0 | 1 | 265 |

资料来源：《各省救济事业现状统计》，《内政年鉴》（第一辑），商务印书馆 1935 年版，第（B）408－（B）424 页。高迈：《中国育婴堂制度的演进》，《申报月刊》1935 年第 4 卷第 7 号，第 177 页。

**3. 1946 年北平市庆祝"四四儿童节"文件**

1946 年 3 月 15 日，民国政府中央宣传部、教育部等发文，就本年度"四四儿童节"庆祝活动进行布置，具体包括：

庆祝宗旨：鼓舞儿童培养兴趣，启发儿童产生爱群、爱国、爱家庭心理，唤起社会注意儿童事业的意识。

范围：各小学、幼稚园。

具体行动建议：

一、各小学、幼儿园

组织儿童演讲、表演短剧、游戏，举办恳亲会、运动会、成绩展览会。

二、家庭

儿童恳亲会、送儿童礼物（建议国货）、制作美食糕点。

三、教育部门

举办儿童节纪念大会，儿童调查统计，发放儿童卫生、孕妇保胎的宣传单，组织演讲、表演，当地公共场馆向儿童开放。

四、社会其他部门

改善育婴堂、孤儿院等设施；鼓励创办儿童图书馆、儿童运动场、儿童公园等新设施；开放各地博物馆、美术馆；公办学校容许贫苦儿童免费入校；举办儿童福利座谈会；督促各机关、厂矿办托儿所；奖励优秀儿童福利团体；各地报纸进行儿童福利宣传；建议商店当天减价出售儿童读物、玩具等；建议剧院、影院放映关于儿童福利电影及戏剧、免费招待儿童及母亲；开放儿童福利机关；举办儿童节扩大庆祝大会、游艺会、赠送抗属儿童礼物；奖励优秀儿童。

五、儿童

儿童进行放风筝、踢毽、打棒球等运动。

# 第三节　现代中国儿童福祉

中华人民共和国成立后，中国儿童福祉进入一个全新的时期，虽然经历了很多的波折，但是总体是向前发展的。改革开放后，中国的儿童福祉得以恢复和发展。21世纪后，进入了大发展的时期，既面临着全新的挑战，也充满了发展的机遇。

## 一、概述

现代中国的儿童福祉是指1949年中华人民共和国成立后至今这一时期，新中国成立初期并没有建立独立的儿童福利制度，福利机构的建立伴随着对国民党统治下遗留的慈善机构，民间开办的慈善机构以及外国在中国开办的医院、学校等慈善机构的改造而进行，据统计截止到1953年11月，有21个城市超过1600个旧有慈善组织在政府指导下被重组。自此，以国家为主体的社会主义性质的福利机构油然而生。

### （一）现代中国儿童福祉发展的因素

#### 1. 思想因素

中华人民共和国成立后全国人民的思想都统一在共产主义建设当中，人人平等，人人是集体中一员，个人福祉的实现完全寄托在国家和集体当中。改革开放之后，随着国家外交政策和经济政策的变革，外国的儿童福祉思想得以传入，中国传统的福祉思想亦得以复苏，形成了多元化的福祉思想，社会精英效仿国外的做法成立公益基金会，并且很多富豪表示会捐献个人财产用于慈善。

#### 2. 经济因素

经济因素是制约现代中国儿童福祉发展的因素之一。2018年，中国的GDP达到了90.03万亿，居世界第2位，社会福利救助支出也在增加。中国各省市经济发展水平不同，"穷省"和"富省"对于儿童福祉的投入也差别巨大，尤其在教育和医疗两个民生焦点上，富裕省份的孩子更多享受到的医疗补贴和高质低价的教育，经济落后的省份政府投入少，将孩子的医疗和教育推向市场，家庭的收入更多的决定儿童获得的教育和医疗水平，普通家庭负担沉重。

**3. 政治因素**

政治因素是影响现代中国儿童福祉发展的关键因素，中国近代儿童福祉的繁荣是建立在经济快速发展，政府的法律完善，对先进国际儿童救助思想的吸收和政界、工商界精英的经济支持之上的。中华人民共和国成立初期的几年里，中国民间福祉机构几近消失，一方面是民国政府执政期间的政界、工商界的精英们离开了大陆，部分民间慈善机构的经济来源而消失，另一方面在社会主义的制度下，民间的救助被认为是与社会主义事业对立的，关停和合并了残存的民间福祉机构。冷战期间，军事和政治的对立导致了中国与西方国家交流中断，中国儿童福祉学习的对象局限在苏联等社会主义国家及第三世界国家，建立了城乡二元制的儿童福利体制并延续至今，儿童的生存与发展与户口紧密绑定在一起。

## （二）现代中国儿童福祉的发展趋势

**1. 国家责任转变为个人责任**

21 世纪以来，国家的福利政策开始由"以社会保障为主"转变为"以社会服务体系为主"，福利的责任也由单一国家责任向个人责任 – 社区责任 – 国家责任并存的模式转变，儿童福祉作为大的社会福利的一部分，在国家相应政策还未完善的情况下，开始转向国家、社会、个人的综合责任，并且家庭依然是实现儿童福祉的主要责任方。

**2. 社会责任意识初步觉醒**

政府和社会开始意识到儿童的成长不是一个家庭的事，而是全社会的事，开始关注"别人的孩子"。2016 年，国家卫计委发布《关于加快推进母婴设施建设的指导意见》，2018 年底，公共场所的母婴设施配置率达到 80% 以上，到 2020 年底达到 100%。推动全社会共同为儿童的成长提供便利和安全，激发社会"责任"，这是中国儿童福祉进步的表现。

**3. 关注特殊儿童到关注全体儿童**

目前我国儿童福祉是典型的补缺型儿童福祉，服务对象是以孤儿为代表的弱势儿童群体，随着经济的发展，出现了"留守儿童"为代表的新型弱势群体，且数量庞大，延续了几十年的救火式救助，使得获益的对象是占儿童总人口少数的弱势儿童群体，占绝大多数的正常儿童往往会成为"盲点"，政府和社会对他们的支援尚有限，但正在不断完善，并获得更多支持。

## 二、现代中国的儿童福祉

现代中国的儿童福祉经历了六个阶段：第一个阶段是 1949 ~ 1957 年，处于社会主义国家福利机构的建立与私人慈善的消亡并存的阶段；第二个阶段是 1958 ~ 1965 年，属于初步发展阶段，形成了儿童福利主体为国家和集体的儿童福利制度；第三个阶段是 1966 ~ 1976 年的停滞与破坏阶段，社会动荡使得建立起来的儿童福利制度和机构遭到严重破坏，例如归属原卫生部的中国红十字会的 5000 多个基层组织全部解散；第四个阶段是 1977～1989 年，属于恢复阶段，原有的儿童福利机构和设施逐步得以恢复；第五阶段是 1990～2009 年，现代儿童福祉孕育阶段，我国政府签署了《儿童权利公约》，加入相关国际组织，国内的民间儿童福祉机构缓慢发展，诞生了很多第一；第六个阶段是 2010 年至今，现代儿童福祉制度蜕变和形成阶段。2010 年被称为现代中国的儿童福利元年，儿童福利成为国家级议题，相关的事件有 2010 年 9 月，国务院常务会议研究制定发展家庭服务业政策措施，现代中国的家庭福利诞生；2010 年 10 月，国务院常务会议通过《关于加强孤儿保障工作的意见》；国务院妇女儿童工作委员会制定的《中国儿童发展纲要（2011～2020 年）》首次增加"儿童与福利"章节。现代中国的儿童福祉发展相对滞后于经济发展和社会发展，尚需要明确发展方向与定位，以满足全国家庭和儿童成长的需求。

## （一）政府的举措

### 1. 法律规定

我国儿童福祉相关法律主要是由民政部配合中央其他部门例如财政部、教育部等制定和实施的，相关法律涉及综合支援、监督与管理、健康福祉、教育福祉、公共服务等五个方面（表 2 -21～表 2 -25）。

表 2 -21　现代中国的儿童福祉相关政策——综合支援

| 年代（年） | 名称与适用范围 | 救助方式 | 是否专门针对儿童 | 历史地位 |
|---|---|---|---|---|
| 1956 | 《高级农业生产合作社示范章程》：孤儿、残疾儿童 | 饮食、居住救助 | 否 | |
| 1982 | 《城市流浪乞讨人员收容遣送办法》：城市流浪儿童 | 饮食、居住救助 | 否 | |
| 1991 | 《未成年人保护法》：0～18 岁儿童 | 法律保护 | 是 | |
| 1991 | 《中华人民共和国收养法》：0～14 岁孤儿、弃婴、无力抚养的子女 | 法律保护 | 是 | |
| 1994 | 《农村五保供养条例》：五保户儿童 | 综合救助 | 否 | |
| 1995 | 《关于转发〈中央社会治安综合治理委员会关于加强流动人口管理工作的意见〉的通知》：流浪儿童 | 饮食、居住救助 | 否 | |
| 1999 | 《预防未成年人犯罪法》：未成年人 | 法律保护 | 是 | |
| 2001 | 《中国儿童发展纲要》：全体儿童 | 法律保护 | 是 | |
| 2003 | 《农村五保供养工作条例（修订草案）》：五保户儿童 | 综合救助 | 否 | |
| 2003 | 《城市生活无着的流浪乞讨人员救助管理办法》：流浪乞讨儿童 | 饮食、居住救助 | 否 | 我国流浪儿童救助制度正式建立 |
| 2006 | 《关于加强孤儿救助工作的意见》：孤儿 | 综合救助 | 是 | 针对孤儿的第一个综合性福利制度 |

| 年代（年） | 名称与适用范围 | 救助方式 | 是否专门针对儿童 | 历史地位 |
|---|---|---|---|---|
| 2006 | 《关于加强流浪未成年人工作的意见》：流浪未成年人 | 法律保护 | 是 | |
| 2006 | 《关于加强孤儿救助的意见》：孤儿、弃婴、流浪儿童 | 综合救助 | 是 | |
| 2006 | 《中共中央国务院关于推进社会主义新农村建设的若干意见》：农村儿童 | 教育救助 | 否 | |
| 2007 | 《关于流浪未成年人救助保护设施建设的指导意见》：流浪未成年人 | 法律保护 | 是 | |
| 2008 | 《关于制定孤儿最低养育标准的通知》：孤儿 | 生活救助 | 是 | |
| 2008 | 《中华人民共和国残疾人保障法》：残疾儿童 | 教育救助 | 否 | |
| 2009 | 《关于制定福利机构儿童最低养育标准的指导意见》：福利机构儿童 | 生活补助 | 是 | |
| 2010 | 《关于加强孤儿保障工作的意见》：孤儿 | 综合救助 | 是 | |
| 2010 | 《关于发放孤儿基本生活费的通知》：孤儿 | 综合救助 | 是 | |
| 2011 | 《关于发放孤儿基本生活费的通知》：孤儿 | 综合救助 | 是 | |
| 2011 | 《中国妇女发展纲要（2011～2020年）》：妇女与儿童 | 综合救助 | 否 | |
| 2016 | 《关于加快推进母婴设施建设的指导意见》：母亲与婴儿 | 公共设施 | 否 | |
| 2016 | 《国家人权行动计划（2016～2020年）》：全体儿童 | 权利保护 | 否 | |
| 2018 | 《乡村振兴战略规划（2018～2022年）》：乡村儿童 | 教育救助 | 否 | |
| 2018 | 《完善促进消费体制机制实施方案（2018～2020年）》：婴幼儿 | 教育救助 | 否 | |

综合支援类政策的特点，一是针对农村、孤儿、流浪儿童这三个弱势群体的政策特别多，尤其是针对孤儿的相关政策很多，面向全体儿童的政策支持较少；二是通过法律的形式让社会履行对于儿童成长的责任。

表2-22 现代中国的儿童福祉相关政策——监督与管理

| 年代（年） | 名称与适用范围 | 主要内容 | 是否专门针对儿童 | 历史地位 |
|---|---|---|---|---|
| 1999 | 《社会福利机构管理暂行办法》：社会福利机构 | 管理、审批 | 否 | |
| 2016 | 《中华人民共和国慈善法》：慈善组织 | 机构管理 | 否 | |

随着儿童福祉的机构日益增多，监管的需求也在增加，国家制定了《社会福利机构管理暂行办法》和《中华人民共和国慈善法》，但仍缺少更加具体和具有前瞻性及引领性的法律。

表2－23　现代中国的儿童福祉相关政策——健康福祉

| 年代（年） | 名称与适用范围 | 救助方式 | 是否专门针对儿童 | 历史地位 |
|---|---|---|---|---|
| 1994 | 《中华人民共和国母婴保健法》：母婴 | 健康、医疗 | 否 | |
| 1995 | 《母乳代用品销售管理办法》：婴儿 | 健康 | 是 | |
| 2002 | 《中共中央国务院关于进一步加强农村卫生工作的决定》：农村儿童 | 健康 | 否 | |
| 2004 | 《关于加强对生活困难的艾滋病患者、患者家属和患者遗孤救助工作的通知》：艾滋病患者孤儿 | 综合救助 | 是 | |
| 2005 | 《关于开展全国残疾人社区康复示范区培育活动的通知》：残疾儿童 | 机构救助 | 否 | |
| 2007 | 《婴幼儿喂养策略》：婴儿 | 健康 | 是 | |
| 2008 | 《新生儿疾病筛查管理办法》：新生儿 | 卫生 | 是 | |
| 2009 | 《民政部关于进一步加强受艾滋病影响儿童福利保障工作的意见》：受艾滋病影响儿童 | 综合救助 | 是 | |
| 2009 | 《农村孕产妇住院分娩补助项目管理方案》：农业户籍孕产妇 | 健康 | 否 | |
| 2010 | 《卫生部关于开展提高农村儿童重大疾病医疗保障水平试点工作的意见》：农村儿童 | 健康 | 是 | |
| 2014 | 《食品安全国家标准 辅食营养补充品》：6～36个月婴幼儿；37～60个月儿童 | 健康 | 是 | |

我国儿童健康福祉主要是救助弱势群体，例如孤儿、农村地区儿童等，面向全体儿童的代表性成果有2002年施行的"新型农村合作医疗制度"，据2010年底统计，参合率为96%，避免因病致穷、辍学等儿童权利的丧失，此外还有疫苗接种、健康营养饮食等保障儿童健康的措施。

表2－24　现代中国的儿童福祉相关政策——教育福祉

| 年代（年） | 名称与适用范围 | 救助方式 | 是否专门针对儿童 | 历史地位 |
|---|---|---|---|---|
| 1953 | 《中华人民共和国劳动保险条例》：企业 | 托儿所、幼儿园建设 | 否 | |
| 1956 | 《关于托儿所幼儿园几个问题的联合通知》：企业 | 托儿所、幼儿园建设 | 是 | |
| 1957 | 《办好盲童学校、聋哑学校的几点指示》：盲童、聋哑儿童 | 学校建设 | 是 | |
| 1980 | 《城市托儿所工作条例》（试行草案） | —— | 是 | |
| 1986 | 《中华人民共和国义务教育法》：儿童 | 法律保障 | 是 | |

| 年代（年） | 名称与适用范围 | 救助方式 | 是否专门<br>针对儿童 | 历史地位 |
|---|---|---|---|---|
| 1994 | 《关于开展残疾儿童少年随班就读工作的试行办法》：残疾儿童 | 政策支持 | 是 | |
| 1996 | 《城镇流动人口中适龄儿童、少年就学办法》（试行）：流动儿童及少年 | 政策支持 | 是 | |
| 1998 | 《流动儿童少年就学暂行办法》：流动儿童及少年 | 政策支持 | 是 | |
| 2001 | 《关于基础教育改革与发展的决定》：儿童 | 政策支持 | 是 | |
| 2003 | 《关于进一步做好进城务工就业农民子女义务教育工作的意见的通知》：农民工子女 | 政策支持 | 是 | |
| 2003 | 《国务院关于进一步加强农村教育工作的决定》：农村经济困难学生 | 政策支持 | 是 | |
| 2004 | 《关于进一步加强和改进未成年人思想道德建设的若干意见》：未成年人 | 政策支持 | 是 | |
| 2006 | 《国务院关于解决进城务工农民问题的若干意见》：农民工子女 | 政策支持 | 是 | |
| 2010 | 《国务院关于当前发展学前教育的若干意见》：学前儿童 | 政策支持 | 是 | |
| 2017 | 《教育部等四部门关于实施第三期学前教育行动计划的意见》：学前儿童 | 政策支持 | 是 | |
| 2018 | 《中共中央国务院关于学前教育深化改革规范发展的若干意见》：学前儿童 | 政策支持 | 是 | |
| 2019 | 《关于促进3岁以下婴幼儿照护服务发展的指导意见》：0~3岁婴幼儿 | 政策支持 | 是 | |

　　教育公平一直是政府、社会和家庭共同努力的目标，20世纪50~80年代，企事业单位（例如工厂）创办附设的学校，满足职工子女的入学要求，90年代国企改革以后，大量企事业单位的附设学校倒闭，政府主导的公办学校承担教育供给的主要职责，一个典型的例子就是托幼机构的教育供给，1980年，《人民日报》发表《从实际出发，继续办好托幼事业》一文统计当时全国22个省、市、自治区，共有各类托儿所、幼儿园98.8万多个，入托儿童3400多万人，入托率28.2%。2015年，调查显示上海独立设置托儿所只有35所，在0~3岁80万左右婴幼儿中，能上托儿所的只占0.65%，经历了严重的挫折和退步。目前，各地区已经开始加大0~3岁托育机构的建设，例如2018年，上海市政府印发了《关于促进和加强本市3岁以下幼儿托育服务工作的指导意见》《上海市3岁以下幼儿托育机构管理暂行办法》《上海市3岁以下幼儿托育机构设置标准（试行）》等文件。2019年5月9日国务院办公厅《关于促进3岁以下婴幼儿照护服务发展的指导意见》，国家层面开始再次重视0~3岁早期服务的供给。幼儿园教育供给2005年以后逐步获得国家重视，出台了普惠园的政策，入园率逐年提升，义务教育则是最近几十年国家教育资金投入的重点，入学率已经达到较高水平。

表 2-25　现代中国的儿童福祉相关政策——公共服务

| 年代（年） | 名称与适用范围 | 救助方式 | 是否专门针对儿童 | 历史地位 |
| --- | --- | --- | --- | --- |
| 2003 | 《儿童社会福利机构基本规范》：儿童福利机构 | 规范标准 | 是 | |
| 2008 | 《关于全国博物馆、纪念馆免费开放的通知》：儿童 | 减免费用 | 否 | |
| 2009 | 《关于印发〈汽车运价规则〉和〈道路运输价格管理规定〉的通知》：儿童 | 减免费用 | 否 | |
| 2012 | 《关于进一步落实青少年门票价格优惠政策的通知》：青少年 | 减免费用 | 是 | |
| 2013 | 《民政部关于开展适度普惠性儿童福利制度建设试点工作的通知》：儿童 | 机构创设 | 是 | |
| 2014 | 《关于进一步开展适度普惠型儿童福利制度建设试点工作的通知》：儿童 | 制度保障 | 是 | |

　　自 2000 年以来，政府意识到提供面向全体儿童的公共服务的责任，在一些公共设施和场所，例如各类交通工具、景点门票等，给予儿童一定优惠，为儿童的出行和游览提供一定的方便，这是政府主动承担保护和照顾儿童的责任的表现。

**2. 机构设置**

　　中华人民共和国的儿童福祉机构沿袭和传承历史做法较少，以重建的方式为主，目前主要的机构有福利院、儿童之家等，具体内容见表 2-26。

表 2-26　现代中国的官方福祉机构

| 年代（年） | 名称与适用范围 | 救助方式 | 是否专门针对儿童 | 历史地位 |
| --- | --- | --- | --- | --- |
| 1953 | 生产教养院：无依无靠的孤儿 | 教养救济、劳动改造 | 否 | |
| 1955 | 工读学校：有违法犯罪行为的未成年学生、劣迹儿童 | 机构救助 | 是 | |
| 1958 | 儿童福利院："三无"孤儿、弃婴、残疾儿童 | 机构救助 | 是 | |
| 1981 | 上海社会科学院青少年研究所：青少年 | 理论研究 | 是 | |
| 1982 | 北京大学青少年卫生研究所：青少年 | 理论研究 | 是 | |
| 1984 | 国际 SOS 儿童村：孤儿 | 机构救助 | 是 | |
| 1990 | 中国关心下一代工作委员会：儿童 | 政策支持 | 是 | |
| 1998 | 广德县儿童福利院 | 机构救助 | 是 | |
| 2010 | 儿童之家：孤儿、残疾儿童等特殊儿童 | 机构救助 | 是 | |

　　现代中国儿童福祉机构的发展由于缺少传统文化的传承和有效措施的延续，发展较为艰难，数量少，覆盖面窄，即便是对于弱势儿童群体，例如孤儿、流浪儿童等，仍然是以民间的互助为主。需要增加机构的数量、提高服务的质量和亲和力，很多流浪儿童

宁可去乞讨和流浪，也不愿意待在政府建立的救助站，这需要去反思和破解。

**3. 官方儿童福祉事件举例**

2010 年 6 月，卫生部下发了《关于开展提高农村儿童重大疾病医疗保障水平试点工作的意见》，提高对重大疾病的医疗保障水平，新农合和医疗救助基金在限定费用的基础上，实行按病种付费，明显提高报销比例。还在试点地区的疾病确定、救治医院的明确、医疗费用补偿的完善、医疗保障服务管理的改善等方面做出规定。对于农村患病儿童的保障有极大的提高，提高了对儿童的健康福祉的保障。

### （二）民间的举措

中华人民共和国成立后，民间的慈善行为几乎全体消亡，改革开放后，逐步复苏，进入 2000 年以后进入快速发展阶段，2016 年《慈善法》颁布，据 2017 年统计，中国的慈善组织总数为 3378 家，比 2016 年新增 2749 家，可为发展迅猛。在捐款方面 2015 年社会捐赠 1215 亿，2016 年增加至 1456 亿，增长迅速。

**1. 思想渊源**

1949 年至今，中国民间慈善经历了消亡与重生。目前民间行善的动力还是传统的善心及国际社会责任思想，实施主体为富商等社会精英、国际组织、经济并不宽裕的个人、亲属间的救助等。社会精英和国际组织多是出于社会责任的主动承担，组织性和持续性较强。经济并不宽裕的个人的福祉行为大多属于自救，亲属间的救助主要是针对孤儿等弱势群体。

**2. 机构开办**

现代中国的民间儿童福祉机构多以基金会、协会等社会组织的方式存在，更加公开和透明。民营儿童福利机构发展并不快速，其总体数量少，生存艰难，例如河北省 1993 年到 1999 年仅出现 6 家民营儿童福利机构，收养儿童仅有 168 人，且存在非法经营（不注册）、合法经营（民政注册）以及错位合法经营（工商注册）的复杂情况，具体内容见表 2-27。

表 2-27 现代中国民间儿童福祉机构

| 年代（年） | 名称与适用范围 | 救助方式 | 是否专门针对儿童 | 历史地位 |
|---|---|---|---|---|
| 1950 | 中国红十字会 | 综合救助 | 否 | 改组自 1904 年成立原上海万国红十字会 |
| 1981 | 中国儿童少年基金会：少年 | 综合救助 | 是 | |
| 1982 | 宋庆龄基金会 | —— | 否 | |
| 1994 | 中华慈善总会 | 综合救助 | 否 | |

**3. 民间儿童福祉事件**

2013 年 4 月 20 日，四川雅安市发生地震，同年，热心人士和热心公司共同发动了发起"再站起来"公益项目，从 2013~2015 年，"再站起来"项目为因地震导致残的多名儿童提供了假肢接触腔、海绵、袜套等。

### （三）现代中国儿童福祉的发展特点

#### 1. 儿童救助的城乡分离制度

城乡二元制是计划经济的特征，全额拨款的儿童福利机构只接收城市儿童，占人口大多数的农村儿童理论上只能依靠集体，中华人民共和国成立初期由于经济相对落后和政治动荡等原因，农村集体经济发展落后，农村儿童的福利难以保障，城乡儿童福祉水平差异明显。改革开放之后，随着经济发展，乡村人口在减少，但二元制的政策未变，城乡儿童的福祉差异依然明显。

#### 2. 救助主体的变革，从国家为主到国家与社会并存

1949～1978 年政府对于民间救助的态度是激烈反对的，非政府组织和宗教组织实施儿童救助受到严格的限制。在城里"生、老、病、死"靠单位，城里有工作的人都是单位人，包括子女的福利、教育、医疗等，机关、国企、非国企由于所属单位不同福利待遇差异很大。改革开放后，政府对于民间救助的态度发生变化，2000 年，民政部等部门在《关于加快实现社会福利社会化的意见》中指出："儿童福利机构在今后一段时间仍以政府管理为主，也可吸纳社会资金合办，同时通过收养寄养、助养和接收社会捐赠等多种形式，走社会化发展的路子。"

#### 3. 救济为主的特征

我国的儿童福祉带有典型的补缺型特征，覆盖范围窄。进入 21 世纪以来，政府的救助观念从救济型逐步转向福利型，从重养轻教，转向养育、教育、健康结合，从大集体养育转向小家庭式的照料。

#### 4. 经济改革带来新挑战

在最初的计划经济制度下，国家和集体承担儿童福祉的全部费用，随着计划经济向市场经济转变，原有的福利制度依存的经济基础发生了变化，城市中经历了国企改革，大量的企业破产，附属托儿所、幼儿园、中小学、医院关闭，直接影响了职工及子女的教育福祉和医疗福祉，1989 年的统计显示我国贫困职工家庭人口约为 1036 万，1992 年这个数字约上升到 2000 万。同时期，农村家庭联产承包责任制让"大锅饭"结束，有饭大家吃的农村救助的经济基础瓦解，极度贫困人口增多，贫富两极分化严重，贫困儿童的救助陷入困境。所以经济制度的改革带来了新的挑战。

#### 5. 儿童权利保障意识萌芽

儿童权利侵害的事件在 2018 年被广泛报道，例如食品安全、"亲情暴力"、信息伤害等。人们普遍认为家庭作为儿童权利保护和伸张正义的主体，但是目前来看，很多侵害儿童权利的实施主体却是家长，这一点需要警惕，需要全社会和政府共同努力以保障儿童的权力。

### 三、典型案例分析

被拐卖的儿童往往由于制度的缺失而在获救后无法得到妥善的处置，有的甚至被送回到买主家寄养，2015 年，民政部发文《民政部公安部关于开展查找不到生父母的打拐解救儿童收养工作的通知》明确被拐儿童由社会福利机构或救助保护机构收养，12

个月未找到父母的也可收养。进一步完善了儿童的救助制度，保障了被拐卖儿童的权益。

**【材料链接】**

**1. 中国儿童少年基金会**

中国儿童少年基金会，简称中国儿基会，诞生于1981年，隶属于全国妇联，彭丽媛同志担任基金会春蕾计划促进女童教育特使。基金会以抚育、培养、教育儿童少年，发展儿童少年教育福利事业为宗旨。下设四个公益品牌分别是帮助贫困地区女童的"春蕾计划"（1989年）、为儿童提供安全健康成长环境的"安康计划"（2000年）、解决农村留守儿童由于长期分离问题的"儿童快乐家园"（2014年）、为贫困和受灾儿童提供爱心套餐的"HELLO小孩"（2015年），2017年的工作报告显示，年度获捐4.67亿元，年度支出4.16亿元，共开展了12项公益活动。

**2. 中国SOS儿童村协会**

中国SOS儿童村协会于1985年经民政部批准正式成立，中国政府与国际SOS儿童村组织共同组建的非政府组织，成为国际SOS儿童村组织的正式成员。中国SOS儿童村协会主要任务是在具备条件的地区兴建SOS儿童村，代表中国SOS儿童村接收来自国际SOS儿童村组织的捐赠资金，检查和指导各地SOS儿童村等，目前在新疆、天津等地建有多所中国SOS儿童村。

**【思考与练习题】**

1. 中国古代儿童福祉与慈善的关系是什么？
2. 宋朝的儿童福祉特点有哪些？
3. 中国近代儿童福祉的"第一"有哪些？为什么会有如此多的"第一"产生？

**【小组讨论】**

1. 分析中国近代儿童福祉发展繁荣的原因。
2. 现代中国儿童福祉的发展现状与不足是什么？

# 第三章　外国儿童福祉政策

【学习目标】

掌握：日本、瑞典等国家儿童福祉的特点。

熟悉：亚洲、美洲、欧洲、非洲儿童福祉的发展历史。

了解：世界儿童福祉发展的趋势。

【本章导读】

```
                                         ┌─ 亚洲国家儿童福祉
                                         ├─ 大洋洲国家儿童福祉
                        外国儿童福祉概述 ──┼─ 欧洲国家儿童福祉
                                         ├─ 美洲国家儿童福祉
                                         ├─ 非洲国家儿童福祉
                                         └─ 典型案例分析

                                         ┌─ 美国儿童福祉
  外国儿童福祉                           ├─ 瑞典儿童福祉
  政策        ── 部分发达国家的儿童福祉 ──┼─ 日本儿童福祉
                                         ├─ 澳大利亚儿童福祉
                                         └─ 典型案例分析

                                         ┌─ 南非儿童福祉
                        部分发展中国家的儿童福祉 ─┼─ 巴西儿童福祉
                                         ├─ 印度儿童福祉
                                         └─ 典型案例分析
```

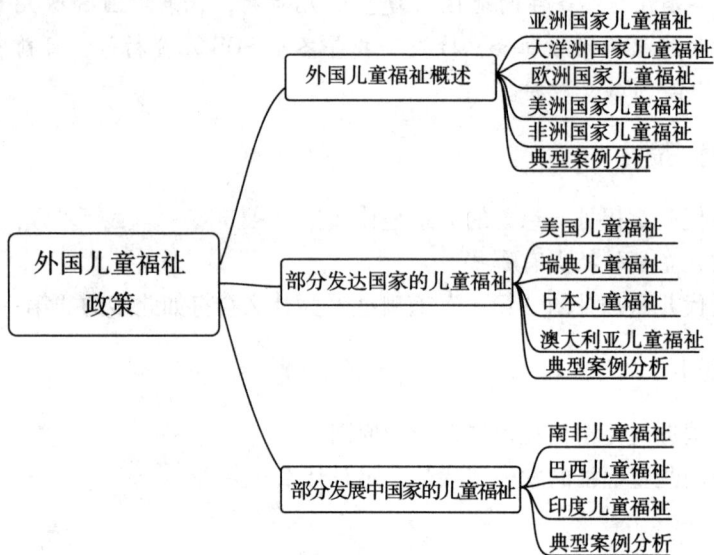

图3-1　外国儿童福祉政策内容导读

儿童福祉的提出和发展是世界各国共同努力的结果，近现代世界各国在儿童福祉发展方面开创了全新的局面，共同推动着儿童福祉的发展与进步，形成了各具特色的儿童福祉发展道路。

# 第一节 外国儿童福祉概述

外国儿童福祉指的是中国之外世界各国的儿童福祉发展情况，按照地域划分，参照人口居住的密集程度，从亚洲、大洋洲、欧洲、美洲、非洲五个地区进行介绍。

## 一、亚洲国家儿童福祉

亚洲作为世界上人口最多的洲，儿童数量很庞大，对亚洲国家儿童福祉做整体评价是一件很难的事情。亚洲各国政治制度不同，儿童福祉的发展也存在较大差异，经济发展与儿童福祉的支出密切相关，亚洲一些国家面临经济发展的困境，据联合国亚洲及太平洋经济社会委员会（ESCAP）2012 年数据显示，12 个亚太国家处于社会高度脆弱状态（全球共 40 个），占比达 30%，7.4～8.7 亿人的人均收入少于 1.25 美元/天，16.43 亿人少于 2 美元/天。亚洲国家的儿童福祉可分为两大类，一类国家实行的是高经济、高福利、高覆盖的儿童福祉，另一类国家实行的是低覆盖率的儿童福祉。

## 二、大洋洲国家儿童福祉

大洋洲儿童福祉可分为两大类型，一个类型是经济发达、经费投入多的国家，设有专门主管儿童的部门，提供针对全体儿童和弱势儿童的多种津贴补贴。另一类型是经济相对落后国家，大部分属于农业国家，儿童福祉投入方面尚不足，法律和相关设备尚不够完备，有待提高。

## 三、欧洲国家儿童福祉

欧洲是世界上发达国家最多的洲，经济发展带来的财富为儿童福祉提供了强大的经费支持。1601 年英国制定的第一部《济贫法》视为欧洲儿童福祉的开端。欧洲各国的儿童福祉大体可分为英国模式、德国模式、北欧模式三类，挪威、芬兰、丹麦等国的儿童福祉属于北欧模式，与瑞典的儿童福祉颇为相近。英国模式主要补缺为主，针对贫困儿童等弱势群体展开救助。德国模式强调个人对社会的贡献，家长需要就业、纳税来获得政府为家庭成员提供的公共保障，荷兰、奥地利等国属于此类。

在儿童福祉的具体实施方面欧洲国家也各具特色，有些国家偏重于以给予金钱的方式支持儿童及家庭，有些国家则偏向于提供公共服务来支持儿童，给所有儿童发放儿童津贴的国家有德国、英国、丹麦、瑞典等。除此之外，欧洲儿童还享受很多免费的保育和教育服务，2016 年欧洲国家中丹麦有 86% 的 0～12 岁儿童接受正规的保育和托育服务，瑞典为 70%，英国和德国分别为 65% 和 64%，这四个国家是欧盟国家中前四名。

欧洲国家的儿童福祉主要内容包括儿童教育、儿童健康与医疗、儿童的津补贴三个方面，在普及义务教育、早期教育，提供免费的医疗服务，加强儿童营养，提供产假，提供儿童看护津贴、住房补贴、单亲补助等方面，政府经济支持力度大，儿童福祉政策建设完备，相关法律涵盖儿童成长的多个方面，提供不同程度的家庭支援，并有着深厚的儿童福祉思想基础。

### 四、美洲国家儿童福祉

美洲国家数量多，文化差异大，既有发达国家，也有很多发展中国家，儿童福祉发展的特点各异，总体呈现出典型的补残型特征。发达国家的儿童福祉经费投入较高，各种津贴补贴较多，发展中国家面临贫困、赤贫儿童的家庭较多，教育、医疗条件差，贫富两极分化严重，童工现象较为普遍。儿童教育方面，部分国家实施的是免费教育，另有部分国家儿童的失学率较高；儿童健康与医疗方面，普遍采取多种支援家庭的计划，见表3-1和表3-2。

**表3-1　南美洲支援家庭情况**

| 时间（年） | 国家 | 支援计划名称 | 援助类型 | 条件 |
|---|---|---|---|---|
| 2000 | 哥斯达黎加 | 超越自我计划 | 教育<br>食物 | 7~18岁儿童、青少年；贫困 |
| 2001 | 哥伦比亚 | 家庭行动计划 | 教育<br>健康<br>食物 | 0~17岁儿童；贫困 |
| 2002 | 智利 | 团结计划 | 教育<br>健康<br>住房 | 贫困；赤贫 |
| 2003 | 巴西 | 家庭计划 | 教育<br>健康<br>食物 | 儿童；赤贫；贫困 |
| 2005 | 阿根廷 | 社会融合家庭计划 | 教育<br>健康 | 有未成年人；怀孕妇女 |
| 2005 | 阿根廷 | 布宜诺斯艾利斯公民权利计划 | 教育<br>健康 | 低龄儿童、怀孕妇女、残疾人、老年人；赤贫 |

注：此表根据吴孙沛璟《多维视角下的拉美贫困及扶贫政策研究》一文制作。

**表3-2　南美洲支援儿童情况**

| 时间（年） | 国家 | 支援计划名称 | 援助类型 | 条件 |
|---|---|---|---|---|
| 2000 | 乌拉圭 | 300项目计划 | 教育 | 6~16岁；失学 |
| 2000 | 尼加拉瓜 | 我的家庭—社会保护网计划 | 教育<br>健康<br>食物 | 0~13岁；贫困；6岁以上小学注册 |
| 2001 | 厄瓜多尔 | 校奖学金计划 | 教育 | 家庭为最贫困20%；6~15岁 |
| 2005 | 多米尼加 | 团结卡片计划 | 教育<br>营养<br>健康 | 赤贫 |

注：此表根据吴孙沛璟《多维视角下的拉美贫困及扶贫政策研究》一文制作。

## 五、非洲国家儿童福祉

非洲国家儿童福祉发展的主要挑战在于儿童的健康、生存方面，但是近些年也有了较大的进步。目前非洲国家在儿童福祉方面比较突出的问题是教育问题、健康问题、童工问题。2018 年的数据显示，非洲约有 5000 万的儿童失学。世界劳工组织的一份报告显示，全非洲 5 ~ 14 岁童工的数量大约有 8000 万人。国际劳工组织统计，世界每年大约 40 万非洲儿童被贩卖、奴役。撒哈拉沙漠以南的非洲国家，0 ~ 5 岁儿童中死亡人数约为 1/6，联合国艾滋病规划署统计，该地区有 3400 多万孤儿，其中 1200 万孩子的父母死于艾滋病。

非洲儿童福祉的发展对于外界援助十分依赖，许多国家和国际机构都致力于援助非洲儿童，既有政府组织也有非政府组织援建的学校、保健中心、医院等，对于儿童尤其是女童的权益保护十分关注。

## 六、典型案例分析

IHC 起诉新西兰教育部。成立于 1949 年的 IHC 是一个维护智力障碍儿童受教育和医疗权益建立起来的组织。目前该组织拥有超过 5000 名工作人员和 2500 名成员以及 500 名志愿者，已经有 6000 余名智力障碍的孩子和家庭获得该组织的帮助。2008 年 IHC 向人权委员会申诉，起因是奥克兰西部绿色海滩高中及教育部开除一名患有艾斯伯格综合征的 14 岁学生，该学生由于滑板问题与一名教师发生打斗，2014 年 2 月高等法院撤销该学校学生的开除决定。

### 【材料链接】

#### 1. 德国学龄前托管现状调查

贝塔斯曼基金会 2017 年 8 月 29 日公布了德国学龄前儿童托管现状的最新研究报告。学龄前儿童机构托管方面，2016 年共有 61.46 万名 0 ~ 3 岁婴幼儿在托儿所等机构，3 周岁及以上的学龄前儿童数量为 231.857 万，东部地区儿童入托入园比例高于西部地区。2015 年，公共财政对幼儿托管的支出金额达 264 亿欧元，家庭为婴幼儿入托入园支出费用比例从 9.5%（北威州）到 22%（萨安州）不等。师生比方面，2016 年 3 月，0 ~ 3 岁儿童的幼儿园（托儿所）师生比为 1∶4.3。各州亦不相同，巴登 – 符腾堡州师生比最高达到 1∶3，萨克森州师生比最低为 1∶6.5。2016 年 3 岁以上学龄前儿童托管的师生比是 1∶9.2，2012 年则是 1∶9.8。师生比最高的是巴登 – 符腾堡州 1∶7.2，最低的是梅前州 1∶13.7。

#### 2. 最佳开端计划

加拿大安省颁布了"最佳开端计划"（Best Start Plan），主要内容是加大儿童托育津贴，新设婴儿荧屏方案和儿童听、说、语言发展方案，具体的措施有：取消对父母子女照顾津贴的限制，为"健康婴儿，健康儿童"方案增加一项 830 万加元的额外投资，服务于早期高危婴儿的鉴定，帮助父母获得使其新生儿健康成长所需要的建议与服务，增加针对学前儿童言语和语言发展方案以及婴儿听力发展方案的投资，金额为 470 万加元和 120 万加元，这两项投资服务于语言和听力残疾儿童沟通技能的培养。建成 0 ~ 6

岁幼儿亲子服务的早教中心数百所，提供的学习用品和玩具、点心和牛奶都不收费。

# 第二节  部分发达国家的儿童福祉

## 一、美国儿童福祉

美国虽然是发达国家，但美国的儿童福祉并不是最好的，这与政府的政策取向有关，美国属于典型的补缺型儿童福祉国家。

### （一）美国儿童福祉发展的历史阶段

美国建国于 1776 年，国家的历史较为短暂，美国的儿童福祉发展可分为 3 个时期，起点是 1909 年的白宫儿童会议。

#### 1. 初建时期（1909—1935 年）

这一时期美国经历了 20 世纪初期的快速工业化和 30 年代的经济大萧条，大量童工出现，据统计，1900 年纺织业的童工约为 30%，婴儿死亡率高，种族歧视普遍存在，加上美国的进步主义运动让儿童的地位获得快速提升，成为儿童福祉相关机构和政策诞生的重要背景。美国召开了影响世界的"白宫儿童会议"，成立了联邦儿童局，建立了儿童福利联盟，标志性的法案是 1935 年颁布的《社会保障法》，其中对于儿童保护的条款涉及子女救助、单亲家庭、收养、残疾儿童等内容。

#### 2. 发展时期（1935—1975 年）

美国经历了第二次世界大战，战后经济快速发展，1959 年联合国通过了《儿童权利宣言》，美国的儿童福祉进入大发展时期。美国颁布的儿童相关法案有着鲜明的时代特征，60 年代的法律重视工作取向，例如《民权法案》《经济机会法案》等，70 年代政府的关注焦点转向儿童虐待与疏忽，政府行使制裁权的同时，还呼吁社会对儿童的关注与预防，儿童的发展与健康成为全社会的责任。

#### 3. 改革时期（1975 年至今）

该时期美国的儿童福祉法案数量多且愈加细致，关注的内容也扩大到教育、发展等全面救助，涵盖特殊儿童类、家庭支援类、寄养收养类等类型法律条款，例如 1994 年美国实施《早期开端计划》，将低收入的 0~3 岁婴幼儿纳入服务对象。80 年代儿童福利改革重视家庭取向，90 年代倾向于儿童照顾及发展等预防性儿童福利，2010 年，奥巴马总统的医疗改革法案中，医保体系包含了 3200 万没有保险的美国民众，使得美国医保的覆盖率从 85% 提升至 95%，同样有利于儿童。

### （二）美国儿童福祉理念与政策

美国儿童福祉思想的形成最初受到欧洲的社会保险、传统的公共救助、人道主义思想的影响，在其发展过程中也逐步形成了自己的思想基础，例如罗尔斯正义论、全纳教育思想等，这些思想影响着美国儿童福祉理念的形成。美国总统富兰克林·罗斯福曾说："美国年轻一代的命运决定了美国的命运。"美国对于儿童福祉的定位是"社会福利中特别以儿童为对象，提供在家庭中或其他社会机构所无法满足需求的一种服务"。美国的儿童福祉带有典型的残补特征，主要针对受虐待儿童、孤儿、残障儿童、贫困儿童、被忽视的儿童、家庭破碎的儿童、行为偏差或情绪困扰的儿童提供多方位的保护，但随着时代的发展，开始有普惠性的发展倾向。具体内容见表3-3。

表3-3 美国儿童福祉相关政策

| 时间（年） | 政策名称 | 具体内容 | 备注 |
|---|---|---|---|
| 1935 | 《社会保障法》 | 为贫穷的单亲家庭提供无条件的现金救助 | |
| 1935 | 《社会安全法》 | 保护照顾失依、失养、受忽视儿童及可能犯罪的少年 | |
| 1946 | 《全国学校午餐法案》 | 学龄儿童健康发展 | |
| 1961 | 《特别未成年儿童援助法案》 | 援助儿童的范围由孤儿、单亲扩大到父母双方一方失业的儿童 | |
| 1964 | 《民权法案》 | 取消学校种族隔离 | |
| 1974 | 《儿童虐待预防法案》 | 足够证据证明儿童在家庭中遭受伤害，政府可以强制介入 | 特殊需要儿童 |
| 1974 | 《少年审判与少年犯罪犯罪预防法案》 | 诞生了"少年司法与犯罪预防办公室" | 特殊需要儿童 |
| 1975 | 《所有残疾儿童教育法》 | 政府提供免费、适宜与正常儿童相同的受教育环境；为特殊儿童进行评估，不能歧视，定制个人学习计划；监护人的权利保护 | 特殊需要儿童 |
| 1979 | 《儿童保育法》 | 大力扶持公立幼儿园，明确私立幼儿园的地位 | |
| 1980 | 《收养救助与儿童福利法案》 | 资金预防性服务与维持家庭的完整，强调家庭的重要性，加强对家庭的支持与救助 | 儿童寄养、收养 |
| 1981 | 《开端计划法案》 | 联邦政府每年至少应拨款10.7亿美元，不向家长收取费用，经费80%来自联邦政府的拨款，其余主要来自社区 | |
| 1986 | 《学龄前残疾人教育修正法》 | 从1991~1992学年开始，各州必须为所有3~5岁学前残疾儿童提供免费及合适的公立教育，鼓励各州为0~2岁患有发育迟缓或残疾儿童提供早期干预服务 | 特殊需要儿童 |
| 1990 | 《儿童保育与发展固定拨款法》 | 联邦政府每年拨予各州发展幼儿教育专款 | |
| 1990 | 《家庭支持法案》 | —— | 儿童家庭支持 |
| 1997 | 《收养与安全家庭法案》 | 原生家庭可能致使儿童再次受到伤害，福利机构就无须再为维系家庭而努力 | |
| 1999 | 《寄养独立法》 | 为在寄养体系中年满18岁的大龄儿童提供经济、住房、咨询、就业、教育以及其他必要服务直至21岁 | 儿童寄养、收养 |
| 2000 | 《儿童健康法案》 | 针对儿童健康问题，提供研究经费补助 | |
| 2002 | 《不让一个孩子落后法案》 | 3~8年级学生每年必须接受各州政府的阅读和数学统考，关注学业落后的学生 | |

| 时间（年） | 政策名称 | 具体内容 | 备注 |
|---|---|---|---|
| 2004 | 《残疾人教育促进法》 | 增加残疾人教育经费；合理惩戒违纪的残疾学生；提高特殊教育教师素质 | |
| 2004 | 《家庭机会法》 | 为低收入、身心障碍儿童的家庭提供必要的医疗补助 | |
| 2006 | 《抗击自闭症法案》 | 建立早期诊断和干预制度 | |
| 2008 | 《促进成功与增加收养法案》 | 寄养儿童的永久性安置 | |
| 2011 | 《儿童和家庭服务改善与创新法案》 | 提高联邦拨款数额，支持各州增加儿童保护服务的内容，鼓励创新 | |

除了儿童福祉相关法律之外，还有各种儿童相关的项目和计划，例如1965年的"开端计划"（Head Start）广泛推进3~5岁儿童的学前教育，至2008年已增加至73.5亿美元/年。儿童照顾政策在1996~2002年间，经费由120亿美元提高到了220亿美元。据经济合作与发展组织（OECD）数据显示，2015年，美国政府平均幼教支出为10010美元/人，位居OECD的第五位。

### （三）美国儿童福祉行政系统

美国实行的是地方分权制度，联邦政府主要负责儿童福利的规划、督导、辅助，行政权集中于各州。联邦政府和各州设立相应部门，在具体的科室名称上也有所不同，因为各州法律不同，实施也有所差异。具体内容见图3-1。

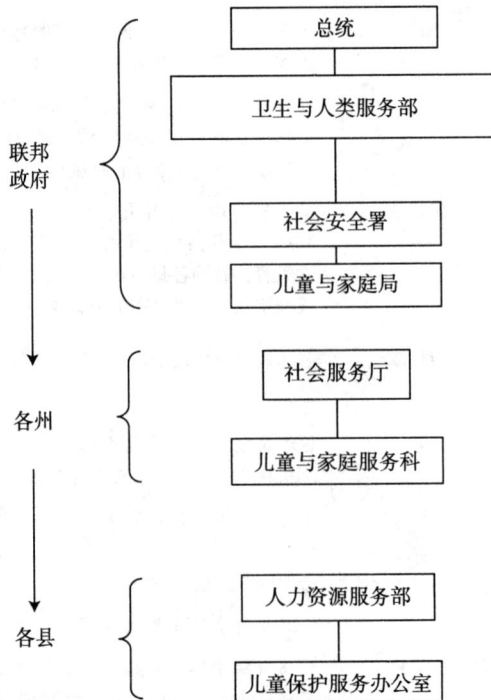

图3-1　美国儿童福祉行政机构图

### （四）美国儿童福祉的主要内容

#### 1. 儿童保护

美国的儿童保护主要涉及家庭中儿童权益的维护和儿童安全的防御，由社工、社会各界人士、政府相关职能部门共同维护。美国儿童在家庭中权益受到侵害，政府会根据情况的严重性进行介入，甚至会剥夺父母对儿童的监护权，此外，还提供一些支持性服务，例如咨商服务、居家看护、亲职教室等。

#### 2. 儿童医疗与教育

（1）医疗保障　美国的医疗政策具有典型的残补特征，关注弱势群体，例如抚养未成年子女家庭援助计划（AFDC）使贫困儿童医疗获得保障。《医疗补助》（1965 年）对贫困儿童提供支持，《州儿童医疗保险计划》（1997 年）拨款 400 亿美元用 10 年时间实施，各州将医疗保险扩展至更多儿童，后期还有《儿童医疗保险再授权法案》（2009年）及《平价医疗保险法》（2010 年）增加儿童医疗资金并扩大覆盖范围。

（2）幼儿教育　美国致力于公立幼儿园的建设，幼儿入园率高，还提供众多的托育中心为家长提供大量高品质的课后托育服务，推动课后辅导方案，共计有超过 100 万儿童从中获益。除了面向全体儿童的教育资源供给，还关注弱势群体的教育问题，例如开办专为贫困家庭孩子设立的幼儿园，颁布了《残疾人教育促进法》等法律保证幼儿受教育权不受侵犯。

（3）特许学校教育方案　1992 年，美国的第一所特许学校成立于明尼苏达州，特点是由学校与州政府签订契约，一般为期限 3～5 年的特许状，具有公办私营的特点。2003 年颁布《特许学校教育方案》，由教师、家长、教育专业团体或其他营利机构等管理公办学校，实现公办私营，奖励优质学校及关闭办学质量不佳学校，为学生提供更好的教育服务。

#### 3. 收入保障

美国收入保障相关的政策多来自于抚养未成年儿童的家庭援助计划（AFDC）、所得税信贷（EITC）、食品券项目（Food Stamp）、全国午餐计划和暑期食品服务计划（NSLP 和 NBSP）。AFDC 针对"父母一方丧失劳动能力、死亡、长期离家出走或失业家庭"的儿童提供援助。EITC 提供的是现金支持，主要针对家中有儿童的低收入家庭，不包括失业或无业者、单身、无子女者。Food Stamp 属于物质补给，为贫困者提供基本的食物。NSLP 和 NBSP 旨在各州为所有儿童提供足够的营养食品。

### （五）美国儿童福祉的特点

#### 1. 建立专门的管理机构

美国卫生与人类服务部是专门针对儿童的福祉管理机构，教育部的管辖范围也涉及儿童的教育福祉，中央及各州、市、县均设有相应机构。

#### 2. 地方分权

美国实行的是地方分权制度，联邦与州分权管理，各州儿童福祉相关法案自行制定，州政府担负着儿童福祉责任与管理的权力。以 1997 年国会通过的《州儿童医疗保险计划》为例，截至 2005 年，50 个州、哥伦比亚特区、五个属地的《州儿童医疗保险计划》都在实施，方式却各不相同，17 个州或地区采取了扩大医疗补助计划，18 个州或地区采取了独立的计划，20 个州或地区则采用联合方案。

**3. "残补"特色**

美国儿童福祉以残补模式为主，其基本逻辑认为市场一般情况下总是有效的，每个人首先要靠自己的努力生活，政府帮助对象应该是确实没有能力谋生的人群。医疗方面，1997 年实行联邦儿童医疗保险计划，目的是为中低收入家庭的儿童提供医疗保险。教育方面，有针对低收入家庭的《开端计划法案》，针对不同族裔儿童的《不让一个孩子落后法》《初等和中等教育法》等，还有"早期提前开端"项目，都服务于来自低收入家庭的 0 ~ 3 岁婴幼儿。

**4. 普及教育与医疗**

儿童医疗方面，2006 年底美国有 870 万 18 岁以下儿童没有医疗保险，比上一年增加幅度高达 11.7%，没有保险的儿童占比为 19.3%，主要未参加保险的是工薪阶层人员的子女。为解决这样的困境，2010 年，奥巴马总统推行的医疗改革法案，将美国医保覆盖率从 85% 提升至 95%。医疗支出方面，2008 年度美国学前教育机构经费支出的公、私负担比例为公共负担 79.8%，家庭支出比例为 20.2%。

2017 年，美国教育部教育统计中心发布了《美国教育发展现状报告 2017》，显示 2015 年美国有 38% 的 3 岁幼儿、67% 的 4 岁幼儿、87% 的 5 岁幼儿接受了入学准备的教育。儿童整体接受教育人数多，入学率高。

**5. 体现了"回归家庭"的趋势**

《联合国儿童权利公约》说："父母对儿童的养育和发展负有首要责任"，美国面临着"福利病"的困扰，慷慨的儿童福利容易让负责照料儿童的父母失去本应有的责任心，也带来了婚外生育和单亲家庭数量变多的问题，导致儿童的生存状态变得更糟，从而违背了让儿童生存状态变好的目标，同时也增加了政府负担。鉴于此，美国的儿童福利改革转向"回归家庭"，例如有法规规定，领取补助金的非婚生育少数民族裔子女必须和一位负责的成人或监护人住在一起，必须指认孩子的父亲身份，增强家庭的责任。

**6. 民间儿童福祉力量大**

美国民间的儿童福祉机构多，涉及教育、医疗等诸多方面。以幼儿教育为例，美国的幼儿教育权威机构"美国幼儿教育协会"（National Association for the Education of Young Children）创立于 1964 年，简称 NAEYC，是美国幼儿教育的权威机构。在 20 世纪 80 ~ 90 年代，协会推进了婴幼儿早期教育标准的制定，每年一次的年会都会吸引全球教育工作者参加，发表的观点都会成为重要的幼儿教育指标或发展方向。

## 二、瑞典儿童福祉

瑞典是欧洲福利水平较高的国家之一，被称为"福利国家的橱窗"。在 2018 年的人类发展指数（HDI）排名高达世界第 7 位。瑞典的儿童福利颇具特色，被称为"瑞典模式"，其显著特征是政府对于儿童的态度是十分积极的，所负担儿童社会福利服务和家庭支持的费用源于税收，专款专用。政府为儿童提供的社会保障涵盖了医疗保险、家庭补贴、教育资助、社会服务等诸多方面。

## （一）瑞典儿童福祉发展的历史阶段

### 1. 萌芽时期（1900—1944 年）

该阶段的瑞典经历了战争以及工业革命，儿童死亡率高，处境堪忧，政府意识到需要采取措施保护妇女和儿童。1917 年政府规定了父亲对子女的责任，1931 年，建立疾病补贴制度，1937 年的《家庭补贴法》规定向子女提供补贴，1939 年政府规定雇主不能开除女性怀孕员工，1944 年颁布《公立托育政策》，这一系列的政策为瑞典以后的儿童福祉发展奠定了根基。

### 2. 发展时期（1945—1979 年）

该阶段是瑞典儿童福祉法制化、完善化的阶段。瑞典在两次世界大战中均是中立国，遭受的破坏小，快速发展的经济为改革提供了保障。1947 年开始普遍发放儿童津贴，1955 年为在职生育妇女提供 3 个月产假。《儿童及少年福利法》（1960 年）为儿童提供了保护，《儿童照顾法》（1961 年）让学龄前儿童的托育、教育得以保障。1974 年实施了普及性的家庭津贴制度，为多子女家庭的生活提供了最低保障，并于 1975 年颁布了《学前教育法》，诸多法律的颁布奠定了瑞典现代儿童福祉的框架和根基。

### 3. 成熟时期（1980 年至今）

这一阶段瑞典的儿童福祉发展日益成熟且稳定，并对这多项儿童福祉的法案进行了修订，例如 1982 年《社会服务法》的修订，1990 年《少年管教（特别条款）法》的修订等，并且在修订内容上增加了儿童及家庭的津补贴内容，其津补贴呈现逐渐递增状态。

## （二）瑞典儿童福祉理念与政策

瑞典儿童福祉政策强调国家对儿童的责任与照顾，采用的是普惠型的儿童福利。联合国开发计划署发布的 2018 人类发展指数和指标报告（HDI）显示，瑞典教育投入占 GDP 比重高达 7.7%，2015 年瑞典的医疗支出占 GDP 比重高达 11%，具体内容见表 3-4。

表 3-4　瑞典儿童福祉相关政策

| 年代（年） | 政策名称 | 具体内容 | 备注 |
|---|---|---|---|
| 1944 | 《公立托育政策》 | 公办托儿所 | |
| 1947 | 儿童津贴 | 现金补助 | |
| 1947 | 带薪亲职假 | 父母带薪照顾儿童 | |
| 1948 | 《儿童法案》 | 儿童照料服务 | |
| 1960 | 《儿童及少年福利法》 | 虐待儿童及犯罪少年的强制性保护 | |
| 1960 | 《强制报告法》 | 任何人只要怀疑某个儿童可能需要政府的保护，必须向政府机构报告 | |
| 1961 | 《儿童照顾法》 | 学前及学龄儿童的托育服务 | |

续表

| 年代（年） | 政策名称 | 具体内容 | 备注 |
|---|---|---|---|
| 1972 | 《侵权责任法》 | 儿童犯罪，父母责任规定 | |
| 1974 | 家庭津贴 | 子女众多家庭给予现金补助 | |
| 1975 | 《学前教育法》 | 小学前1年教育，免费1天3小时的学前教育 | |
| 1982 | 《社会服务法》 | 儿童及青少年的照顾与保护 | |
| 1990 | 《少年管教（特别条款）法》 | —— | |
| 1990 | 《未成年人监护法》 | 父母双方责任与义务 | |

### （三）瑞典儿童福祉行政系统

瑞典儿童福祉的行政系统主要由国会、财政部门、教育部、国家保险局等部门组成。其中国会负责儿童福祉的相关法律制定与修改；财政部门负责儿童福祉的项目管理、监督、拨款；教育部负责托育、义务教育等具体的管理和实施；国家保险局负责各种儿童福祉政策的具体执行。

### （四）瑞典儿童福祉的主要内容

#### 1. 儿童教育

（1）早期教育方面

就读机构：托儿所、幼儿园。

有关费用：伙食费、管理费（低收入家庭可免交或少交）。

儿童看护：儿童生病，父母无暇照看，政府提供专职看护人员。

（2）义务教育方面

学费：中小学教育为免费教育，文具及午餐免费。

住宿：为寄宿学生提供住房补贴。

交通：学校提供月票、车辆接送、交通补贴。

学习补贴：满16周岁（义务教育），继续学习可获补贴。

#### 2. 儿童健康与医疗

医疗机构：各类医院（公立、私营）、社区妇女保健中心、社区儿童保健中心、学校卫生保健室、青少年保健中心。

费用：儿童保健中心、校卫生所就医免费，公立医院需交挂号费，住院免费，治疗牙病免费。

各类补贴：所有父母交通补贴（16岁以下儿童住院）、儿童照料补助（残疾儿童父母）、提前退休金补助（残疾儿童父母）。

#### 3. 家庭支援

瑞典家庭支援主要是为家庭中的父母和儿童提供各种津贴和补贴的形式实施的（表3-5）。

**表 3 - 5　瑞典家庭津补贴表格**

| 名称 | 金额 | 对象 | 条件 |
|---|---|---|---|
| 国家儿童津贴 | 950 克朗/月 ×1（1 个孩子）<br>1035 克朗/月 ×3（3 个孩子）<br>1203 克朗/月 ×4（4 个孩子）<br>1342 克朗/月 ×5（5 个孩子） | 家庭 | 家中有 0～16 岁儿童 |
| 父母津贴 | 1～390 天：工资 ×80%，如果失业，为 180 克朗/天<br>391～480 天：60 克朗/天 | 父母 | 父亲产假（3 个月）＋母亲产假＝480 天 |
| 临时父母津贴 | 病假工资时间：1～120 天；工资额，工资×75% | 父母 | 0～12 岁健康儿童生病，0～21 岁残疾儿童生病 |
| 领养津贴 | 1173 克朗/月 × 儿童数 | 父母 | 提供领养证明 |
| 生活费用补助 | 法庭裁决金额，实际获得金额少于裁决金额，国家补齐 | 儿童 | 父母离异或分居，离开一方向孩子监护人支付费用 |
| 儿童养老金 | 养老金基数 ×40% | 儿童 | 父母去世，0～18 岁，读书者可延长至 20 岁 |
| 寡妇补贴 | —— | 母亲 | 丈夫去世，家中有 0～16 岁儿童，且一起生活 |
| 租房补贴 | —— | 家庭 | 有多个子女 |

## （五）瑞典儿童福祉的特点

**1. 制度设计合理**

瑞典虽然不是世界上最富有的国家，却具备较完善的儿童福祉政策，其中制度设计的合理性是关键。瑞典的儿童福祉是优先顾及劳工阶层，尤其是妇女对儿童照顾、工作、家庭的诉求。瑞典政府通过法律保障了父母拥有令人羡慕的 480 天漫长假期，父母还享受大部分的工资收入，为父母繁忙或孩子生病时提供必要的支持。瑞典的儿童福祉政策本着"成年公民与国家的相互责任"转化为"成年公民参与劳动，国家于工作时间为他们育儿"的理念，保证了妇女的高就业率，被评为最适合母亲居住的国家。这种制度确保了社会财富被持续创造，以维系高福利的支持方式，从而形成良性循环。

**2. 政府负担，财政倾斜**

瑞典政府提供的经费是儿童福祉主要的资金来源，为了维持这种高支出，瑞典施行的是高税收的政策，地方税为 29%～35% 不等，所得税率为 20%～25%。高福利并未拖垮瑞典，资料显示瑞典 2018 年财政盈余占 GDP 的 0.9%。在对经费的分配上，对儿童福祉有较为明显的倾向，1980～2000 年间，瑞典 6 岁以下儿童照料覆盖率从 31% 增加到 66%，同时瑞典 80 岁以上老年人照料覆盖率却从 62% 下降到 44%，政府重视儿童成长的态度是十分坚定的。

**3. 平等与普及**

瑞典实施的是全覆盖的儿童福祉政策，每一个本国籍的儿童均可享受，在健康、医疗、教育等方面做到不论穷人家庭还是富人家庭，年轻抑或年长的父母，其家庭的孩子都能获得生存的平等和发展的平等。这些做法让弱势家庭的孩子和父母感受到生活的希望。为了实现这种平等，瑞典政府还采取"罗宾汉式"抽肥补缺的政策，让财政收入高的地区通过经费补贴财政收入低的区域，从而实现平衡。

## 三、日本儿童福祉

日本儿童福祉的发展，经历了由儿童福利到儿童福祉的转变过程。最初的福利是通过颁布一些禁止令、救助法来实现的。二战后，日本面临诸多儿童问题，经过多年发展，确立了典型的东亚儿童福祉特色的制度。

### （一）日本儿童福祉发展的历史阶段

**1. 初步形成时期（1868—1945 年）**

1868 年之前是日本儿童福祉发展的奠基时期，多是皇室及贵族以慈善的方式救助贫困儿童。1868 年以后日本陆续建立起儿童保护救助的规则、设施和相关法律的雏形。

**2. 制度正式确立时期（1946—1972 年）**

二战后日本在美国的帮助下，经济快速发展，以儿童"救助"为核心的"补缺型"儿童福利政策逐步形成。

**3. 完善、调整和改革时期（1973 年至今）**

1973 年为日本的福利元年，各项福利政策趋于完善。1973 年之后日本建立了完善的法律系统来支持儿童福利政策，比较有代表性的是《母子与寡妇福利法》（1981 年）、《育儿、照护休假法》（1991 年）、《儿童虐待防止法》（2000 年）等。随着日本进入"少子又兼老龄社会"，对于儿童教养的支持方式和程度也有了较大的提升，进一步减轻家庭育儿压力，提供面向更多家庭的全方位支援。

### （二）日本儿童福祉理念与政策

现代日本儿童福祉的主要理念是保护所有儿童的权利，给予每位儿童健康的养育，谋取所有儿童的幸福快乐，延续与实践《儿童宪章》（1951 年）、《儿童福利法》（1947 年）、《儿童权利公约》（1989 年）的理念。1951 年颁布的《儿童宪章》写道："我们遵照日本国宪法的精神，为确立对待儿童的正确理念，为所有的儿童谋幸福而制定此宪章。儿童作为人应受人们的尊敬，儿童作为社会的一员，应为人们所重视，儿童应在良好的环境中为人们所抚育。"日本《儿童福利法》提出"保护所有儿童的权利给予健康的养育，并确保每位儿童在出生和成长过程中都拥有健康的身心，享有安全和被照顾的平等机会。促使儿童的监护人和保护者，中央和地方政府均负起促进与提升每位儿童健康成长与发展的责任"。最新修订的《儿童福利法》进一步强调儿童福利必须超越保护与紧急救助的概念，以各种方式为 18 岁以下的少年及儿童提供支持，使他们在成年之后成为精神上和经济上自主的人；明确了儿童的"优先"地位和政府不可推卸的职责以及所有儿童均获得保护的一贯宗旨。

政府对于儿童成长的支持力度很大，日本文部科学省网站 2018 年 10 月 1 日消息，决定从 2019 年 10 月 1 日起，在日本提高消费税的同时，免除 3～5 岁儿童的一切费用。

关于日本儿童福祉相关政策发展过程详见表3-6。

表3-6 日本儿童福祉相关政策

| 时间（年） | 政策名称 | 具体内容 | 备注 |
|---|---|---|---|
| 1667 | —— | 禁止堕胎 | |
| 1690 | —— | 禁止遗弃亲生及他人子女、禁止杀婴 | |
| 1921 | 《儿童保护法案》 | 保护产妇、婴儿、孤儿、弃婴、贫困儿童、失学儿童、流浪儿童、低能儿童等综合法案 | 《儿童福利法》前身 |
| 1922 | 《少年法》 | 促进犯罪（非行）少年的健康成长等 | 1948年、2000年修订 |
| 1928 | 《儿童扶助法案》 | 贫困寡妇及子女、弃儿的救助 | |
| 1933 | 《儿童虐待防止法》 | 禁止儿童虐待事件的发生及预防 | |
| 1937 | 《母子保护法》 | 为贫困儿童提供救济 | |
| 1947 | 《儿童福利法》 | 首次明确了国家和地方公团均有责任保护儿童的健康成长 | 1997年、2013年修订 |
| 1948 | 《优生保护法》 | 对妇女进行优生指导 | |
| 1951 | 《儿童宪章》 | 儿童应当受到尊重，父母和社会应承担的儿童保障责任和义务 | |
| 1961 | 《儿童抚养津贴法》 | 针对不与父亲共同生活的儿童实施的津贴支付制度 | |
| 1964 | 《母子福利法》 | 国家及地方公共团体对于母子家庭等及寡妇的福利 | 1981年改为母子与寡妇福利法 |
| 1965 | 《母子保健法》 | 国家、地方公共团体利用健康诊断、访问指导等方式，维持和增进母性与乳儿及幼儿的健康成长 | 2003年修订 |
| 1971 | 《儿童津贴法》 | 养育儿童的家庭支付儿童津贴，由国家财政、都道府县、市町村各负担三分之一 | |
| 1995 | 《育儿、看护休业法》 | 在孩子1岁前，父母双方都拥有休育儿假的权利；从雇用保险中支付休业前的25%的收入 | |
| 2000 | 《儿童虐待防止法》 | 公民如发现虐童现象必须向"儿童咨询所"报告，明确了"咨询所"工作人员介入家庭进行现场调查的权利 | 2004年、2007年修订 |
| 2001 | 《儿童读书活动促进法》 | 国家必须采取综合性措施，使一切的儿童在所有的机会与所有的场合下都能自主进行读书活动 | 每年的4月23日为"儿童读书日" |
| 2003 | 《少子化社会对策基本法》 | 实现"让生育孩子的人真正感到自豪和喜悦的社会"，企业确保女性产假，劳动时间减缩，享受和其他人一样的受雇权等。育儿女性的养老金免除期延长到3岁，建立企业内保育制度、零岁起育儿保育，提高婴幼儿的福利补助等 | |
| 2003 | 《培育下一代支援对策促进法》 | 规定国家、地方公共团体、事业主、国民在培养下一代的支援对策中的责任 | 2005年修订 |

续表

| 时间（年） | 政策名称 | 具体内容 | 备注 |
|---|---|---|---|
| 2004 | 《少子化社会对策大纲》 | 应对少子化问题而采取的政策，每五年修订一次 | 2009 年、2014 年修订 |
| 2018 | 《幼稚园教育要领》 | 3 岁至就学前教育 | 文部科学省 |
| 2018 | 《保育所保育指导方针》 | 0～2 岁：养护<br>3 岁至就学前：教育 | 厚生劳动省 |

从以上法律可以看出，日本政府建立了完善的儿童福祉的法律体系，延续性较好，2000 年之后主要是修订以前的法律。日本的儿童相关福祉法律呈现从"保护的机能"向"支援的福利"，从"儿童福利"向"儿童家庭福利"，从"血缘、地缘型培育网络"向"社会型的培育网络"，以"给予型的福利"走向"选择型的福利"，从"点"向"面"的导向，以及政府介入家庭的导向。

### （三）日本儿童福祉行政机构

日本的官方儿童福祉机构有着较为悠久的历史，圣德太子建有"难波荒陵"（593年）收留贫病无依儿童，光明皇后设立悲田院救助孤儿、弃婴，此外还有养育院（1556 年）、东京感化院（1885 年）、龙野川学院（1891 年）等儿童福祉机构。进入 20世纪以来，日本的儿童福祉发展几经波折，"二战"后快速发展，现有教护院、育婴院、母子寮、保育所、保健所等 14 类机构。

在行政管理上日本儿童福祉行政机构设立齐备，职责分明。

中央厚生省的儿童家庭局：对全国儿童及妇女福利做整体的规划，并指导监督地方政府儿童福利业务的执行。

中央设有中央儿童福利审议会：调查和审议有关儿童、孕妇、产妇和智力低下的儿童福利事项。

地方政府设置儿童福利司：负责推动儿童福利的企划、预算执行等。

都、道、府、县、市、镇、村设置儿童福利审议会：答复咨询，向有关行政机关呈报意见。

都、道、府、县儿童商谈所：一线行政机关，负责对儿童福利事项进行咨询、辅导、服务。

### （四）日本儿童福祉的主要内容

#### 1. 儿童津补贴

育儿一时金：2013 年标准为 42 万日元/新生儿。

儿童津贴：面向全体儿童，2012 年标准为每个新生儿 1.5 万日元/月，两个孩子则每个新生儿 1 万日元/月，三个孩子的第三个孩子 1.5 万日元/月，出生开始到 15 岁的第 1 个 3 月 31 日止，单亲家庭可以领到 18 岁。

儿童抚养补贴：1961 年开始实施，适用于失去父亲的单亲母子家庭及父亲有严重身体残疾、父亲生死不明的家庭。

特别儿童抚养补贴：精神发育迟缓或精神、身体有残疾的儿童。

残疾儿童福利补贴：精神或者身体严重残疾、日常生活需要护理的儿童。

**2. 医疗支援**

小学及小学前的儿童去医院就诊享受住院金返还政策以及门诊免费或减少收取费用的支援。

预防：赠送母子健康手册，孕妇、婴幼儿健康检查。

早期发现：1~6个月及3岁儿童健康检查、早产儿养护医疗。

**3. 残疾儿童**

在宅的残疾儿童可接受残障儿童咨询辅导、残障儿童日常照顾、肢体残障儿童医疗指导、提供义肢装置；机构设施提供方面，有肢体残障儿童之家、盲聋哑儿童福利之家、智能不足儿童福利之家、重度身心残障儿童福利之家、智能不足儿童复健之家等。

## （五）日本儿童福祉的特点

**1. 强调以家庭为主体的儿童福祉政策**

日本女性结婚后很少工作，在家相夫教子，日本的家庭观和家庭中的职责分配使得妇女在养育和照顾孩子方面承担着超乎寻常的责任，构成了"家庭基盘的稳固充实、个人自立为指向的福利政策理念"。围绕家庭，国家提供帮助，家庭、近邻和亲属的互相帮助及企业的扶助共同保护着儿童的健康与发展。

**2. 推行多渠道供给的儿童福祉模式**

日本推行多元化供给主体的儿童福祉模式，政府、企业、民间社团共同为儿童提供福利支持，国家通过委托指导与监督，提供咨询与服务，行政监督与管理，实现了由非政府的机构与团体提供儿童福祉服务。中央级（国家）部门委托都道、府、县、级的地方公共团体具体实施，各市、町、村级的福利事务所、保健所等机构为提供服务的团体和企业提供扶助，从而实现社会力量的有效利用，发挥政府和企业各自的优势，取长补短，具体采用"3P+3S"模式，3P即普及（popularization）、增进（promotion）、预防（prevention），主要由政府实施面向公众的宣传、儿童福利服务设施的建设、疾病的预防等。3S是指支援（support）、辅助（supplement）、代替（substitute），针对弱势群体的支援机构和福祉机构的建设与运行。

**3. 以"儿童自立生活援助"为儿童福祉事业的着眼点**

日本将"自助、互助、公助"作为社会福祉的基本定位，认为"健全的社会"需要以个人的自立、自助为根基，同时接受家庭、社会提供的支持，努力打造一个"三重构造"的社会。具体措施是建立多个公立和民间的儿童自立支援设施，让处于不良家庭状况中的初中毕业儿童在机构当中生活和劳动，帮助儿童实现生活自立，保证儿童的尊严、人格不因处境不良而丧失，可以像大多数儿童一样进行社会生活与健康成长。

**4. 颁布多项儿童福祉法律法规**

日本的儿童福祉代表性的法令与事件包括《儿童福利法》（1947年）、《儿童宪章》（1951年）、《儿童抚养津贴法》（1961年）、《母子福利法》（1964年），创立地方区域的儿童咨询、商谈与辅导机构，颁布了《儿童虐待防止法》（2000年）等。

**5. 设立儿童家庭局**

日本政府厚生省设有儿童福利的主管机关——儿童家庭局，责任明确，把儿童的发展定位为全社会的责任。

## 四、澳大利亚儿童福祉

### （一）澳大利亚儿童福祉发展的历史阶段

**1. 萌芽阶段（1700—1900年）**

澳大利亚是英属殖民地，在19世纪之前，父权主义盛行，儿童的地位低下，残害、遗弃、忽视儿童的现象普遍，澳大利亚最早的儿童保护行为源于白人的迁入，带来了英国的儿童福利思想，作为英属的殖民地，澳大利亚的法律和儿童政策受英国影响较大。19世纪，澳大利亚的儿童保护是由民间组织实施的，其中教会起到了巨大的作用。当时出现了专门的儿童照顾机构——寄宿式照管所。到了19世纪末，绝大多数州建立了"儿童法院"，成立了专门的协会，例如维多利亚预防虐待儿童协会（1894年），儿童福祉得以快速发展，为澳大利亚儿童福祉体系的形成打下基础。

**2. 发展阶段（1900—1950年）**

20世纪是澳大利亚儿童福祉快速发展和完善的阶段，各州政府承担起保护儿童的主要职责，相关法律日趋完善，人权意识空前发展，形成了多种儿童保护的机构和体系，儿童保护进入新阶段。这一期间，既有非政府组织为降低母亲及婴儿死亡率而发放的"婴儿资金"（1912年），也有1941年政府推动儿童资助提案立法，有效缓解了生育孩子家庭的生活压力。

**3. 成熟阶段（1950年至今）**

20世纪后半叶，澳大利亚儿童福祉进一步完善和成熟，颁布了《家庭法》《儿童抚养（评估）法》《儿童法》等法律。机构创设方面有儿童援助机构（CSA）国家儿童保护所、青少年司法局等。儿童成长计划方面颁布了很多的保障和促进儿童发展的计划，例如《儿童早期教育国家合作协议》（2008年）、《国家儿童早期发展战略》（2009年）、《早期儿童教育与保育国家质量标准》（2009年）、《儿童早期教育与保育人员发展战略》（2012年）等。

### （二）澳大利亚儿童福祉的理念

澳大利亚也受到国际组织的影响，例如国际经合组织（OECD）的报告《强势开端Ⅱ：早期教育和保育》（2006年）、《强势开端Ⅲ：早期教育和保育的质量调查报告》（2012年）。澳大利亚《家庭法改革法》第10部分明确"子女最大利益"，与儿童相关的所有诉讼等均应遵循儿童最大利益原则。在责任主体上，政府承担着有限的责任，并进行有限的干预，在服务对象上，既有面向全体儿童的法案，也会向中低收入家庭儿童、受虐儿童等需要救助的弱势儿童群体倾斜。

## （三）澳大利亚儿童福利行政系统

澳大利亚的联邦和州政府均设有专门儿童机构，其中国家儿童保护所（1995 年）主要防治虐童问题，具体见图 3-2。

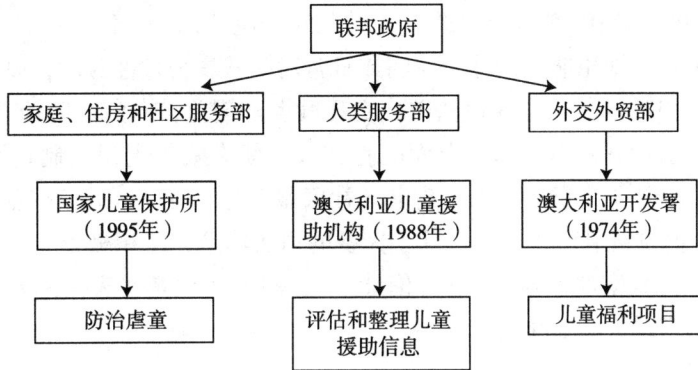

图 3-2　澳大利亚儿童福利系统

注：根据北京师范大学儿童福利中心《澳大利亚的儿童福利制度》一文制作。

此外，还设有联邦儿童养护咨询委员会（1988 年）、国家儿童照料资格认证委员会（1991 年）等辅助部门，以及家庭法院（1975 年）、青少年司法局（1991 年）等执法机构，各个州政府也设有专门的儿童服务机构。

澳大利亚的儿童相关政策十分丰富，也很有特色，具体见表 3-7。

表 3-7　澳大利亚儿童福祉相关政策

| 时间（年） | 政策名称 | 具体内容 | 备注 |
|---|---|---|---|
| 1972 | 《儿童照顾法案》 | 资助非盈利幼儿保育机构 | |
| 1975 | 《家庭法》 | 父母履行子女抚养、福利和发展的责任与义务 | |
| 1987 | 《儿童法院法》 | 不满 21 岁的罪犯，推荐使用社区服务令 | 新南威尔士州 |
| 1988 | 《儿童抚养（登记和收养）法》 | 规定收取、支付、执行法院命令同意令，由法院登记、儿童抚养代理机构签署的抚养费 | |
| 1989 | 《儿童抚养（评估）法》 | 授权儿童抚养代理机构登记儿童抚养费协议、计算儿童抚养费数额 | |
| 1991 | 《社会保障法》 | 养育令：居住令、接触令、抚养令、特定事项令 | |
| 1995 | 《家庭法改革法》 | 家事裁判、调解的基本原则为子女最大利益 | |
| 1996 | 《子女身份法》 | 医生、助产士、母亲等有向国家人口登记部门汇报的义务，政府为登记在册的儿童提供公共保障和福利；人工受孕方法确认父母身份的原则；非婚生子女与婚生子女的平等原则 | |
| 1998 | 《1998 年儿童和青少年（照顾和保护）法》 | 儿童和青少年或其父母请求援助，社区服务部主任针对援助申请和报告应采取的措施 | 新南威尔士州 |
| 2001 | 《澳大利亚儿童法》 | 儿童的成年年龄从 19 周岁降至 18 周岁；男女结婚的年龄改为 18 周岁 | |

## （四）澳大利亚儿童福祉的主要内容

### 1. 司法保障

澳大利亚 1991 年设立了专门的少年罪犯执法机构——青少年司法局，预防和阻断犯罪的循环。1987 年新南威尔士州颁布了《儿童法院法》，对于不满 21 岁的罪犯，推荐使用社区服务令，即犯罪人的业余时间或日常时间从事公益性劳动，以示惩戒，保护了儿童的尊严。1975 年，成立家庭法院，实现城乡全覆盖，专门法院处理家庭法事务，对儿童的抚养和保护方面拥有较为全面的管辖权。新南威尔士州还制定了《儿童（刑事诉讼）法》《证据（儿童）法》《儿童（社区服务令）法》《儿童（感化中心）法》《儿童保护（禁止的雇用）法》等。除了完备的司法体系，还积极推行有利于儿童的司法做法，例如"儿童案件计划""麦哲伦计划"，制定《儿童代表指南》等，寻求在诉讼中帮助儿童实现最大利益化的判罚。

### 2. 财务保障

澳大利亚儿童福祉的财务支出主要有两种方式，一类是家庭资助，主要是以现金的形式发放，例如家庭税务福利、父母离岗工资、单收入家庭补充。另一类是福利服务以补贴或者免费的方式为儿童和家庭提供支援，例如双孤年金、16 岁以下儿童看护者补助、特殊需要津贴项目，具体见表 3 - 8。

表 3 - 8　澳大利亚儿童津补贴表

| 名称 | 金额 | 对象 | 条件 |
| --- | --- | --- | --- |
| 双孤年金（1973 年） | 11 美元/周 | 儿童 | 0～16 岁儿童；16～25 岁在校生；父母双亡或单亲 |
| 残疾儿童津贴（1974 年） | 65 美元/月 | 父母或监护人 | 家中有严重弱能、弱智儿童 |
| 残疾人补充服务津贴 | —— | 养护者 | 残疾人家庭中照顾儿童 |
| 16 岁以下儿童看护者补助 | —— | 看护者 | 照顾患有严重残疾儿童，无法工作的人 |
| 婴儿津贴 | —— | 家庭 | 家中有新生儿，产生额外支出 |
| 育儿免疫津贴 | 6.30% 的儿童保育退税 | | 家中有不满 5 周岁儿童 |
| 补充服务项目 | —— | 专业的工作人员 | 给儿童养护员工提供支持和培训 |
| 特殊需要津贴项目 | —— | 家庭 | 需支持的家庭如残疾儿童的家庭、难民儿童家庭 |

### 3. 教育福利

澳大利亚儿童教育福利的财政投入可以分为三个阶段，第一阶段是 1938～1972 年，主要是慈善性质的幼儿保育机构和小型的私立机构，政府没有财政补贴。第二阶段是 1972～1990 年，政府资助非营利性幼儿园，源头是 1972 年的《儿童照顾法案》。第三阶段是 1990 年至今，政府开设补助营利性的幼儿机构。2009 年，签署的《国家早期教育发展战略：投资在早期》制定了"2020 年所有儿童都享有最好的早期教育"的宏伟目标。2014 年 12 月 4 日颁布的《儿童保育支付合规方案战略》中计划在未来四年，投资 400 亿美元左右支持儿童保育。补助内容见表 3 - 9。

**表 3 - 9 澳大利亚教育补助列表**

| 名称 | 对象 | 条件 | 是否获得政府补助 |
|---|---|---|---|
| 全日托<br>（Long Day Care） | 0 ~ 6 岁的儿童 | 代表家庭获得儿童照顾津贴 | 维持帮助拨款 |
| 家庭日托<br>（Family Day Care） | 0 ~ 6 岁的儿童 | 代表家庭获得儿童照顾津贴 | 运营支持资金，郊区旅行帮助拨款 |
| 课外时间托管<br>（OutsideSchoolHours Care） | 5 ~ 12 岁 | 代表家庭获得儿童照顾津贴 | 维持帮助拨款 |
| 学前班 / 幼儿园<br>（Preschool/Kindergarten） | 学前一年儿童 | 代表家庭获得儿童照顾津贴 | —— |
| 居家托管<br>（In Home C are） | 儿童 | 代表家庭获得儿童照顾津贴 | 运营支持资金，郊区旅行帮助拨款 |
| 临时托管<br>（OccasionalCare） | 0 ~ 5 岁儿童 | 代表家庭获得儿童照顾津贴 | 运营支持拨款 |
| 非主流的儿童保教服务<br>（Non - mainstream ChildCare Services） | 郊区、偏远地区及原住民社区 | 代表家庭获得儿童照顾津贴 | 政府的直接拨款 |

注：此表根据王春亚《澳大利亚儿童保教机构设置及政府资助》一文制作。

**4. 课外看护**

澳大利亚实行的是有质量的课后看护，最早的课后看护教育中心始于 1972 年，属于民间机构。1975 年，政府创立了第一个儿童看护中心，1986 年颁布了《校外看护、假期看护及高危娱乐场所管理经营计划》，政府主导的课后看护走向正轨，接受课后看护的学生逐年上升，到 2008 年达 233 万人，占学生总人数的 12.45%，经费投入从 2008 ~ 2009 学年度的 37 亿澳元增加到 2012 ~ 2013 学年度的 44 亿澳元，主要用于支持联邦、州、区域的运行，对于低收入家庭等的照顾，从课后覆盖到课前、假期。

## （五）澳大利亚儿童福祉的特点

### 1. 儿童利益最大化

澳大利亚把儿童利益最大化作为重要的司法原则，重视保护儿童的各种权利，例如1975 年的《家庭法》规定儿童有权知晓他们的父母并受到父母双方的照顾，不论他们的父母是否结婚、分居、从未结婚或从未共同生活，儿童有权定期与父母及与任何对他们的抚养、福利和发展有利害关系的人接触，父母应对子女的抚养、福利和发展共同履行义务和责任，并对子女未来的抚养达成协议。

### 2. 颁布多项儿童福祉相关法律

澳大利亚儿童福祉的法律不断完善，联邦政府和州政府都可以制定法律，既有州政府颁布的，也有联邦政府颁布的，涵盖了儿童、家庭、机构等，为儿童的健康成长提供了较为全面的保障。

## 五、典型案例分析

谢菲尔德市社区图书馆为儿童发展提供支持。英国谢菲尔德市社区图书馆实现了《英格兰公共图书馆 2016～2021 年发展草案》中所述的"为所有人提供一个包容、自由和安全的空间，直接促进社区凝聚力"的目标。对于所有儿童都是欢迎和支持的，对待残疾儿童，设有专门的残疾人通道，为有听力障碍的人提供助听器和助听器电池。面向所有儿童每逢周末和假期会举办阅读挑战比赛、手工艺比赛、演讲活动、免费观看电影、体育集体活动等活动，每逢暑假举行"暑期阅读挑战赛"，青少年儿童围绕图书馆确定的主题完成 6 本书阅读，并获得图书馆颁发暑期阅读挑战证书。

【材料链接】

**1. 美国白宫儿童会议**

美国白宫儿童会议在世界儿童福祉的发展史上具有十分重要的地位，对包括中国在内的很多国家的儿童福祉事业的诞生和发展影响巨大，前后共进行了 7 次。

第一次会议，时间是 1909 年，召集人是美国总统西奥多·罗斯福，会议聚焦儿童的家庭生活，提倡儿童家庭生活的权利不应被剥夺，除非紧急和迫不得已的原因，提出 15 条建议。

第二次会议，时间是 1919 年，召集人是伍德罗威尔逊总统，会议聚焦并确定了"需要特别照顾儿童的保护""儿童就业""儿童和母亲健康"的最低标准。

第三次会议，时间是 1930 年，会议聚焦医疗服务、公共健康服务和管理、教育和培训、残疾儿童。

第四次会议，时间是 1940 年，会议聚焦"民主政治中的儿童"，具体为家庭的经济援助，作为民主政治开端，对童工和青少年就业、儿童健康和医疗照顾、少数民族群体中的儿童、学校教育等方面通过玩耍和娱乐实现儿童发展。

第五次会议，时间是 1950 年，会议聚焦 1900～1950 年儿童主要要求的具体化，确保每个儿童拥有公平的机会去发展精神、情感和心灵品质。

第六次会议，时间是 1960 年，会议聚焦"促进儿童和青少年为实现他们一种创造性自由生活和尊严机会的全部潜能""青少年周围的世界""世界中的青少年"。

第七次会议，时间是 1970 年，会议聚焦"人类潜能的最大化"，关注于原创性的行动，强调对健康保险、实验学校等儿童和青少年的紧迫社会需要的解决办法及措施；关注 5500 万 14 岁以下儿童及 1200 万全职或兼职工作母亲子女的照顾。

**2. 日本儿童福祉大事记**

1926 年，召开第一次全国儿童保护团体会议。

1947 年，成立儿童局。

1951 年，确立儿童节，制定《儿童宪章》。

1959 年，召开国际儿童福利研究会议。

1962 年，发表《儿童福利白皮书》。

1964 年，成立儿童家庭局。

# 第三节 部分发展中国家的儿童福祉

## 一、南非儿童福祉

南非原为英国殖民地，1961 年独立，建立南非共和国，1994 年进行了不分种族的大选，成立了新的南非政府。南非在非洲属于经济较为发达的国家，但同样存在大量非婚生子女、艾滋病儿童感染者、流浪儿童、残疾儿童、吸毒儿童、受暴力迫害的儿童、受虐待的儿童、儿童难民、童工、童妓等众多需要特殊照顾的儿童。

### （一）南非儿童福祉发展的历史阶段

#### 1. 初创阶段（1652—1948 年）

该时期是南非从与世隔绝的农业经济进入工业社会的阶段，1814 年在开普敦建立了南非第一家孤儿院，出现了第一项关于儿童的立法，开普总督颁布了关于护理儿童、残疾人以及赈济贫困的立法，首次出现了"贫穷白人问题"，同时诞生了自愿捐助组织；1937 年成立了国家社会福利部，颁布了《失业保险法》（1937 年）、《残疾人补贴法》（1946 年）。总体上这一阶段实行的是种族隔离政策，对于非白人儿童缺少关注。

#### 2. 发展阶段（1948—1994 年）

南非国民党执政阶段为 1948～1994 年，该阶段的特点是种族隔离法制化、制度化。白人儿童的福利日臻完善，颁布了一些相关法律，例如《国家福利法》（1978 年）、《儿童照顾法》（1983 年）以及《募捐组织法》，这些法案中非白人儿童的需求很少被考虑，儿童的权益处于严重的不公平状态。

#### 3. 变革阶段（1994 年至今）

1994 年对于南非是一个转折点，无种族投票的政府诞生了，进行了诸多改革，一方面，修订国内的儿童福祉相关法律，例如《福利法修正案》（1996 年）、《儿童保健法修正案》（2008 年），让法律覆盖到所有种族的儿童。另一方面，积极加入诸多国际组织，具体为 1995 年 7 月 16 日加入联合国《儿童权利公约》，1996 年 7 月 9 日加入《非洲人权和人民权利宪章》，1999 年 3 月 10 日加入《国际公民权利和政治权利公约》，2000 年 1 月 7 日签署《非洲儿童权利和福利宪章》，与国际接轨，进入发展的新时期。

### （二）南非儿童福祉理念与政策

南非儿童福祉的核心思想是"儿童最大利益"，在 1996 年颁布的《南非宪法》中得以确定，第 28 条第（2）款规定"在涉及儿童的每一个事务中，儿童最大利益是最重要的"。南非实行的是全面覆盖与有选择的补助方式，既关注全体儿童的发展，也关注弱势儿童的生存、健康与发展。在福利政策导向上，遵循"发展型社会福利原则"，即实施"改善自身福祉并促进国家增长和发展"的社会干预政策，这一思想体现在 1997 年南非政府颁布的《社会福利白皮书》中，南非具体的儿童相关政策见表 3－10。

表 3 – 10　南非儿童福祉相关政策

| 时间（年） | 政策名称 | 具体内容 | 备注 |
|---|---|---|---|
| 1978 | 《国家福利法》（修订） | 福利委员会章程等 | |
| 1983 | 《儿童保健法》 | 收养儿童和需要照顾、保护儿童的监管问题 | 有歧视性，1996年废除 |
| 1983 | 《儿童照顾法》 | 儿童抚养；照顾；居住权利；免受虐待、遗弃、商业性性交易；童工 | |
| 1992 | 《出生与死亡登记法》 | —— | |
| 1993 | 《健康福利问题修正案》 | —— | |
| 1996 | 《南非学校法案》 | 实行义务教育，合法离校年龄为 15 岁 | |
| 1996 | 《南非宪法》 | 儿童最大利益原则，儿童享有的 8 项宪法基本权利 | |
| 1996 | 《福利法》（修正案） | —— | |
| 1997 | 《就业基本条件法》 | 禁止雇用不满 15 岁的少年 | |
| 1997 | 《非婚生子女生父法》 | 生父对非婚生子女探视权和监护权 | |
| 1997 | 《儿童保健法修正案》 | —— | |
| 2005 | 《儿童保健法》 | 0 ~ 6 岁婴幼儿享有国家补贴 | |
| 2005 | 《儿童法》 | 父母权利、义务，亲子关系确认和非婚生子女的收养，儿童权利保护登记册制度等 | |
| 2007 | 《儿童法修正案》 | 设立专门儿童服务机构 | |
| 2008 | 《儿童保健法修正案》 | —— | |
| 2015 | 《0 ~ 4 岁儿童国家课程框架》 | 婴幼儿保教课程指南 | |

## （三）南非儿童福祉行政系统

南非内阁中主管社会保障的部门是社会发展部，相关部门还有教育部，卫生部，科技部，住房部，艺术文化部，体育部，妇女、青年、儿童和残疾人士部。具体的执行机构为南非社会保障局，全国唯一负责社会救助金管理和发放的政府代理机构，各地方省、市设立相应的管理、执行部门和机构，负责社会救助工作。

## （四）南非儿童福祉的主要内容

### 1. 机构服务

南非儿童福祉的官方机构有临时儿童照顾机构、预防和早期介入机构、儿童中心、青少年照顾中心等。民间社会组织也是儿童服务的重要力量，有 10000 个以上的非政府组织（NGO），其中大部分接受财政资助并为政府民政部门服务，只有少量的独立运行。

### 2. 经济支持

南非政府针对儿童的经济救助包括子女抚养补助金、依赖护理者补助金等多种，其中子女抚养补助金是面向全体儿童的，依赖护理者补助金和收养儿童补助金则是面向需要救助的少数群体。

南非的子女抚养补助金是覆盖所有符合条件的南非公民或永久居民的，条件是申请人是相关孩子的基础养护人，申请人及配偶符合相关要求：不能申请收养 6 个以上非亲生孩子，孩子不在国家机构接受护理等。2010 年政府延长了儿童抚养补助金发放时间至 18 岁。依赖护理者补助金要求提交确认永久性或严重残疾的医疗和评估报告，儿童年龄不满 18 岁等条件。收养儿童补助金对儿童和收养父母的国籍有着明确的要求，须为南非公民、常住居民或难民。

**3. 医疗支援**

1994 年，南非政府开始实行民众普遍享有的基本医疗政策，出台政策内容是孕妇（包括哺乳期）和 0～6 岁儿童可以享受免费的医疗。1996 年，免费项目增加了卫生保健服务方面，例如母婴护理、婴幼儿疾病综合管理、保健宣传、计划生育和口腔健康等。政府在医疗卫生方面的投入逐年加大，2009～2010 年度，医疗卫生占政府预算的 10%，1999 年消灭小儿麻痹症（脊髓灰质炎）和麻疹导致的死亡，2003 年 1 岁儿童免疫接种覆盖率达到 89%，南非儿童感染艾滋病的情况严重，对儿童健康是重大的威胁。

### （五）南非儿童福祉的特点

**1. 重视儿童权益**

南非 1995 年加入联合国《儿童权利公约》，接受国际关于"儿童至上""儿童优先"的观点和做法，并在《宪法》中明确指出"儿童最大利益是最重要的"。2005 年南非颁布的《儿童法》中就对 2003 年之前儿童权益中的空白做了补充，使得"非婚生子女的祖父母在法律上有对非婚生子女的抚养义务"，让儿童获得最大的利益。

**2. 传统做法与现代观念并存**

南非有着较为复杂的发展历史，经历过殖民地统治，经历了多年的种族歧视斗争，本身又受非洲文化的影响，其儿童福祉的思想形成较为复杂。在其儿童相关的法律中，既有先进的国际儿童保护理念的引入，也有传统习俗的继承。

## 二、巴西儿童福祉

### （一）巴西儿童福祉发展的历史阶段

**1. 初创阶段（1920—1987 年）**

这一阶段巴西参考欧洲国家的福利模式建立自身的福利制度，儿童的福利覆盖面不高，经费保障有限，能够提供的内容不全面，受到经济危机的影响，持续性存在一定的问题。

**2. 改革阶段（1988 年至今）**

这一时期确定了个人社会保障和社会救助网络相结合的社会保障模式，实施救助计划，包括卫生保健津贴、儿童津贴等，确立了救助型的模式，对于贫困儿童给予更多的专项支持。

## （二）巴西儿童福祉理念与政策

巴西实行的是联邦制，各州的法律和制度各不相同，经济发达的南部地区儿童福利较好。巴西重视儿童的保护，制定了《巴西儿童少年条例》，明确提出政府有责任为儿童提供高质量的公共服务，而家庭有义务为儿童特别是幼年儿童（0~6 岁）提供照顾和保护。在公共福利设施建设方面，公共沙滩、足球场等免费向全体儿童开放，也存在贫困儿童数量多等问题。

## （三）巴西儿童福祉行政系统

中央和地方政府十分重视儿童福利，设立相应的部门负责儿童福利的实施，并制定了相应的目标。巴西各个州有各自的法律和福利制度，在具体的执行上各地区有所差异，与各州的经济发展水平有关。

## （四）巴西儿童福祉的主要内容

### 1. 免费教育

巴西实行的是小学到大学的免费公立教育，用身份证件进行注册就可以入学，没有考试和缴费，其公共教育经费占 GDP 比例达 5.3%，宪法规定联邦政府将其预算的18% 用于教育支出，州和市政府应拿出不低于 20% 和 25% 的财政收入用于教育发展。

### 2. 津补贴

1995 年，巴西利亚联邦区率先推出了一个单一性计划，即"学校津贴"计划，旨在通过现金补贴刺激贫困家庭的孩子入学接受教育。后来发展成为"家庭津贴"计划，并进行了全国推广，形成了一个统一的全国性社会安全网，该计划支出占 GDP的 0.5%。

### 3. 儿童医疗

自 1988 年，宪法规定健康是公民的权力，国家要为公民提供广泛而平等的医疗保健服务。1990 年，正式建立"统一医疗体系"（SUS），实行全民免费医疗。"统一医疗体系"惠及 70% 的人口，使其免费享有初级医疗服务。除统一医疗体系外，巴西卫生保健系统还有第二个子系统，即"补充医疗系统"。

## （五）巴西儿童福祉的特点

### 1. 通过教育减轻不平等

2014 年，巴西批准了"2014~2024 年国家教育计划"，提出到 2024 年其国内生产总值中用于支持教育的比例不应低于 10%，通过教育发展，减少贫困人口，为儿童的未来发展创造平等的环境，在巴西推动教育扶贫进程中，主要围绕两个基本问题：提高学校质量和让贫困儿童群体重获教育机会。

### 2. 制度形成受多种思想影响

巴西的历史经历了殖民地时期、帝国时期、军事独裁和共和时期等多个时期，其儿童福祉的思想也受到葡萄牙等国家的影响，随着时代的发展，国际的交流增多，其儿童福祉思想也在不断地呈现国际化的趋势，很多国际组织都在巴西开展了相关的援助项目。

## 三、印度儿童福祉

### （一）印度儿童福祉发展的历史阶段

**1. 启蒙阶段（1947 年以前）**

1947 年之前，印度尚未独立，是英国的殖民地，在具体的实施政策上受到英国的影响，对儿童的保护和照料还不足，覆盖面也不够大，尚处于启蒙阶段。

**2. 初创阶段（1947—1974 年）**

1947 年，印度独立，国家进入新的发展阶段，1950 年颁布的《印度宪法》确定了国家对儿童的责任，儿童的教育权力等获得法律的保障。

**3. 发展阶段（1975—2000 年）**

1975 年印度启动了帮助弱势儿童群体的 ICDS 项目，标志着印度对于弱势儿童群体的重视，1986 年颁布了《国家教育政策》，倡导学前教育的质量公平。

**4. 完善阶段（2000 年至今）**

21 世纪以来，相继颁布了不同的规章，2003 年的《国家儿童宪章》进一步明确了政府和社区的职责，保证儿童利益的最大化。2005 年的《国家儿童计划》提出普及 ICDS 项目，覆盖所有 0～6 岁儿童，特别关注营养不良儿童以及女童。分阶段提出不同的目标与策略，重视教育质量。

### （二）印度儿童福祉理念与政策

印度有着深厚的传统文化底蕴，社会等级制度较为严格；同时，随着时代的发展，印度也在接受着世界先进的儿童理念。在 1947 年独立之后，将教育平等的目标写进宪法，积极推进全体儿童的教育和医疗，做到发展的公平和平等。同年，印度议会通过了《为了儿童的国家政策》（National Policy for Children），特别强调"国家要向所有儿童提供充分的服务"，后期陆续制定多个法律法规来保障儿童的权益。

### （三）印度儿童福祉行政系统

印度政府与儿童福祉相关的部门有多个，共同保障儿童的权益。

**1. 卫生和家庭福利部**

该部门提供有关妇女、儿童、老年人等特定受益人的保健方案、政策、计划、表格等方面的信息，并提供联邦和州政府机构、部门、组织、研究机构、医院的详细情况。该部门让每个公民都能享受到医疗保健，为所有公民提供基本保健设施，推出并实施了各种保健计划和方案。

**2. 妇女和儿童发展部**

从 2006 年开始印度政府妇女和儿童发展部作为一个单独的部门存在，自 1985 年以来它一直是人力资源发展部下的印度妇女儿童发展局。

该部成立的主要目的是解决国家为妇女和儿童服务，促进部门间和部门间的融合，建立性别平等和以儿童为中心的立法、政策和方案。该部的任务是促进妇女和儿童的全面发展，制订计划、政策和方案，制定和修订法律，指导和协调政府和非政府组织在妇女和儿童发展领域的工作。在保健、教育、农村发展等方面起到补充作用。该部一直在实施世界上最大和最独特的儿童综合发展服务外展方案，提供一系列服务，包括补充营养、免疫、健康检查和转诊服务、学前非正规教育。最近采取的主要政策措施包括普及儿童营养和儿童营养问题、开展少女营养方案、设立保护儿童权利委员会和颁布《保护妇女免受家庭暴力法》。

该部的组织机构包括国家公共合作和儿童发展研究所（NIPCCD）、国家儿童权利保护委员会、中央领养资源局（CARA）、中央社会福利局等，其中国家儿童权利保护委员会是 2007 年 3 月起为保护和安全保护儿童权利而成立的国家级最高法定机构。

### （四）印度儿童福祉的主要内容

#### 1. 教育

印度重视普及义务教育，独立初期就制定了在 10 年内普及八年初等义务教育的目标。1968 年，联邦政府制定了《国家教育政策》，制定了统一的教育体制，开始重视基础教育。印度教育实行中央和各邦负责的教育管理体制，基础教育主要由各邦负责，争取国际组织的帮助，帮扶重点放在失学儿童、女性儿童、落后部落儿童身上。以立法为先导，保证整个基础教育的免费政策。印度是一个多民族、多语言、多文化的国家，重视公立基础教育学校的发展，有利于保障落后地区、女童、部落儿童的教育平等的权利。对于处境不利儿童的教育中引入了"全纳教育"的理念，包容了残疾儿童在内的所有学生，体现了全民教育思想。

#### 2. 医疗

印度的免费医疗服务由公共医疗体系和农村医疗网络提供。公立医院面向所有国民免费开放，提供基础性的医疗服务。农村医疗网络，包括保健站、初级保健中心和社区保健中心 3 级，为穷人提供免费医疗服务。免费项目包括挂号费、检查费、住院费、治疗费、急诊抢救的一切费用，但不包括药费。制定了《孕前和产前诊断技术法》《关于母乳代用品、奶瓶、婴幼儿食品生产、供应和分发规则法》等专门保护婴儿的法规，规范母乳代用品的生产和销售。

### （五）印度儿童福祉的特点

#### 1. 立法保障

通过立法明确教育公平政策的任务、责任主体、实现年限和具体做法。印度处境不利儿童教育，但政策中很注重法律的保障作用，以残疾儿童为例，从《国家教育政策》到 1995 年的《残疾人法案》（People with Disabilities Act，PWD），再到 2010 年的《儿童免费义务教育权利法案》（The Right to Education，RTE），以及最新的 2011 年《残疾人权利法》（草案）（Rights of Persons with Disabilities Bill，RPDB），印度出台了一系列重要的法案。

**2. 日趋平等**

按照西方国家建立民主政体之后，印度需要构建公平正义的社会制度，这也是为了解决国内民族、宗教、社会等方面的歧视与冲突问题，为适应经济发展和国内团结等要求做出的必要改革。因此，印度在处境不利儿童教育政策设计中特别强调对种姓、落后地区儿童特别是女童等弱势群体的教育补偿。1986 年印度《国家教育政策》及其 1992 年的修订版都明确要求"采取一切措施解决社会不公平问题"。

**3. 关注弱势儿童**

ICDS 是目前世界上规模最大的、由政府资助的弱势群体教育发展综合性计划，据最新资料统计，目前 ICDS 的受益人数已经过亿，对残疾儿童、流浪儿童、贫困儿童都有政策倾斜。

## 四、典型案例分析

印度的儿童热线。儿童热线开始于 1996 年的孟买，2002 年已经扩展到印度的多个城市，主要为寻求帮助的儿童服务。通过热线，儿童可以获得需要的服务内容和具体帮助。这个热线也可以为失踪儿童提供找寻的平台，儿童通过拨打热线，社工人员在 1 个小时之内将需要帮助的儿童接走。印度还通过制定相关的法律来规范儿童热线的运行。

**【材料链接】**

**1. 纳尔逊·曼德拉儿童基金**

纳尔逊·曼德拉儿童基金，成立于 1995 年，成立仅仅两年，获益儿童达 23 万，资助了 355 个非政府组织的 634 个项目，总金额达 1200 万兰特。该基金会延续至今，旨在改变社会对待儿童和青少年的方式。通过建立此基金会，使非洲的儿童得到应有的权利和尊重，不再忍受饥饿以及遭受虐待和剥削的情况。

**2. 巴西的"家庭救助计划"**

此计划始于 2003 年，为儿童提供了教育和医疗的帮助。但是对于受到支援的孩子及家庭有着一定的要求和约束，例如 6～15 岁儿童需要不低于 85% 的在校出勤率，7 岁以下儿童定期接受疫苗接种和身体检查，14～44 岁女性需要接受孕期检查以及哺乳期指导。对于违反规则者的处理包括警告处分、冻结救助金、取消受益资格 3 种。与其他国家不同的是，当受益群体重新完成义务，如果违规不超过 3 次，会进行补发。

**3. 印度的儿童综合发展服务项目**

1975 年，政府实施了儿童综合发展服务项目（integrated child development services，ICDS）。该项目主要针对弱势群体，包含母亲－孩子的综合性服务项目，旨在改善学龄前儿童、孕妇和哺乳期母亲的营养与健康水平。包括 5 个方面：改善 6 岁以下儿童的营养与健康水平；为儿童心理、身体和社会性的适当发展奠定基础；减少儿童的死亡率、发病率、营养不良和辍学率；通过适当的保健和营养教育，提高母亲照料儿童正常的健康与营养方面需求的能力；在政策制定与实施上达成各部门的有效合作，以促成儿童的全面发展。ICDS 项目通过名为"Anganwadi"（安哥瓦迪）的机构实施，该机构通常坐落于农村或城市贫民区内部的儿童活动中心和保健中心，每 1000 人就有一个安哥瓦迪，每个安哥瓦迪有一位村落工作人员与一位后期服务人员。该计划收到世界银行的资助，累计资助总额高达 7.5 亿美元。

**【思考与练习题】**

1. 东西方儿童福祉相同与不同点分别是什么？
2. 各大洲儿童福祉的特点是如何形成的？

**【小组讨论】**

1. 世界儿童福祉的发展趋势是什么？
2. 如何帮助贫困国家发展儿童福祉？

# 第四章  儿童福祉与养护机构

## 【学习目标】

掌握：我国儿童福祉领域养护机构的相关职能。

熟悉：地区性儿童福祉网络的含义和范畴。

了解：养护机构对预防未成年人犯罪的重要意义。

## 【本章导读】

```
                                      社会养护的定义
                                      社会养护的现状
                    儿童福祉与社会养护    社会养护的相关机构
                                      社会养护的内容与支持措施
                                      社会养护的未来展望
                                      典型案例分析

                                      地区性儿童福祉网络的定义
                                      地区性儿童福祉网络建设与运行现状
   儿童福祉与养护机构    地区性儿童福祉网络   地区性儿童福祉网络的相关机构
                                      地区性儿童福祉网络的内容与支持措施
                                      地区性儿童福祉网络建设的未来展望
                                      典型案例分析

                                      未成年人犯罪的定义
                                      预防未成年人犯罪的现状
                    预防未成年人犯罪福祉对策  防止未成年人犯罪的相关机构
                                      防止未成年人犯罪支持的内容与支持措施
                                      防止未成年人犯罪的未来展望
                                      典型案例分析
```

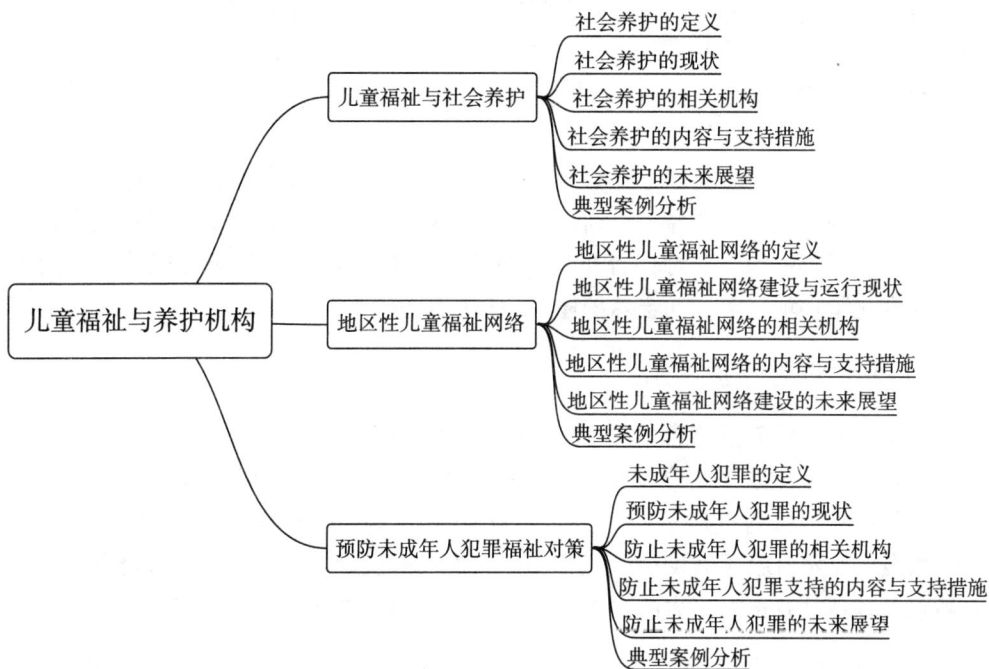

**图 4 - 1  儿童福祉与养护机构内容导读**

本章主要针对构建地区性儿童福祉网络和地区性预防未成年人犯罪的相关问题进行分析，涉及儿童福祉与社会养护、地区性儿童福祉网络、预防未成年人犯罪的对策 3 个方面，并掌握儿童福祉与养护机构的相互关系。

# 第一节　儿童福祉与社会养护

社会养护与儿童福祉之间关系密切，要想做好社会养护，需要结合我国关于儿童群体的相关政策和导向方针，充分调动全社会力量积极参与儿童的相关活动。

## 一、社会养护的定义

"儿童福祉"以全体儿童作为对象，可分为"家庭养护"和"社会养护"两大方式。就"家庭养护"而言，必须认同每个家庭都有自己不同的养育方式，社会予以尊重和认可。"社会养护"涉及的儿童养护大多是从公共福利机构和社会儿童教育养育相关机构角度考虑。"社会养护"一般是指如果儿童的合法监护人不能履行养育和教育儿童的职责时，作为社会机构有取代其合法监护人的资格，代为履行对儿童进行照顾和教养的责任。同时，社会在对具有特殊情况、特殊需要的儿童进行保护、养育支援的同时，也需要对有困难的儿童和有教养困难的家庭进行儿童养育和教育等方面的支援。

目前，我国社会养护政策和机构体系，进行改革探索阶段，虽然还没有明确的界限区分，但经过梳理，现阶段大致可分为两大类别，分别是社会养护体系和公共设施养护体系。

### （一）社会养护体系

社会养护体系扮演着支援全社会所有家庭科学育儿的重要角色，整个体系包含儿童事务相关的咨询、支援、指导、培训、短期育儿家庭支援等机构，例如低龄儿童护理中心、儿童综合保育机构、延时保育机构、节假日保育机构、应急保育机构、幼幼衔接班、短期育儿帮护项目等，社会养护体系的构成见图4－2。

### （二）公共设施养护体系

公共设施养护体系是指社区内的儿童福利相关设施、0～3岁低龄儿童养护中心、社区母婴育儿支援体系等。建设社区小型儿童养护设施和小型居家型养护工作支援小组，在该设施里以家庭式养护为核心，进行小规模家庭儿童养育支援。

随着我国经济社会不断发展，儿童福祉相关法律法规的不断健全，符合我国国情和社会特色，以依托社区为代表的多种形式的儿童养护机构逐步得到完善。

## 二、社会养护的现状

目前我国的社会养护体系问题，有孤残儿童问题、家庭寄养儿童、流浪儿救助、儿童福利层次整体提升问题等，而制约当前社会养护体系发展的主要问题是资金投入不足、社会参与少、家庭责任不明确、儿童受教育机会不平等、儿童保护法律责任缺失不规范不健全、儿童犯罪法律惩治手段不到位等因素。目前我国已经具备的社会养护的基本内容，大体可以分为儿童医疗系统建设、儿童医疗保健相关服务，以及休闲为内容的儿童活动和游戏场所、幼儿教育、非义务教育、儿童日常生活保障与救助、残疾儿童救

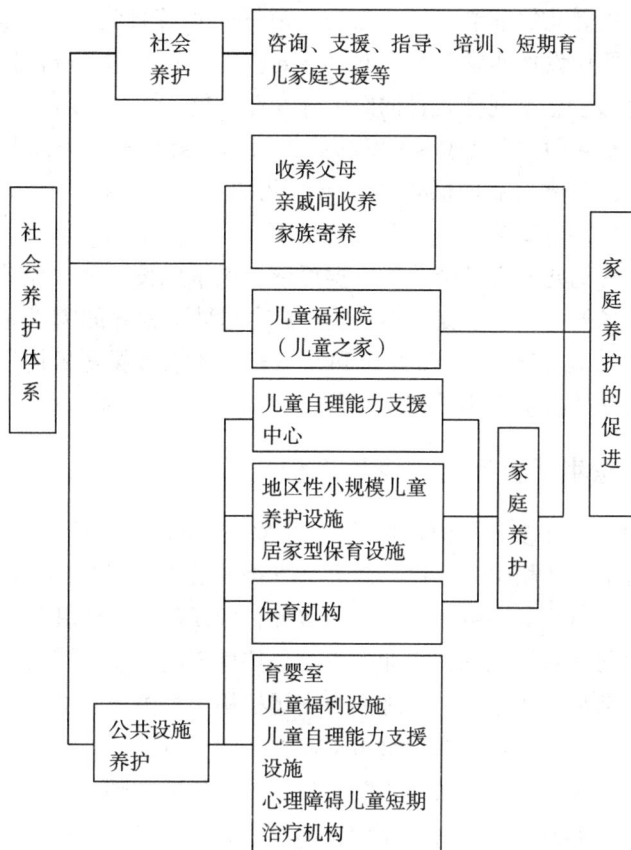

**图 4-2 社会养护体系的构成**

助等。

## 三、社会养护的相关机构

### (一) 儿童养护机构

我国的儿童养护机构主要指以儿童福利院为代表的儿童福利机构,主要养护对象是缺少监护人,不能确保拥有安定生活环境的儿童。该服务机构的核心是让需要保护的儿童进入机构,对他们进行适宜的养育和教育,并对离开机构的儿童进行跟踪监护,以帮助他们建立自理能力和自信心,并在将来更好地融入社会。

儿童养护机构主要围绕儿童生活支援、学习支援、就业支援、不良家庭育儿环境调整等方面进行,努力实现儿童养护福祉设施的小规模化、区域化和社区的集中化。

### (二) 低龄儿童支援中心

低龄儿童支援中心是指对低龄幼儿在日常保健指导的基础上,为无法确保幼儿安定生活环境的家庭进行固定期限的支援和教育引导,并对指导期结束后的家庭进行跟踪服务,确保为儿童提供长期稳定的生活成长环境的医疗保健机构。该中心是以低龄幼儿为服务对象的，从新生婴儿的哺乳、科学喂养、科学护理等日常养护方面进行全面支援，对机构服务人员的职位设置非常广泛，并严格要求。中心工作人员包括护士、儿童营养师、保育员、专科医生、家庭育儿咨询医生等专业人员。

　　进入中心的儿童年龄大多是 0 ~ 3 岁的低龄幼儿，秉承为了帮助儿童建立和谐完善的成长环境、提高自身成长品质的理念，与幼儿的父母及监护人建立长期与稳固的关系，实行弹性化服务，对离开中心的儿童持续跟踪，截止幼儿入小学，建立幼儿成长阶段的数据档案，实现幼儿养育各个阶段有据可依、科学成长。私立托育机构的出现填补了我国早期育儿市场的空白，满足了 0 ~ 3 岁婴幼儿科学教养的需求。北京、上海、广州等一线城市，专门服务于 0 ~ 3 岁儿童和儿童家庭的福祉保育机构早已存在，既有公办托育机构也有私立的机构，满足家长和孩子"幼幼衔接"的需求。

### （三）健康儿童生活自理能力支援机构

　　儿童生活自理能力支援等机构是指面向 18 岁以下的儿童在日常人际关系、健康管理、财商培养、日常生活相关问题进行疏导与支援的机构。同时，根据儿童生活环境和成长阶段逐渐变化，对儿童进行跟踪式教养服务，以便随时提供其他方式的帮助或合理的建议。目前，我国儿童福祉相关产业的发展仍然处于起步阶段，参照国外相关机构的标准，大部分社区都具有儿童生活自理能力支援机构，根据自身的容量和周围社区居民的需求，每批次接收 5 ~ 20 名儿童，每组指定 1 名辅导员老师，对有帮助需要的家庭进行有针对性的支援和指导，辅导员必须是具备专业资质的教师、心理咨询师，且具备儿童福祉或社会福祉相关教育背景和工作经验的专业人员。目前，我国一些省市和地区已做了一些探索、正在逐步完善，为将来健全社会支援机构和政策体系积累了经验。

### （四）心理障碍儿童短期治疗机构

　　这类机构是指针对有轻度心理问题和障碍的儿童，短时间进入机构进行心理疏导与治疗，在治疗期间将儿童从其监护人身边分离开，为有心理创伤的儿童创造一个全新的有安全感的环境，机构的专业教师会专门针对儿童的个体情况进行心理疏导课程设置，有针对性地对儿童进行心理障碍治疗，帮助儿童打开心结，找到问题诱因，重建自信。对得到治愈的儿童进行持续性跟踪服务，以便及时提供必要的帮助或给予合理的建议。一般情况下，该机构接收的儿童中，受虐待儿童占的比例最大，同时还有厌学儿童、遭受家暴的儿童、自闭儿童、抑郁症患儿等。该机构的工作人员包括儿童辅导员、保育员、特殊案例咨询员、专业律师、全科医生、心理医生等专业人员。

### （五）自理能力缺乏儿童支援机构

　　该类机构主要招收日常生活中被父母过度保护和溺爱，导致生活自理能力相对较差，或者存在其他某些性格缺陷，思想和性格上不具备与其年龄相符的成熟标准，急需要日常生活指导的儿童。机构的支援方式是让儿童与其监护人分离居住的生活，根据每个儿童不同的情况进行一对一有针对性的指导和帮助，并对治愈的儿童进行跟踪式服务，以便随时提供其他方式的帮助或给予合理的建议。

国外的类似机构接收的儿童中还有盗窃、暴力行为等多种行为异常的儿童，其中受虐待儿童所占比例也较高。童年期有被虐待的经历，没有及时被发现并加以积极引导和治疗是导致儿童在青少年期的不良行为和不良习惯等问题的主要诱因，需要专业的机构对他们进行及时并专业的治疗和指导。

儿童自理能力支援机构的矫治以一日生活作息为主体目标，以严格的规矩和控制作息时间对儿童进行日常语言和行为上的约束，通过上课、完成作业、体能训练等规律且严谨的一日活动，纠正儿童不良的生活习惯和偏激的思维方式，以达到遵守社会规则、团队合作、体谅他人等身心健全发展的目标。

该机构的设置较为灵活，儿童无需到机构接受矫治，而是在家庭中采用"传统家庭模式"的基础结构设置，负责的老师采用模拟家庭模式，设定家庭中一夫一妻都是普通上班族，他们共同养育、教育一个孩子，通过普通家庭的生活、日常作息流程，渗透相应行为规范，对需要行为矫治的儿童进行不当行为和思想矫治与引导。承担"父母"角色的指导教师与需要行为矫治的儿童共同生活一段时间，观察儿童的日常行为，找出儿童思想或行为产生问题的根本原因，并将这个孩子当成自己的孩子对待，在日常生活中对儿童进行关心，同时像教养自己的孩子那样，对接受行为矫治的儿童从生活习惯、行为举止、心理、学习等方面进行指导。我国青少年训练营等机构，已经具备了儿童生活自理能力指导的初级功能。随着我国独生子女政策带来的一系列问题，国家开放二胎积极促进儿童福祉产业的发展，我国社会有充足的理由和能力逐步实现普惠型、服务于大众的儿童生活支援机构。

### （六）家族性育儿支援网络

家族性育儿支援网络是指失去合法监护人的儿童或者儿童的合法监护人不能正确履行监护人义务的情况，将儿童托付给其直系亲属进行教养的行为。这种养育方式在我国有着几千年的传统，俗称为"寄养"，将儿童交给直系亲属中指定亲戚去养育，让儿童与该亲属建立最基本的信任感和依赖感。这种模式可以让儿童体验到正常的家庭生活，体验亲情并促进人际交往能力，从而提高自信心，建立正确的人生观和积极向上的个性。

对于养育亲属的选择，可以充分尊重儿童的意见，按照儿童自身的意愿进行指定，并在直属社区儿童保护部门和当地派出所进行登记备案，由社区和整个家族进行监督，以确保领养家庭充分承担了自身义务，无暴力、忽视等虐童行为，儿童则能够得到充分的尊重和享有儿童该享有的一切权利。

## 四、社会养护的内容与措施

### （一）社会养护内容

儿童的社会养护指社会机构或组织为儿童提供健全的学习和游戏场所，以促进儿童身心健康、培养丰富情操为目的，完善儿童福利设施的缺口，支援儿童成长。由托儿所、幼儿园、早教机构、保育机构等幼儿教育机构实施支援行为，以地区性的育儿支援教育机构为支撑点，与社会公共机构相结合，保障和促进儿童身心全面的发展与进步。

### （二）社会养护措施

儿童福祉范畴的社会养护，也可以理解为社会公共休闲区域的儿童福祉功能，主要是指在各地设置的的儿童游乐场、儿童发展中心、体育馆、文化活动中心、野外活动场所、母婴室、公共卫生间、饮水、急救设施等专业性的机构与部门，实施有组织教育支援，培养身心健康、幸福状态的儿童。

在我国城市化建设的推进中，人民的生活方式也在发生日新月异的变化，在物质生活逐渐优越的同时，儿童的休闲空间却常被忽视。儿童作为城市中的弱势群体，其休闲空间的权益受到了侵害。孩子们传统的休闲活动场所正在渐渐地减少、消失。休闲空间作为儿童接触世界的载体，对其成长发育至关重要，在休闲活动中获得身体的锻炼，个性的引导，智力的发展，兴趣的培养。儿童的交流、协作、竞争等能力也得到启蒙。

中国对儿童休闲权利的保障有法律支撑，例如《未成年人保护法》第 21 条要求各级人民政府应当创造条件，建立和改善适合未成年人文化生活需要的活动场所和设施；第 22 条要求博物馆、纪念馆、科技馆、文化馆、影剧院、体育场（馆）、动物园、公园等场所，应当对儿童采用优惠的举措，建设让儿童拥有幸福感的城市。武汉、深圳等城市 2019 年也出台政策构建儿童友好城市（CFC），从根本上确立和保证儿童优先的制度，吸收和落实儿童友好型城市布局，尤其是新建设的城市在规划初期，有必要把教育者、家长、儿童的意见纳入衡量标准，针对儿童的真实诉求来布局、配置休闲空间和休闲设施，按照实际效用来做层级的划分和评定，并且针对不同区域儿童的群体特征来制定不同的供给方案。

健全的儿童社会福祉养护设施，在为身心健康的儿童提供完善的生存和发展支持的同时也必须考虑到身心障碍等特殊需要儿童的福祉需求，提供促进儿童生活便利性的社会福祉设施和服务，保护儿童的安全与合法权益，时刻关注儿童的成长与发展，培养儿童独立生存的能力，提供能够让儿童学到知识和生存技能的适宜设施与机构。

### 五、社会养护的未来展望

发展以儿童福利院为代表的儿童福利机构，低龄儿童福祉保育机构，对于中国全面进入儿童福祉型社会，发展儿童福祉产业具有不可忽视的意义。

现今我国处于福祉产业发展的初期阶段，通过分析与比较可以看出，儿童福祉产业相关服务，在社会各个领域，对儿童的成长与发展都能进行渗透和支援，参照发达国家和国内发达地区的法律法规、社会机构的做法，结合国情现状，可以从以下角度大力发展儿童福祉产业。

1. 国家法律法规对儿童福祉发展进行规范，社会各行各业相关机构的支持与配合，从思想意识上做到一致，真正做到服务儿童、尊重儿童。

2. 提高儿童福利机构的服务质量和儿童福利机构相关工作人员的专业性和稳定性。

3. 提高儿童生活自理能力，塑造积极向上的人生观，保障儿童的基本权利，提高儿童自我保护意识，形成儿童福祉设施网络，提高设施之间相互支援能力，加强儿童社会养护的效率等。

## 六、典型案例分析

2014年1月28日，某"婴儿安全岛"正式投入使用，实行24小时值班制度，对外开放时间为每天晚上7时至次日上午7时，由福利院负责其日常管理工作。一旦有孩子被送入"岛"内，福利院工作人员就会接到报警，并于3分钟内抵达安全岛，按照规定程序开展救助。

2014年3月16日，"婴儿安全岛"不得不暂停试点，主要原因是被弃置安全岛的婴儿自2014年1月28日至2019年3月16日达到262名，因为接收数量已经远超负荷，福利院疾病防控风险剧增，已经无法继续开展接收工作，远超出了福利院的承受能力。

### 【材料链接】

#### 国务院印发《国家贫困地区儿童发展规划（2014～2020年)》

2015年国务院办公厅印发《国家贫困地区儿童发展规划（2014～2020年)》明确提出在儿童营养改善方面实施"扩大婴幼儿营养改善试点范围，完善义务教育学生营养补助政策"等营养干预措施，明确提出了实现集中连片特殊困难地区4000万名儿童营养保障目标。项目经费为1亿元，项目主要内容是为6～24个月的婴幼儿每天提供1份富含蛋白质、维生素和矿物质的营养包，同时开展儿童营养知识宣传与健康教育，旨在改善贫困地区儿童营养健康状况。

## 第二节 地区性儿童福祉网络

儿童福祉网络的建设，必须要以社区为联结点，以充分发挥儿童福祉功能为目标，建构社区－家庭－儿童养护机构三位一体的儿童福祉网络，充分利用社区物质资源、人力资源、环境资源以有效发挥社区的职能。面对地区出现的儿童相关问题进行研究分析并及时反馈，建立儿童相关信息资料库，通过建设社区儿童相关事务互通网络平台，提供城市所有社区之间有育儿需求的家庭实现分享育儿经验，援助和查询的系统和服务平台。

### 一、地区性儿童福祉的网络定义

"网络"一词在当代社会人们对它已经并不陌生，传统网络本身的意义是：由节点和连线构成，表示事物相互间的联系。在儿童福祉领域，家庭、地区育儿中心、社区居民委员会等可以呈现出多种多样的网络形态进而互相支持。将每个社区视为节点，每个节点都具备这样的网络支持功能，如果一个社区拥有大量的新生儿家庭，但这些家庭因为居住环境周围条件限制，无法获得适合自身需要的育儿支援，也无法与身边其他育儿家庭进行信息交流，无法对周围的育儿情况进行了解和参考，便不能客观地审视自身在育儿问题上存在的不足，很容易导致父母的育儿焦虑，进而导致家庭矛盾、育儿方式不当等多种连锁问题产生。

现在的儿童福祉，不仅仅是对每个家庭中儿童和其父母的帮助，更是通过每个社区的努力来启动地区性育儿支援体系网络，提供让育儿家庭及时分享育儿经验的平台，帮助育儿家庭及时得到解决育儿问题的策略，这种围绕儿童福祉展开的以社区为核心的育儿支援体系，即地域性儿童福祉支援网络。

## 二、地区性儿童福祉网络建设与运行现状

目前，随着我国社会制度不断完善，社区的民生服务水平已得到大幅提升，出现了一些专门服务于儿童的服务民生机构，但这些机构多以单独运营，独立核算的状态运行，并没有连成网络，发挥合力，且在种类、数量和服务体系等方面都还有所欠缺，如代替家庭收养的支援机构、0~3岁早期育儿支援机构、应急保育机构、儿童心理疾病诊疗机构、家庭教养功能支援服务机构等数量严重不足。

## 三、地区性儿童福祉网络的相关机构

目前我国专门服务于儿童的地区性机构不多，大多数是以各委办局下属部门的形式存在，例如各市区县卫生局下属的社区医院，国家儿童福祉政策的执行和落实由他们负责，也会反映儿童的发展需求。

### (一)儿童相关事务咨询部门

根据《儿童权利公约》，儿童享有生存权、发展权、受保护权和参与权，儿童作为弱势群体，相关事务特别是儿童权益保障体系的完善程度，可以直接反映一个国家的文明程度和进步情况。我国作为《儿童权利公约》的成员国，自加入《儿童权利公约》后，逐步建立保护儿童权益的法律，但法律保护体系并不够完善和细致，缺乏有力地宣传和高度的社会参与性。

儿童相关事务咨询部门致力于儿童权益相关事务的宣传和推广，加强儿童权利的维护工作，参考外国先进国家和地区对儿童权利保护的先进做法，在尊重人权的基础上，坚持儿童本位的思想，协助政府部门继续完善儿童相关法律法规，培养心理健康的儿童，预防未成年人犯罪性事件。

### (二)社区母婴生活支援机构

伴随中国迈入婴儿出生的"黄金十年"，儿童福祉产业将迎来大发展，80后及90后父母的思想和生活方式更加国际化，追求更科学、更便捷的生活方式，对育儿的需求更高。

充分利用社区网络平台，发动有婴幼儿护理经验的居民、婴幼儿用品商店经营者、婴幼儿相关项目负责人作为社区志愿者，开设父母课堂，为所属社区的新手家庭母婴提供早期教育、科学养育、科学教育等儿童福祉性综合服务。

### (三)社区儿童生活、成长环境养护机构

儿童作为社区中重要的一分子，既是居民结构中的重要组成部分，也是需要特别关注

和照顾的弱势群体。社区给幼儿提供了基本的生活环境、合适的活动场所和成长环境。儿童在不同的生长阶段，有不同的生理和心理需要，尤其对于城市居民来说，儿童一出生就处在社区环境中，儿童的行为习惯、思维模式、思想意识、文化素质和心理素质均会受到社区的影响。儿童作为发育中的群体，在不同年龄段对环境的需求也不同。了解儿童在不同年龄段的生理及心理需求，为他们提供适宜的生活、学习成长所需要的社区环境，对于促进儿童群体的成长和城市社区的建设有着至关重要的意义。

目前城市社区儿童面临的环境问题包括人文环境建设、语言环境净化、生活环境美化、日产生活习惯、学习环境维护等，需要为社区内的适龄幼儿提供适宜的活动场地，满足社区内儿童身心发展。社区的职能不仅仅为儿童提供单纯活动的空间，而是要创造一定的人文环境和社区文化，创造开放的空间，让幼儿能够在没有束缚和压力的环境下完善和发展自我的各种能力。

### （四）社区残疾儿童支援机构

社区残疾儿童支援机构为所属区域内的残疾儿童提供生活便利服务，是社区最基本的职能之一，社区服务的水准体现着整个社会的文明与进步。由于残疾儿童生理、心理的特殊需求，需要给他们提供更广泛、更丰富、更有针对性、更人性化的服务，在社区服务工作开展过程中，可以将其作为社区服务工作的重点。

关注残疾儿童的教育问题，对生活中的困难儿童给予支持和帮助。创造无障碍的社区环境，方便残疾儿童出行及休闲娱乐。广泛宣传并贯彻《中华人民共和国残疾人保障法》和《未成年儿童保护法》等法律法规，真正落实国家对残疾儿童的福利政策，组织并鼓励社区内居民与残疾儿童共同参与社区活动，提高社区普通群众对法律的认识和平等意识，为残疾儿童提供优先、优质、高效的日常生活支援环境，维护残疾儿童的合法权益，让他们和普通孩子一样人格健全的成长。

### （五）社区问题少年生活指导机构

社区可以建立针对社区内青春期、叛逆期的青少年的不良行为及偏激思想进行适当的干预和指导的机构，以改善儿童贪玩厌学、叛逆不听管教、性格孤僻、暴力偷盗、结交不良朋友、挑剔、撒谎等问题。

社区有责任帮助区内的家长指导孩子顺利度过叛逆期，科学指导家长找到叛逆的诱因，学会与叛逆期儿童进行科学有效地沟通。对叛逆儿童实施心理疏导、思想引导、行为督导"三位一体化"教育，纠正不良青少年的叛逆行为和思想。

### 四、地区性儿童福祉网络的内容与措施

地区性儿童福祉网络建设和支援措施应立足于服务民生的角度，以每个社区作为主体，建立社区与区域内具有育儿需求家庭的互相信任、互相依托的互动关系。因此，以社区儿童福祉工作人员为核心，定期组织地区性儿童福祉支援相关活动非常重要，工作内容具体见表4-1。

表 4 – 1　地区性儿童福祉网络的工作内容

| 项目\类别 | 类别 1 | 类别 2 | 类别 3 | 类别 4 |
|---|---|---|---|---|
| 实施内容 | 为了消除育儿焦虑解决育儿困惑，在某小学或幼儿园设立亲子中心，对有育儿焦虑的家长进行指导 | 社区学校或幼儿园为每日接送孩子的家长提供"分享教室" | 建立外来人居民（新手父母）支援小组，帮助他们快速融入社区，解决育儿、生活等相关问题 | 根据不同地区的社区文化建设方案，推进社区与学校、幼儿园相结合方案，有效促进社区对学校和幼儿园的直接支持 |
| 参与者 | 社区儿童福祉专业工作人员，校长，园长，专业指导教师，儿童家长 | 社区儿童福祉专业工作人员，校长，园长，家长 | 社区儿童福祉专业工作人员，社区行政人员，外来家庭儿童父母 | 社区儿童福祉专业工作人员，校长，园长 |
| 核心目标 | 解决家长育儿焦虑问题 | 儿童家长与学校间的相互信赖关系 | 解决外来家庭(新手父母家庭)育儿困惑，帮助外来家庭(新手家庭)快速融入 | 促进教育机构与地方政府的关系稳固，为直接支持儿童成长提供基础 |
| 解决方案 | 父母行为调整和心理疏导 | 向校长、园长说明提供长期的场所，作为家长交流的必要性 | 促进地区性组织结构建设和安排有针对性的活动 | 社区儿童福祉相关人员及领导定期与校长、园长进行沟通，并针对问题提出解决方案 |
| 具体操作方法 | 提供一个场所让某组学生的父母共同参与，分享交流育儿策略，互相支持 | 家长建立家校合作育儿交流群，随时提出问题，交流意见、分享育儿心得体会、整合资源等 | 改革地区行政机构部署和相关法规的执行体系 | 学校与地方行政机构达成一致，形成地区性儿童福祉协作关系条款，并定期进行有效沟通 |

注：此表格根据美国、欧盟、日本等国情况分析做成。

根据上表可以看出，四个类别中大部分都是以学龄儿童的父母为对象，是社区儿童福利工作的重点。其中，我们也可以看到贫穷家庭和大多数新手父母的育儿需求，可见大多数家庭都需要整个社会帮助建立成体系的育儿支援网络。

政府相关部门，要加强学习，加大宣传，促进儿童父母承担其育儿职责，早教机构、保育机构、幼儿园、学校等相关机构实现与地区居民间真实、可靠的信息网络建设，实现信息互动，促进家庭科学养育知识的普及，帮助每个家庭提升整体育儿水平和综合素养。

儿童福祉网络的工作措施包含充分利用社区资源，如当地小学、幼儿园、早教机构等，最大限度地支持每个家庭，促进每位儿童的健全成长，预防虐童行为和解决下一代培养过程中的诸多问题，由学校、幼儿园进行实践，建立并普及家庭 – 社会共同育儿支援网络。建设育儿社区网站，提供线上和线下服务，为准备做父母的夫妇提供从怀孕到幼儿期的专业知识、服务、资讯与交流的平台，分享父母育儿的心得。育儿社区的出现，将为我国地区性儿童福祉网络的建设提供模板和参考依据。

### 五、地区性儿童福祉网络建设的未来展望

社会对儿童福祉的需求不断增加，对于儿童福祉领域相关专业人员的综合素质、个人品格、专业的知识和技能的要求也提出了新的挑战，必须及时关注各直属社区儿童的实际问题和发展方向，提供有针对性的支援。

#### （一）儿童福祉信息网络工作人员关系新的定位

儿童福祉信息网络相关机构内部工作人员之间不是传统的上下级关系，而是拥有共同目标、各司其责并相互支撑相互依存的团队，每个人在儿童福祉领域承担自己的相应职责，相互促进，共同努力。从真正为儿童福祉产业做出贡献的角度，让成员们共享成功体验，成为促进儿童幸福成长的保护者。增进家庭对社会的依赖和信任，对福祉工作人员的信任，为建设具有稳定性的网络平台打下良好的基础。

#### （二）男女共育，资源共享

营造轻松、和谐的家庭生活环境，创造家庭男女共同合作育儿模式，育儿不再仅仅是传统思维模式下母亲的职责。在当今男女平等的社会中，需要进一步减轻女性的心理负担，增进和建立父亲与子女的依恋和信任关系，分担女性压力，平衡家庭职责，形成夫妻共同经营生活，分担育儿压力的良好环境和家庭文化氛围。通过整个社会和所属社区对新手父母家庭或有育儿需求的家庭进行多角度的育儿支援协助，全体社会共同分担家庭育儿压力，确立男女共同参与的育儿理念和模式是未来我国儿童家庭福祉发展的方向。

#### （三）社区加大对家长的育儿支持

2015 年，党的十八届五中全会公布了开放二孩政策，以解决中国人口大幅下降，缓解人口老龄化等。这对整个社会儿童福祉职能和儿童原生家庭的整体素质与专业化水平支持提出新要求。

在社区中，以社区志愿者为主体的民间非正式福祉服务组织及形式，有必要根据社区儿童数量和年龄需求适当地进行合理改进和推广。占家庭结构比例最大的三口之家，对于普及儿童护理、科学育儿相关基础知识和技能尤为迫切，需要更加完善和充实的社区儿童福利制度和儿童养育支援功能，通过社区儿童福祉机构与儿童的父母建立起信赖和相互依存的良好关系，顺应社区与家庭共同育儿的新形势。

提供细致多样的育儿支援服务内容，根据家庭需求进行合理配置，让家长从中自行选择，社区提供居民育儿交流场所，让有育儿困惑的家庭可以进行育儿、养护方面的交流。社区和区域内小学及幼儿园提供信息交流场所，方便社区居民进行育儿资源共享，构建新结构、新功能的儿童福祉型社区环境。加强科学育儿知识和思想理念的更新和宣传，充分发挥教育机构对儿童养育支援的作用，从城市建设、社区育儿相关的资金、设备、人力等方面开展环境建设，做好专业、全面的准备，让整个社区、社会对每个家庭实现教育支撑的作用，保证儿童健康成长。

## 六、典型案例分析

某市以社区为依托，充分整合政府、企业、社会组织、社区等多方资源，在关键的"最后一公里"为准父母和0～3岁婴幼儿家庭提供科学育儿支持。各项服务包括为准父母提供的各类科学权威的孕期必修课、优生优育指导以及为0～3岁婴幼儿提供的绘本借阅、儿童阅读推广、亲子课程和家长培训等。家长可通过微信公众号进行在线预约课程或借阅绘本，为了充分利用社区儿童中心特点，专门开发了绘本轮转交换功能，不同社区的绘本在全市统一调度下可以通过轮转交换实现有限空间里绘本的多样性。

### 【材料链接】

#### 1. 丧偶式育儿与诈尸式育儿

丧偶式育儿：指家庭教育中主要照料者一方显著缺失，比如父母中的一方长期外出，或者父母均在子女身边，但是缺少其中一方的情感支持（如早出晚归、子女很难见面、无语言交流等）。丧偶式育儿大多发生在孩子0～2岁时，夫妻一方不参与对儿童的照料。

诈尸式育儿：指父母一方平时不积极参与育儿，但是会忽然对另一方的抚养方式大加指责或干涉。如按照自己的主观想法指挥别人的教育方法，坐等验收育儿成果；说风凉话，站着说话不腰疼；扯后腿，帮不了忙还拖后腿；强行植入，没事刷一刷存在感。

"诈尸式育儿"与"丧偶式育儿"一样，会对孩子造成"父爱缺失"的影响；而且还容易造成夫妻争吵，影响家庭和谐。比起丧偶式育儿，诈尸式育儿更不可接受。

#### 2.《0～6岁儿童健康管理服务规范》

2017年，国家卫计委颁布了《0～6岁儿童健康管理服务规范》，服务对象包括社区所属辖区内居住的0～6岁儿童。服务内容包括新生儿家庭访视、新生儿满月健康管理、婴幼儿健康管理、学龄前儿童健康管理、健康问题处理等。

在服务上鼓励开展儿童健康管理的乡镇卫生院、村卫生室和社区卫生服务中心站，应当具备所需的基本设备和条件，从事儿童健康管理相关工作的人员，必须取得相应的从业资格证书，并按照国家儿童保健有关规范的要求进行儿童健康管理。乡镇卫生院、村卫生室和社区卫生服务中心等与托幼机构联系和配合，加强宣传儿童服务相关工作的内容。鼓励相关机构在儿童每次接受免疫规划范围内的预防接种时，对其进行体重、身长、身高测量并提供基础健康指导服务并记录在儿童健康档案中等。

《0～6岁儿童健康管理服务规范》对于新生儿健康标准指标也有了相应的规定和规范。

# 第三节  预防未成年人犯罪福祉对策

我国于1999年颁布《中华人民共和国预防未成年人犯罪法》，加强未成年人的自我保护，提出防止青少年犯罪福祉支持的内容与措施。

## 一、未成年人犯罪的定义

未成年人犯罪又可以称为少年非行，指未成年人实施的犯罪行为，包含破坏性的、反社会性的、攻击性的行为。根据我国《刑法》第 17 条规定："已满 16 周岁的人犯罪，应当负刑事责任。已满 14 周岁不满 16 周岁的人，犯故意杀人，故意伤害致人重伤或死亡、强奸、抢劫、贩卖毒品、放火、爆炸、投放危险物质的，应当负刑事责任。已满 14 周岁不满 18 周岁的未成年人犯罪，应当从轻或减轻处罚。"此项法规表明，在我国未满 14 周岁的未成年人犯罪不承担刑事责任，已满 14 周岁未满 16 周岁的未成年只对 8 种较为严重的犯罪承担刑事责任，已满 16 周岁的人对所犯的所有罪行承担刑事责任，因此，对于已满 14 周岁而不满 18 周岁的未成年人，关押于少管所。对于不满 16 周岁不予刑事处罚的未成年人，责令他的家长或者监护人加以管教，在必要的时候，也可以由政府收容教养。

## 二、预防未成年人犯罪的现状

我国自 1991 年我国颁布《预防未成年人犯罪法》以来，对青少年犯罪的预防起到了一定的积极作用。但是在过去的十几年中，犯罪青少年人数呈现时升时降的状态，青少年刑事罪犯人数在全国刑事罪犯总人数中仍占相当一部分比例，青少年犯罪在我国现阶段已经成为一个不容忽视的社会性问题。因此，现阶段对于青少年犯罪的预防仍然是犯罪预防和社会治理的一个重要课题。

目前社会上常见的青少年犯罪以谋财型犯罪为主，最常见的是抢劫和盗窃，其次是扰乱社会公共秩序和侵犯人身权利案件。杀人、伤害、强奸、绑架等四类暴力型案件占比较多。近年来随着网络的发达和信息化的普及，青少年犯罪类型向多样化发展，尤其是与网络有关的犯罪显著增加，犯罪手段更加智能化和成熟化。一些青少年犯罪嫌疑人反侦查能力明显增强，通过模拟报刊和电视上学到的手段来实施犯罪，而且分工明确，事先做计划，戴手套作案，作案不留痕迹，大幅度增加了侦查机关的破案难度。从青少年犯罪团伙化来看，社会青年容易与有前科的人结伙，在校生易与辍学生结伙，他们之间相互影响、作案时相互配合，组成严密的组织，有计划地实施犯罪。青少年犯罪嫌疑人中一大部分为无业人员和外来务工人员，他们大多数文化水平低下，法制意识不够，基本属于学校的流失生、辍学生或社会上的"问题青年"，为了满足私欲或追求刺激，走上了犯罪道路。

## 三、防止未成年人犯罪的相关机构

我国防止未成年人犯罪的相关机构由司法机关、有关社会团体、学校、家庭、城市的居民委员会、农村的村民委员会等各方面共同组成，其中，少年犯管教所是对已满 14 周岁、未满 18 周岁的犯罪少年进行教育、挽救、改造的机构，根据少年犯的特点，在照顾他们生长发育的情况下，让他们从事轻微的劳动，采取引导、关怀、鼓励、感化的方法，进行适合少年犯心理和生理特点的德、智、美、体的全面教育。

### 四、防止未成年人犯罪支持的内容与措施

#### (一) 支持的内容

近几年的相关数据显示出"犯罪年龄越来越小,犯罪种类越来越多"的整体化趋势。解决这个现象的主要手段主要有以下几个方面。

**1. 法律知识普及**

当今社会,很多人对法律的了解不足,部分儿童连最基本的法律常识都没有掌握。青少年犯罪与普通犯罪的主要区别之一是年龄,年龄与青少年的所要承担的责任有关联。青少年犯罪能否能引起大家的充分重视,在某种程度上决定了该类问题能否得到更好地解决。青少年犯罪不是某个人或者某个组织单位造成的,而是整个社会结构中不同的因素共同作用的结果。根据表4-2所示,家长和社会对青少年犯罪主要应对方式。

**表4-2  家长和社会对青少年犯罪主要应对方式**

| 应对方式<br>应对主体 | 是否进行青少年犯罪教育 | 对发现青少年不良嗜好的改正方式 |
| --- | --- | --- |
| 家长 | 不经常谈论 | 说教 |
| 学校 | 偶尔,以教科书中记载内容为主 | 说教 |
| 社会组织 | 基本上没有教育宣传措施 | 教导训诫 |

由上面的表格可以看出,社会和家庭对青少年犯罪教育的预防工作还有很多不足,同时,在事先预防方面采取的态度也是回避的。青少年并没有真正领悟到犯罪行为的严重性和所带来的后果,政府机关有责任对青少年犯罪预防和教育采取更积极且有效的措施,并加强法律的宣传与普及。

**2. 分析犯罪原因**

青少年犯罪种类和人群呈现出显著的特点,即文化程度越低,犯罪概率越高。青少年犯罪的主要原因有两类,自身的原因以及外在的社会因素。

犯罪的原因多种多样,其中,行为人的性格是一个重要因素,犯罪行为的防止首先要消除行为人的潜在性格危险,需要加强青少年的生理、心理原因的分析。青少年比较容易接受新鲜事物,好奇心、好胜心强,模仿能力强,但缺乏足够的辨别是非善恶的能力,这导致了一部分青少年的价值观的扭曲,出现酗酒、吸毒、打群架等反社会行为。另一个原因是社会原因,青少年在成长的社会化过程中,接触到不利于其身心健康发展的信息,这些负面的、偏激的信息导致儿童心理畸形发展,造成他们出现侥幸心理、享乐心理等,从而引起他们的反社会行为。此外,父母和学校对青少年的教育缺失也是造成犯罪的重要原因。

#### (二) 采取的措施

青少年犯罪的矫正和预防是一项系统工程,需要全社会的共同努力建设社会、社区、家庭一体化防控体系。党和政府提出的大力发展社会事业、提高政府公共服务的水

平，建立覆盖城乡居民的社会保障制度，树立和践行社会主义核心价值观等措施都能起到改善社会环境、抑制犯罪的效果。

**1. 提高法律意识，增强法律知识普及**

政府和各地方组织加大法律宣传力度，通过各种宣传栏、报刊、媒体、走进社区、走进校园等方式宣传法律知识。例如进行《中华人民共和国未成年人保护法》的宣传，让普通民众和青少年了解法律，知道自己需要做个知法守法的好公民。

**2. 改革学校教育内容和方式**

中小学要不断创新教育模式，根据学生的身心发展特点，对学生进行社会主义核心价值观教育，进行社会生活指导和青春期教育。通过开展各种丰富的文化娱乐活动、社会实践活动等课外活动，使青少年的课余时间过得更有意义。对于问题少年要耐心教育引导，教师要重视对问题少年的教育方式，尊重问题少年的人格，矫正问题少年的行为。

**3. 强化社会群众组织对生活区域的管理**

城市以社区为中心，农村要以各行政村为中心，加强对本区域内部人员，特别是留守儿童和流动人口的监控。针对农民工家庭、单亲家庭、特殊需要家庭要给予特别关注，帮助这些弱势家庭中的儿童健康成长。村民委员会和居民委员会还应调查本辖区内的人口流动情况和未成年人的教育、就业状况，对本辖区内青少年出现的不良行为，要及时督促其父母加以管教。

## 五、防止未成年人犯罪的未来展望

### （一）儿童福祉机构发挥更大作用

仅靠严惩无法从根本上解决少年犯罪问题，需要儿童福祉机构的帮助，通过引导犯罪少年考虑自己新的生活状态，帮助他们树立自信，重新开始人生，投入工作、学习中。在少年犯管教所等犯罪青少年行为矫正支援机构接受矫正教育后，青少年重新开始生活和学习的环境是至关重要的，还要格外细心地对他们的生存环境和社会资源进行整顿。

### （二）原生家庭环境进一步改善

根据调查数据显示，进入少年犯管教所的少年儿童多数是在童年期有过被虐待的经历，儿童表现出来的暴力等问题行为与儿童曾经遭受虐待有密切联系。这种虐待并不仅仅指肢体暴力、性侵等身体虐待，还包括了忽视、压力、辱骂等心理虐待，也就是说，问题儿童的问题行为多与其原生家庭有关。根据这个情况，仅靠对少年犯罪的严惩是远远不够的，要想解决根本问题，必须加强对原生家庭的支持和监督，提高父母的科学教育与亲子关系处理的思想和行动能力，保证家庭和谐。

### （三）社区、家庭加强密切合作

为了避免不良少年们回归学校和社会后被排挤，有必要在学校、社区等不良少年生活和学习的地方给予必要的宽容度。学校对不良少年的应对方式也应该随着教育理念的进步改进。学校作为教育机构，应该比以前更关注孩子们的生活环境，帮助不良少年对其行为进行修正和改进，明确成长方向。

青少年犯罪和问题行为，不仅仅是儿童个人的问题，应该视为社会问题和家庭问题，需要社区、家庭、行政部门及儿童福祉专业人员协同起来，共同解决儿童不良行为问题。

## 六、典型案例分析

学校、家庭、社区对于未成年人犯罪的预防都有着不可推卸的责任，在儿童生活的主要环境中，家庭需要与学校和所在社区随时沟通，统一做法，学校制定学生学习法律的计划，并告知家长，定期组织法律讲座，净化校园环境，聘请校外法律辅导员，监督学生行为并随时告知家长。家庭中父母首先要知法、守法，对于儿童的行为变化有一定的敏感性。社区为未成年人的成长营造一个良好的氛围，加强宣传和教育活动，以街镇综合治理办公室、司法所、共青团三个责任部门为主体，发挥社区居委会的基础作用，吸纳辖区所在警署、学校、关心下一代工作机构等有关单位作为成员，建立相关预防未成年人犯罪的机构，以联席方式共同开展社区预防未成年人犯罪工作，统筹协调、明确职责、落实任务，形成有效预防锁链，构建较为完善的预防未成年人犯罪的社会预防体系。

【材料链接】

### 斯德哥尔摩的未来

瑞典政府有一个专为犯罪青少年服务的项目组，他们分为直接与犯罪青少年打交道的社工、与有轻微违法行为青少年打交道的社会秘书，以及专门与有严重违法行为青少年打交道的特别资格联络人。依据不同的情况在社区、青少年福利学校或少年监狱里开展工作，虽然服务对象数量不多，但是这个组织都在认真坚守，因为每一个犯罪少年经过改造也可以成为对未来有积极意义的人。

【思考与练习题】

1. 地区性儿童福祉网络的相关机构有哪些？它们的职能是如何体现的？
2. 结合实际谈谈建设社区、学校、家庭儿童福祉网络的具体做法。
3. 查阅国外关于预防未成年人犯罪的相关法法规及具体措施，与我国实际进行比较分析，思考我国法律存在的不足，并提出改善措施。
4. 社会养护的"家庭养育"和"社会养育"两个范畴是如何通过福祉方式体现的？

【小组讨论】

1. 社区该如何促进儿童福祉的发展？
2. 结合实际谈谈专门针对特殊需要儿童的社会福祉机能。

# 第五章 儿童福祉与家庭支援

**【学习目标】**

掌握：儿童家庭支援的必要性，儿童家庭福祉与母子保健的关系。

熟悉：保育与福祉的关系。

了解：我国儿童虐待的现状、问题及对策。

**【本章导读】**

儿童福祉与家庭支援

├─ 儿童家庭福祉与儿童保育
│    ├─ 儿童保育的定义
│    ├─ 儿童保育的现状
│    ├─ 儿童保育的相关机构
│    ├─ 儿童保育的内容与支持措施
│    ├─ 儿童保育的未来展望
│    └─ 典型案例分析
├─ 儿童家庭福祉与母子保健
│    ├─ 母子保健的定义
│    ├─ 母子保健的现状
│    ├─ 母子保健的相关机构
│    ├─ 母子保健的内容与支持措施
│    ├─ 母子保健的未来展望
│    └─ 典型案例分析
└─ 虐童与儿童家暴对策
     ├─ 儿童虐待、家庭内暴力的定义
     ├─ 儿童虐待、家庭内暴力的现状
     ├─ 儿童虐待、家庭内暴力的相关机构
     ├─ 儿童虐待、家庭内暴力的支持内容与支持措施
     ├─ 防止儿童虐待、家庭内暴力的未来展望
     └─ 典型案例分析

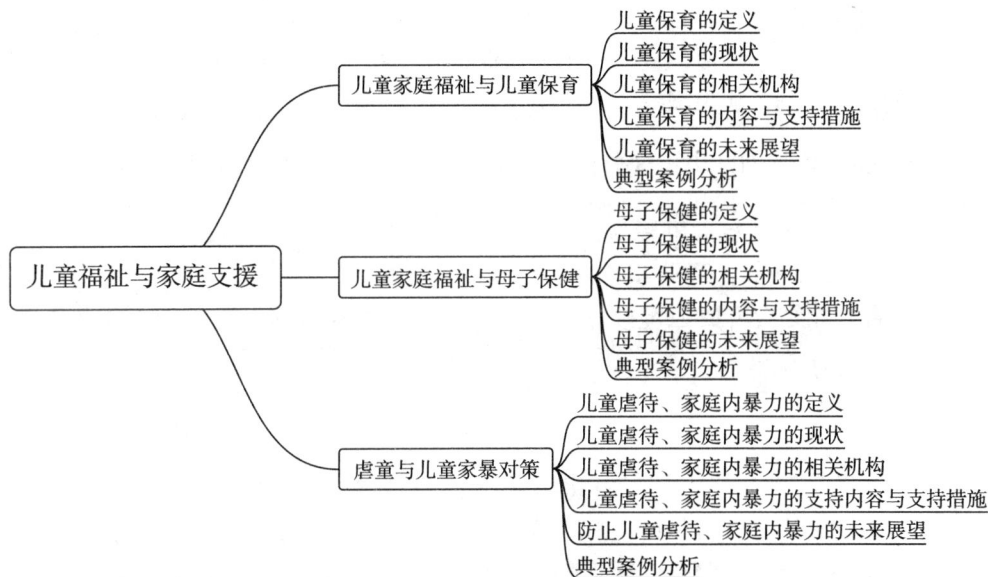

**图 5-1 儿童福祉与家庭支援内容导读**

2010 年国务院常务有关会议上，提出由"社会福祉"向"儿童福祉和儿童家庭福祉"转换的观点，标志着我国正式提出了"儿童福祉"和"儿童家庭福祉"两大概念，对我国发展儿童福祉有着划时代的意义。其核心内容为健康文化的家庭功能是必不可少的；我国的儿童家庭福祉模式要以整个家庭为中心，社会同时承担责任对家庭育儿进行支援；健康的文化家庭机能形成需要家庭、学校、公民、社区、媒体、企业等全体社会成员共同努力。

随着中国人口老龄化问题和少子化问题的日益加剧，社区内出现居民人际关系疏离等

新问题，我国家庭、社会结构产生变化，家庭和社会养育儿童的方式也发生了很大的变化。对于育儿经验不足的家庭来说，育儿的社会支援成为重要的外部力量。

# 第一节　儿童家庭福祉与儿童保育

儿童保育对于儿童的健康成长至关重要，儿童保育的实现既需要父母等照料者的努力，也需要家庭外部的支援。

## 一、儿童保育的定义

关于儿童保育的界定，需要从多个角度进行诠释。

### （一）语言学中的儿童保育

根据《人口科学大辞典》的解释，保育是指成人（家长或保育人员）精心照管儿童，使之在身心与环境适应等方面健康成长，旨在帮助儿童获得良好发育，逐渐提高儿童独立生活能力。从字面意义来理解"保"即保护，幼儿身心尚未成熟，所给予的保护可让其能自由发展；"育"即生育、养育、教育。综合来说，"保育"是指婴幼儿身心尚未成熟，不能独立生活，成人给予一切保护与教养，使其身心发展健全，奠定将来做人处事的良好基础，成为国家的好公民。

### （二）传统文化中的儿童保育

对保育的概念较传统的解释为父母或保育人员对0~6岁儿童提供衣食住行的物质条件，通过照顾和培养，帮助儿童身心健康发育。传统的保育重"保"轻"育"，在"保"和"育"相结合方面工作做得不够紧密，将儿童身体的保护作为工作的首要内容。保育的主要工作包括：合理的喂养和饮食搭配，生理卫生，有规律地生活，预防疾病和意外伤害。

### （三）福祉视野中儿童保育

儿童保育的概念是从最早的"托儿所"演变过来的。从字面上来看"托儿所"有委托儿童的意思，是专门照顾低龄儿童生活和培养儿童独立生活能力的机构。托儿曾经是贫困和低收入家庭因母亲就业或健康等各种特殊情况不能照看儿童时，由家庭以外的保育机构来保护儿童的一种委托育儿方式。保育机构包括了从0~3岁的早期育儿机构和中小学的课后托管机构，这些服务于儿童的公共机构，不仅仅给孩子们提供了除了家庭以外的成长的环境，同时也让孩子们获得接触其他人的机会。

常见的针对0~3岁婴幼儿的服务被称为儿童早期保育（托育服务）服务，以保护为主，教育为辅，重在对幼儿的生活方面进行照顾和指导，如日常生活、卫生习惯、安全保健、身体发育等，包括全日托、半日托、计时托等多样化的方式，其核心内容包括：对有照护困难的家庭或婴幼儿提供必要的服务；多种方式加强对普通家庭的婴幼儿早期发展指导，包括面对面指导、亲子活动、家长讲座等，打造学习交流平台，家长可以随时上网获得需要的知识和技能，提升自身育儿能力，满足家庭的实际需求。

## 二、儿童保育的现状

在我国《未成年儿童保护法》中规定国家根据未成年人身心发展特点给予特殊、优先保护。秉承着这样的理念，幼儿园被定位为受儿童的监护人委托，作为家庭育儿的补充，弥补家庭缺乏足够专业的保育经验和知识的空缺，补充照顾幼儿的设施，解决了因为父母工作或其他原因导致无法亲自进行家庭保育的困境，随着福祉社会的建设，幼儿园（托儿所）的功能和作用也有了重新定位和评估。

2016 年伴随全面二孩政策的实施，我国人口下降的问题得到改善，出生率和自然增长率回升，2016 年分别达到 12.95% 和 5.86%，预计未来人口增长对社会各个行业的正面影响将持续显现。

近年来，家长对幼儿园的需求呈现增加趋势。2016 年我国幼儿园数量达到了 23.98 万所，其中公办幼儿园数量 8.56 万所，占比 35.7%，民办幼儿园数量 15.42 万所，占比达到了 64.3%。2016 年全国共有各级各类民办学校 17.10 万所，比 2015 年增加 8253 所，其中有民办幼儿园 15.42 万所，比上年增加 7827 所。

2016 年底我国幼儿园总数达到 23.98 万所，幼儿园平均招生人数为 80 人，平均在校人数为 184 人。

2017 年，全国共有幼儿园近 25.5 万所，在园幼儿达到 4600 万人，比 2012 年分别增加了 7.4 万所、914 万人，说明我国学前教育资源迅速扩大。

## 三、儿童福祉保育的相关机构

儿童福祉保育设施除了以幼儿园、托儿所为主体的机构外，随着适龄儿童人数和需求的增加，涌现了延时保育机构、节假日保育机构、夜间、暂时托管保育机构、低龄幼儿保育机构、托幼卫生保健机构、儿童康复机构、居家型保育机构、特殊需要儿童保育机构、放学后托管机构和企业内部保育机构等多类型的保育机构。

## 四、儿童保育的内容与支持措施

### （一）儿童保育内容

#### 1. 延时保育

延时保育机构作为普通保育机构的有力补充，对有保育需求的家庭起着不可忽视的作用。延时保育可以理解为在每周固定的 8 小时工作时间外，对保育时间进行调整，为应急或工作时间有调整的家庭的儿童实施保育的机构。随着三口之家的增加和儿童监护人工作时间的调整，延时保育机构的必要性日益增加。部分省市的公办小学和公办幼儿园先行试点开展课后延时服务，学生自主参加，校方提供看护、托管等服务。

#### 2. 节假日保育

节假日保育主要针对双休日或国家法定假日，为有儿童保育需求的家庭提供计时性保育服务。满足父母对时间、空间上需求，让他们在社区里就能享受到安全贴心的服务，例如幼儿园开设的"寒假班""暑期班"就是一种典型的支援性保教服务，主要目的是方便部分暑期无人照料孩子的家庭，这种假期保教服务均有相关文件依据，教育部《幼儿园工作规程》第63条规定，幼儿园应当创造条件，在寒暑假期间，安排工作人员轮流休假，留有工作人员为家长提供必要的假期服务。

### 3. 夜间保育

夜间保育是一种新型的保育类型，国外通常是指从上午11点开始到晚上10点共11个小时的保育服务，国内指晚6点至第二天起床这段时间的保育。从安全角度考虑，在寄宿制幼儿园夜间配有两名保育员较为合理。我国的夜间保育处于正在发展的过程中，需求量也很大，未来有着较广阔的发展空间。

### 4. 暂时托管性保育

暂时托管性保育是指针对有保育需求的家庭，为了满足因父母突然生病、受伤等事件引起的难以照顾幼儿的临时需求而设置的暂时托管性保育场所，帮助家长解决暂时无法照顾孩子的困境。可以选择在上午或者下午对儿童进行托管，儿童由专业的人员进行看管指导，采用不同主题的教学模式，激发孩子自身的潜力，培养其学习兴趣，锻炼主动学习能力和团队合作等意识。

### 5. 低龄儿童保育

低龄儿童保育是指专门针对低龄幼儿的保育服务。机构接收产后6~9个月的低龄儿童，接收年龄根据设施而有所不同，包括托儿所、早教中心和幼儿园，根据我国《托儿所幼儿园卫生保健管理办法》规定，托幼机构应当严格按照该文件开展卫生保健工作。

### 6. 病儿照顾及儿童病后康复保育

医院、学校等机构配备相应资质的专业人员，对患病儿童及康复儿童实施保育支持，保证其恢复健康。中小学、幼儿园的法定代表人或者负责人必须是本机构卫生保健工作的第一责任人，根据学生规模、接收儿童数量等条件设立相应数量的卫生室或者保健室，并由专业医师具体负责卫生保健工作。卫生室应当符合医疗机构基本标准，取得卫生行政部门颁发的《医疗机构执业许可证》，护士应当取得《护士执业证书》，在保健室工作的保健员应当具有高中以上学历，经过卫生保健专业知识培训，具有托幼机构卫生保健基础知识，掌握卫生消毒、传染病管理和营养膳食管理等技能。人员数量方面托幼机构应当按照150名儿童至少设1名专职卫生保健人员的比例配备卫生保健人员。

### 7. 居家型保育

居家型保育是指由于工作等原因，父母无法亲自在家照顾幼儿，也没有可以协助照顾幼儿亲属的家庭，需要委托别人实施保育的工作方式，分为两种类型，一种是将需要被保育的儿童，送至保育人员的家中，在保育人员居住的地方进行的对低龄儿童（3岁以下）实行的保育。这种类型的保育机构，具有相对的灵活性，同时又是地区居民之间相互支援的体现。在服务结束后，儿童及其家庭在该地区能形成良好的人际关系，有利于儿童健康发展。

另一种类型是安排社区内专业的保育人员进入到育儿有困难的家庭中，特别是新生儿家庭，照顾儿童的日常生活，并对儿童进行教育引导，分担母亲产后和育儿焦虑，促进家庭形成健康、和谐的亲子环境。这种保育类型最大特点就是将社区与家庭相结合，既缓解了家庭的育儿焦虑，也增强了家庭与社区的互动性。

**8. 特殊需要儿童保育**

特殊需要儿童保育一般有两种类型，一种是在残疾人保育设施中照顾多个残疾儿童的保育活动，另一种是帮助轻度障碍残疾儿童，定期接受康复治疗的集体保育活动。这种保育服务，不仅仅是针对障碍残疾儿童的医疗行为，同时也可以进入到幼儿教育机构中，让特殊需要儿童与普通的儿童一起进行活动，但是在活动中需要对他们进行特殊的照顾，针对各类特殊需要儿童在不同阶段的不同需求，保育政策应该提供与之相契合的保育、康复和教育，有效解决我国特殊需要儿童群体的生存、生长、融入社会等一系列问题。

**9. 放学后儿童托管保育**

放学后儿童托管保育专门针对小学低年级学生，其家长因工作等原因，放学后不能及时接孩子，在放学后设立托管班、儿童馆等机构，为儿童提供适当的学习、娱乐和生活场所，达到培养儿童健全的目的。在 2018 年两会上，"三点半难题"问题再次被关注，纵观全球，孩子在幼儿园、小学放学后无人接、无人照管、无处可去是很多家长面临的问题。我国很多省市的中小学也提供了放学后的托管服务，受到家长的广泛欢迎。

**10. 企业内部保育部门**

企业内部保育是专门为企业、机关内部的职员提供保育支持，通过在企业内部设立保育设施，满足员工"带孩子来上班"的诉求，同时体现了单位或企业的员工福利水平，是一项人性化的做法。企业内部保育部门，以保育形态多样化来应对员工休息日工作、加班等工作事件不确定性的问题，也是儿童福祉领域中企业、社会、家庭共同参与育儿的典型表现。

## （二）儿童保育支持措施

**1. 政策支持**

住房和城乡建设部于 2018 年颁布了新的《城市居住区规划设计标准》，规定居住区内的社区服务设施中规划服务于 0 ~ 3 岁婴幼儿的托儿所设置。

2019 年 5 月 9 日，国务院办公厅颁布《关于促进 3 岁以下婴幼儿照护服务发展的指导意见》提出，发展婴幼儿照护服务的重点是为家庭提供科学养育指导，为确有照护困难的家庭或婴幼儿提供必要的服务，指导形式上通过入户指导、亲子活动、家长课堂、利用互联网等信息化手段，提供全日托、半日托、计时托、临时托等多样化的婴幼儿照护服务。机构需要登记备案，举办非营利性婴幼儿照护服务机构的，在婴幼儿照护服务机构所在地的民政部门注册登记；举办营利性婴幼儿照护服务机构的在婴幼儿照护服务机构所在地的市场监管部门注册登记；婴幼儿照护服务机构经核准登记后，应当及时向当地卫生健康部门备案。

我国计划到 2020 年，初步建立婴幼儿照护服务的政策法规体系和标准规范体系，建成一批具有示范效应的婴幼儿照护服务机构；到 2025 年，基本健全婴幼儿照护服务的政策法规体系和标准规范体系。

随着国家越来越多的各项相关新政策的出台，我国幼儿园的保育服务体系也在不断完善，以应对当今社会各种不断变化的保育需求。从儿童福祉的角度考量，儿童保育支援可以重新调整，从延长保育时间、提供休息天或夜间保育服务、提供短期或专门照顾病儿、适应父母的工作状况和时间以及生活多样化等方面提供更高质量的儿童保育服务。

**2. 机构支持**

（1）政府机构　针对0~3岁婴幼儿提供保育服务的保育机构，服务形式与内容各有不同，业务主管单位也较多，有的归卫生健康委等部门，有的归教育主管部门，并不统一。目前，各类公办的托幼机构是儿童保育过程中的主要服务提供者，托婴中心等机构也可以提供儿童保育的服务，但是目前在种类和数量上还不能满足家长和儿童的需求。

（2）非政府机构　非政府保育机构主要指私立的日托早教机构，这类机构数量庞大，质量参差不齐，价格和服务也是各不相同，满足父母对时间、空间上的需要，同时也增加了家庭的经济负担，普遍来说，私立机构相对公办机构价格更为昂贵，而公办托育资源十分有限，难以满足家长需求。

**3. 专业人才支持**

儿童保育机构十分重视员工知识、技能和职业道德的培训培养，专业机构通过层层把关考核、激励选拔等形式，"人格 + 专业"为内容的考试合格后可在合适的岗位上任职，所有教师均持有国家相关资格证书才可上岗。

## 五、儿童保育的未来展望

近年来，随着人们生活方式的改变，对低龄儿童保育所的需求变得更加迫切，仍有很多低龄儿童（0~3岁）的父母选择在家看护儿童，不愿意让孩子进入任何保育机构。针对在家被看护的儿童教育的问题，除了增加现有高质量公办和私立的保育机构数量和质量，优化收费，还应该大力发展居家保育，送"育"到家，专业人员入家指导家长育儿。建立专门经费为参加机构育儿的家庭提供补贴，同时制定和细化相关法律，对违反儿童保育法律法规的行为实施严格，建立国家级的儿童福利服务机构评估制度，由第三方机构定期对保育机构的质量进行评估，进一步提升儿童保育的质量、数量。

## 六、典型案例分析

我国某市积极促进该地区儿童保育机构的建设工作，该市育儿服务指导中心，工作人员指示保荐人为3岁以下的儿童保育机构操作招标程序。该市多地已实施试点，已设立11个3岁以下儿童新登记、注册幼儿园服务机构。3岁以下儿童的教育坚持政府指导、面向家庭、多方参与的总体思路，加强家庭科教育儿指导，形成社区卫生服务体系，全社会的家庭科学育儿的领域和环境。同时，积极推进幼儿园的整合，引导和支持社会组织、企业、事业单位、公园、建筑和个人提供多样化的护理服务。

通过试点，建立了非营利性、营利性机构和福利支持点，已在多个试点地区设立了多个3岁以下幼儿保育机构。该市建立3岁以下儿童托儿服务信息管理平台，该平台是基于统筹协调和用户导向的原则，充分利用互联网、大数据和智能终端设备，为组织者、家长和管理者提供服务。

【材料链接】

## 关于"ECCD"的内涵阐释

ECCD（early childhood care and development）即"儿童早期关心和发展"，"关心"在"幼儿早期发展"的惯用语中是人们对儿童的重视的体现，儿童不仅需要养育和健康还需要教育和成长，这种成长是全面的，包括情感、认知、社会交往能力等。"关心"不同于"教育"，而是对传统意义上"教育"的突破和拓展。狭义的教育，一般指人们根据预定的目标对受教育者施加有目的、有计划的影响，是典型的外铄功能。儿童尤其是婴幼儿，需要的首先是身体和精神的关怀与保护，其次，才是外来的知识和技能的输入，在考虑生物学规律的同时也要考虑个体发展的内在逻辑。因此，面向0~3岁婴幼儿时，"早期关心"取代"早期教育"是十分必要和贴切的。

# 第二节 儿童家庭福祉与母子保健

母子保健是以下一代孩子们的身心健康发展为目的而存在的概念，保健工作的核心是以为母子提供从青春期到怀孕、生育、育儿期的服务，整顿母子周围地区社会环境为目标，是母子健康身心形成的基础，同时作为出发点，对提高家人的健康意识也起到至关重要的作用。

母子保健相关的行政和地区医疗机关，对女性怀孕生育进行指导，不仅可以预防和减少母亲产后身心问题的产生，推进母子营养调节，还能预防其他疾病的产生，协助家长形成良好日常生活习惯。

## 一、母子保健的定义

母子保健是指为了增进母亲和婴幼儿的健康，由国家和地方公共团体开展的普及母子保健知识、保健指导，孕妇和婴儿、新生儿访问指导，儿童健康诊断等行为，以及为增进母子健康而实施的各项医疗保健措施。母子保健包括对妇女的保健和对儿童的科学保健。

妇女保健包括女童期、青春期、婚姻期、分娩期、产褥期、哺乳期的生理、心理特点及保健对策。儿童优生、母亲安全是社会发展和文明的标志，女性保健工作的意义在于通过积极的普查、预防保健及监护和治疗措施，降低孕产妇及新生儿死亡率，减少患病率和伤残率，控制疾病发生及性传播疾病的传播，促进女性身心健康。

儿童的科学保健包括婴幼儿健康资料的收集、整理、分析和利用。涉及医学、教育学、心理学、营养学及美学等多个学科，儿童保健在控制和减少儿童和青少年期的疾病、死亡和伤残、保障和促进儿童和青少年的生长发育、帮助障碍儿童的生长智力发育等方面起到关键作用。

## 二、母子保健的现状

目前，我国在母子保健服务理念和措施都在探索和发展中，除了我国社区的儿童免疫接种疫苗之外，其他普惠的母子保健福利较少。

社区对儿童免费接种的疫苗，大多来源于合格正规的医疗药品厂家，在普及儿童接种疫苗上，我国城镇接种的疫苗都可以实现全国联网可查。

## 三、母子保健的相关机构

一直以来，我国非常重视母子保健工作，相关机构各司其职，全国人民代表大会监察和司法委员会设有妇女儿童部门，专门负责有关妇女和儿童的立法。国务院设有妇女儿童工作委员会，设在全国妇联。卫健委妇幼健康司，主要职责是负责拟订妇幼卫生健康政策、标准和规范，推进妇幼健康服务体系建设，指导妇幼卫生、出生缺陷防治、婴幼儿早期发展、人类辅助生殖技术管理和生育技术服务工作。

满月后的婴儿随访服务均应在乡镇卫生院、社区卫生服务中心进行，偏远地区可在村卫生室、社区卫生服务站进行，时间分别在 3、6、8、12、18、24、30、36 月龄时，共 8 次。有条件的地区，可建议结合儿童预防接种时间增加随访次数。

## 四、母子保健的内容与支持措施

### （一）母子保健的内容

母子保健主要针对女性从青春期开始，直到成为母亲后的三年期间，整个阶段的健康管理和健康教育。在此基础上，从儿童福祉的角度进行延伸，还涉及防止虐童对策、儿童饮食营养、防止儿童事故对策等培训和指导。针对儿童心理问题、受虐问题、发育障碍问题等，进行有针对性的预防指导和支援。

**1. 母子保健知识普及**

母子保健知识普及从女性青春期开始、结婚、孕期直到生育后，子女 3 岁之前的阶段。母子保健知识指导范围包括健康检查、保健指导、疗养康复、医疗方案四个方面。

**2. 健康检查**

对孕产妇及婴幼儿实施健康检查指导，对于身体发育有异常儿童的早期发现和干预有积极的作用。乡镇卫生院、社区卫生服务中心通过产前随访对女性备孕期和孕期的健康检查及指导，对帮助产妇精神放松和孕育健康婴儿有积极作用。乡镇卫生院（村卫生室）、社区卫生服务中心在得到分娩医院转来产妇分娩的信息后，到产妇家中进行产后访视，进行产褥期健康管理，同时进行新生儿访视，产后 1 个月内进行 3 次，对产妇及新生儿进行全面健康检查，根据新生儿的具体情况，有针对性地对家长进行母乳喂养、护理和常见疾病预防指导。以乡镇卫生院、社区卫生服务中心、偏远地区的村卫生室、社区卫生服务站为主体，以有效预防儿童身心障碍为目标，根据《0～6 岁儿童健康管理服务规范》为婴儿提供从出生后 3 年内共 8 次的健康保健医疗支援的随访服务，帮助家庭对儿童进行专业性的健康检查，进行母乳喂养、辅食添加、心理行为发育、意外伤害预防、口腔保健、中医保健、常见疾病防治等健康指导，减轻父母育儿焦虑，增进母子身心健康。

**3. 乙型肝炎检查及预防**

乙型肝炎是由病毒引起的肝脏疾病，如果孕妇是 B 型肝炎病毒携带者，在分娩时，会由母亲传染给婴儿，使婴儿成为乙型肝炎抗原阳性携带者，会导致严重的肝病。因此，乙型肝炎筛查的目的是防止乙型肝炎的传播，导致严重肝脏疾病的发病。产后如果发现新生儿未接种卡介苗和第 1 剂乙肝疫苗，提醒家长尽快补种，新生儿满 28 天后，接种乙肝疫苗第 2 针。

**4. 建立母子健康专用手册**

《母子健康档案手册》与《孕产妇保健手册》《0 ~ 6 岁儿童保健手册》的内容相似，为了充分了解母子保健服务的对象，社区居民必须及时、如实的向该地区社区医院进行怀孕申报。社区医院根据申报人员数量，及时完整地建立地区《母子健康档案手册》。

《母子健康档案手册》对母亲怀孕时的各种状况、产检时间、婴儿分娩方式、健康情况都有详细的记录，包括出生后直到 6 岁的身高、体重、疫苗、健康情况有详细的记录，并会针对各个时期的特定情况，对儿童及其家庭进行儿童健康指导，指导的原因、地点，医生都会有详细的记录。在儿童预防接种记录栏中，对儿童每个阶段接种的疫苗名称、生产厂家、接种时间、接种医生等都详细备案。这样的母子健康档案手册，不仅仅是一个疫苗记录卡，也是作为儿童成长档案，让每个家庭都能够详细的把握儿童时期的健康情况，也可以作为医疗记录以供随时查询。

**5. 不孕不育咨询指导**

为了方便不孕治疗的咨询，随时提供咨询及解决方案，社区保健医疗设施中，有必要开设由专门妇产科医生提供的对不孕的咨询和由于不孕引起的心理咨询窗口。另外，为了保证个人隐私，不孕咨询不仅提供面对面的咨询服务，同时还可以接受电话和邮件的咨询。

**6. 健康饮食指导**

根据儿童发育特点、成长情况大致将食物制作分为 4 个阶段。第一阶段，哺乳期，奠定了每位儿童在安心和安逸的气氛中对"吃"的渴望。第二阶段，幼儿阶段，对饮食具有很高热情，不断扩展对各类饮食的体验。第三阶段，学龄期，不断加深对食物的体验，扩大对食物的认知。第四阶段，青年期，逐渐养成自己的饮食习惯，成为健康饮食文化的载体。

儿童健康饮食的培养离不开幼儿园、学校、地区养育支援中心等的支援，所有儿童相关机构和生活社区都应提供相应的支持和帮助。集中为 0 ~ 6 岁宝宝家长提供国际领先的喂养护理、运动、情绪发展、行为引导、生活技能、感官发展、辅食添加等课程和育儿指导，培养儿童自理能力，学习自取食物、不浪费、珍惜粮食等美好品质。通过严格的膳食平衡理念，帮助幼儿养成营养饮食的习惯，从眼观、耳听、鼻闻、口尝四个感官去直接感受事物，由简单吃饭的行为拓展出文化、知识、国学、审美等的培养，有针对性地对儿童实行一对一成长把控。

### 7. 儿童综合问题医疗指导

社区医院、大型综合医院等各级各类医疗机构设立咨询窗口，组织学习针对婚前女性健康生育的演讲会、学习会等活动，其中包括不孕女性的集中心理辅导等，帮助育龄妇女健康顺利地度过孕期，将怀孕的风险减轻，将早产、先天不足儿的风险降低。对健康管理中发现的儿童营养不良、贫血、单纯性肥胖等情况，分析其原因，给出指导或转诊的建议，对口腔发育异常，视力低常或听力异常儿童应及时转诊。

### 8. 工作与怀孕、生产、育儿支援

现代女性大多兼顾工作、怀孕、生育与育儿，因此孕妇自身的健康和精神状态必须保持良好。关于怀孕期间以及生育后的女性的劳动状况，我国《中华人民共和国劳动法》及各级机构有相关规定。

《中华人民共和国劳动法》第 62 条规定，女职工生育享受不少于 90 天的产假。当下，我国女职工生育应当享受的产假，按国务院《女职工劳动保护特别规定》第 7 条规定，女职工生育享受 98 天产假，其中产前可以休假 15 天；难产的，应增加产假 15 天；生育多胞胎的，每多生育 1 个婴儿，可增加产假 15 天。晚育按所在省、直辖市、自治区相关文件中增加产假。

女性产假是为了更好地保护女性职工的利益，产假的天数必须要考虑到经济效益和劳动者的收入水平，根据我国情结合用人机构的具体情况来定。由于我国妇女素来有"坐月子"的习惯，因此，产假必须同时考虑到我国的传统习俗习惯，同时产后一年都是哺乳期，应当规定哺乳期的女性工作时间有所缩短等内容。这样，可以更好地改善职场女性"做全职妈妈，还是全职员工"的两难状况，将怀孕、生产、哺乳期女性的母亲角色与员工角色合理融合。

## (二) 母子保健支持措施

### 1. 政策支持

我国颁布很多的政策保障母子保健的权益，教育部推进医教结合，指导地方实施新生儿疾病筛查、学龄前儿童残疾筛查和残疾人统计等措施，探索建立跨部门的数据共享机制，逐步掌握残疾儿童少年数量和残疾情况。除了《中华人民共和国劳动法》以外，还有《0～6 岁儿童健康管理服务规范》《孕产妇健康管理服务规范》等文件，各地方省市也出台了相应的文件，2017 年国家计生委办公厅印发《关于印发母子健康手册推广使用工作方案的通知》，手册以计划怀孕的妇女、孕妇和儿童自我监测为主，要求孕前优生健康检查，儿童健康检查时随身携带。手册进行信息化管理，不断完善妇幼健康相关数据，进行妇幼 APP 或者微信公众号的开发，实现妇幼健康联网互通。

### 2. 机构支持

我国的儿童福祉保健支持，分为政府机构和非政府机构两类。

(1) 政府机构　相关政府机构有各省市政府直属的妇幼保健计划生育服务中心、各省级市级儿童医院、母婴心理健康咨询门诊、社区儿童事务相关办公室、社区医院母婴保健中心、公办妇幼保健院、妇产医院、综合性医院的儿科以及妇产科，同时还涉及社区医院、公办幼儿园、托幼机构、课后托儿服务、看护机构，以及妇联下属的"家庭

和儿童部"负责以家庭教育为中心对儿童养育。共青团团中央设有"少年部",主要工作内容是实施全国少年儿童的教育培养与保护。地方妇联协调社区卫生服务中心调查母子健康档案,母子健康档案(又称母子手册)需要孕妇在当地基层社区卫生服务中心办理,孕妇需在所属城市的妇产医院或三甲医院的妇产科建立属于自己的健康手册,相当于怀孕档案,里面记载了孕妇的基本个人健康信息,以及怀孕过程中所做的各项检查、数据指标及所有相关信息。母子健康档案手册上还会对孕检的时间、项目、孕期常见问题对策及预防措施等基本知识进行介绍和科普。孕妇建档遵循自愿原则,医院不会强制妈妈进行建档。孕妇建档的费用也要依据不同医院的规定进行,通常孕妇选择在哪家医院生产,就在哪家医院建立档案,最好不要中途转院,以确保信息的全面性和连续性。

建立母子保健卡。母子保健相当于母子健康手册,其内容包含国家卫生健康委方面最新政策、当地妇产医院和社区医疗机构免费提供的妇幼保健服务项目、母婴孕产健康知识、母婴孕期重要的医学检验记录、孕产妇的身心经历及新生儿到婴幼儿期的成长数据等内容,还可以具体分为备孕阶段、孕产期阶段、产后阶段、婴幼儿护理阶段和幼儿预防接种相关知识介绍等。母子保健卡可以录入完整的母亲从怀孕到生产,婴儿出生后到幼儿阶段的一切数据和相关知识,并能够实现全国联网,实用性和功能性强。母子保健卡完全能够全面取代各地区原有的孕产妇保健手册和儿童保预防接种手册,真正实现《生育服务证》《孕前优生健康检查服务证》《孕产妇保健手册》《儿童保健手册》和《预防接种证》"五证合一"的目标。

(2)非政府机构　除了保障妇女儿童基本权益的政府机构和保障健康的医疗机构,我国还有很多专业的非政府性儿童保护机构,行使保护儿童的职能。虽然我国政府在公共卫生领域,特别是母婴健康领域大力发展,但是该领域的非政府结构组织活动的存在非常必要。发挥社区的强大功能,以社区当中的儿童为首要关注对象,或在市区等行政区域范围内,以特定的儿童群体为关注对象,实现儿童为本、人人参与、全面养护的儿童福祉支援。

在我国儿童福祉保健领域中,非政府机构提供服务的优势体现在政府尚未涉及部分以及政府不便提供的服务等方面,从预防疾病发生,早发现早治疗到治疗和康复,不同层面提供全方位服务。此外,我国非政府儿童保护机构还在体检、疾病康复、心理咨询、人力培训等方面进行发展与探索。非政府机构的存在是对政府机构的有力的补充,非政府组织是全球范围内提高儿童福利保护儿童健康成长重要的组织形式。

**3. 专业人才支持**

随着我国儿童福祉事业的迅速发展,对培养儿童保育、养护、福祉相关专业人才的需求日益增加。各高校尚未设置儿童福祉专业,部分院校开设了婴幼儿照护相关课程,以满足时代发展需求,为我国婴幼儿教养提供全方位的、专业性的婴幼儿教育人才。同时加强社会实践、岗前实习和在岗继续培训的科学性和实用性,真正提高专业人员队伍的综合能力和素质。

相关专业人才包括:保健教师、儿科医生、婴幼儿护士、儿童心理咨询师、营养师、催乳师、婴幼儿教师等。以心理咨询师为例,由于部分女性在怀孕期间以及产后会在诸多因素的影响下导致抑郁症，心理保健指导对于女性在孕期和产后都非常必要，心理咨询师起了至关重要的作用。2005 年，我国心理咨询工作者比例为 4.6 个/100 万人，尚有 47.6 万的缺口，未来发展前景巨大。

营养师是一个新兴的热门职业，孕妇在怀孕期间以及产后，需要摄入充足的营养来调理产后身体，因此，需要营养师等专业人才的指导。在这类人才的分布上，总体供需严重失衡，尤其是高资质的营养师，相关统计显示，现有公共营养师工作不足 4000 名，缺口巨大。在一些城市已经出现了营养工作室、营养咨询室，未来聘请私人营养健康顾问、私人营养师的做法将逐渐流行，将会吸引更多专业人才从事营养师行业，母婴健康将获得进一步的保障。

催乳师也是新兴职业之一，越来越多的人已经意识到母乳喂养的重要性。我国至少需要 120 万名专业的催乳师，目前还存在 110 万名专业的催乳师的缺口，大多数催乳师都没有进行过正规、系统的专业培训，水平参差不齐。为了让产妇催乳的过程更加高效、安全，对催乳师行业进行职业教育和技能培训十分重要，另外还需加强催乳师职业安全防护的管理。

## 五、母子保健的未来展望

我国的母子保健水平仍然处于起步阶段，在孕妇安全生育比例、婴幼儿死亡率、低龄幼儿医疗、欠发达地区的母子保健活动等方面存在诸多需要解决的问题。

1. 对于女性来说，加强青春期保健，推进健康教育非常重要。近年来，未成年人中怀孕、堕胎、药物滥用等问题越来越严重。因此，亟需强化在学校范围内的女性保健知识讲座，建立依托社区的女性保健咨询体制，开展相应活动。

2. 确保女性怀孕、生产相关的安全性和舒适度，并对不孕症进行支援。这样的支援不仅需要国家和地方行政机构的努力，在防止吸二手烟、防止环境污染、防止语言暴力、维护社区安全等方面需要全体国民的努力，有必要建立和完善为不孕或怀孕困难女性提供相关治疗信息和心理咨询的治疗体制。

3. 提高儿科医疗保健水平的环境和医疗设备。开展预防婴儿常见的婴儿猝死综合征（sudden infant death syndram，SIDS）、提倡侧卧、提倡母乳喂养、父母戒烟防止婴儿接触二手烟污染等活动。

4. 为了促进儿童心理的健康发展，减轻儿童母亲的育儿焦虑。有必要建立 24 小时婴幼儿保护咨询电话等育儿支援体制。儿童相关问题咨询所、社区医院、地区保健中心也应采取相应的应对措施，与儿童福利设施、教育机构、法律机构、民间团体等部门联合行动，为儿童健康成长保健护航。

## 六、典型案例分析

母子健康 e 手册上线。我国某省"母子健康 e 手册"小程序应用上线，可在线登记生育服务。"母子健康 e 手册"是一款用户端小程序，具有服务对象妇幼健康宣传教育、自我记录、检查结果查询，以及出生医学证明、生育服务登记等在线办理业务，并有生成国家母子健康手册以及申请有关免费孕育检查服务等功能。随着各妇幼医疗机构和三级医院妇产科的接入，用户将可在线查看医院上传的影像学报告，该省妇幼健康信息平台共已设置孕产妇保健、儿童保健、婚前保健、分娩信息、妇女常见病筛查等 16 个表单信息，计划 2019 年底前各地市完成对接，并提出到 2030 年，建成人口全覆盖、生命全过程、中西医并重的全民健康信息服务体系，实现全民健康信息平台全面互联互通，该平台也是全民健康服务体系的重要组成部分。

**【材料链接】**

**1. 3 岁以下婴幼儿保育文件概述**

2019 年 5 月 9 日，国务院办公厅出台了《关于促进 3 岁以下婴幼儿照护服务发展的指导意见》，对于针对为 3 岁以下的婴幼儿提供照护服务的行业规范具有标志性意义。全国各省都积极响应出台了相关的政策，支持 0 ～ 3 岁婴幼儿保育机构设置与管理，明确机构类型和教养原则，促进托育资源的供给，规范早教市场运营，满足家长和婴幼儿的需求。

**2.《孕产妇健康管理服务规范》**

（1）服务对象：辖区内所有孕产妇。

（2）服务内容：

①为孕产妇建立保健手册：孕 12 周前由孕妇居住地的乡镇卫生院、社区卫生服务中心为其建立《孕产妇保健手册》，进行 1 次孕早期随访。

②孕 16、20、21、24 周各进行 1 次产前随访，对孕妇的健康状况和胎儿的生长发育情况进行评估和指导。

③孕 25、36、37、40 周各进行 1 次产前随访，重点孕妇应在有助产资质的医疗保健机构进行，并酌情增加次数。

④产后访视：开展至少两次产后访视。

（3）服务要求：

①开展孕产妇健康管理的机构应当具备所需的基本设备和条件。

②按照国家有关孕产妇保健工作规范的要求进行孕产妇健康管理工作。从事孕产妇健康管理服务工作的人员（含乡村医生）应取得相应的执业资格，并接受过孕产妇保健专业技术培训。

③加强与村（居）委会、妇联等相关部门的联系，掌握辖区内孕产妇人口信息。

④加强宣传，告知服务内容，使更多的育龄妇女愿意接受服务，提高早孕建册率。

⑤将每次随访服务的信息及检查结果准确、完整地记录在《孕产妇保健手册》和孕产妇健康档案上。

⑥积极运用中医药方法（如饮食起居、情志调摄、食疗药膳、产后康复等），开展孕期、产褥期、哺乳期保健服务。

⑦有助产技术服务资质的基层医疗卫生机构在孕中期和孕晚期对孕产妇各进行两次随访，没有助产技术服务资质的基层医疗卫生机构督促孕产妇前往有资质的机构进行相关随访。

# 第三节　虐童与儿童家暴对策

## 一、儿童虐待、家庭内暴力的定义

### （一）儿童虐待

儿童虐待，简称"虐童"。美国疾病控制和保护中心将"虐童"定义为任何对儿童导致伤害、潜在的伤害或恐吓的伤害的行为。同时，该机构将"虐童"分为 4 种类型：身体虐待、性虐待、忽视、心理感情虐待。日本则将"虐童"定义为对儿童实行暴力等身体上的危害行为或者长时间的断食、拘禁等，达到危害儿童生命的行为。

本章理解的儿童虐待的定义是指对 18 岁以下儿童的身体伤害和忽视行为，包括在一种责任、信任或有影响力的亲密关系中的各种身体或情感虐待、性虐待等给儿童的身体、心理、生存、发展或尊严造成实际伤害或者潜在伤害的行为。

### （二）家庭内暴力

家庭内暴力简称家暴，本章所涉及的家庭内暴力指的是发生在血缘、婚姻、收养关系生活在一起的家庭成员之间出现殴打、辱骂、禁止饮食、精神摧残等方式对家庭成员的身体、精神等方面造成损害的行为。由于是直接作用于受害者，对被害者的身体和心灵的伤害都是巨大的，实施对象包括丈夫对妻子、父母对子女、成年子女对父母等，妇女和儿童是家庭暴力的主要受害者。

## 二、儿童虐待、家庭内暴力的现状

据不完全统计，我国有 26.6% 的 18 岁以下青少年儿童遭受过身体虐待，19.6% 遭受过精神虐待，8.7% 遭受过性虐待，此类伤害对儿童的身体和心灵造成相关无法弥补的伤害，会影响儿童一生。调研发现，在 2008～2013 年间我国媒体报道的 697 例案件中，84.79% 的虐童案件有父母施暴，亲生父母施暴占 74.75%，继父母或养父母施暴的占 10.04%，父母单方施暴的案件更为常见，占 76.47%。除了父母施暴外，祖父母、外祖父母等其他家庭成员施暴的案件占 12.05%，被暴力对待的儿童多是留守儿童，其中，10 周岁以下的儿童比例最大，女童所占比例大于男童，但在近几年的案件中，男童比例与女童比例的差距在逐步缩小。

各项家庭暴力中言语暴力是较为突出的。2013 年"中国少年儿童平安行动"组委会的调查数据中发现"语言暴力"是"最急需解决的儿童伤害"得票率为 81.45%。毋庸置疑的是所有家长都是爱自己的孩子的，但如何表达爱，却是当今社会我们需要探讨和思考的问题。"你这个笨蛋""就你这个表现，长大了一定没出息""你看别人家孩子成绩多好，你怎么这么差劲""你还哭？再哭就不要你了""你怎么这么任性"等语言从家长口中以爱的名义说出来，或许是所谓"恨铁不成钢"或愤怒时的情绪发泄，却在无意中对儿童造成了无法磨灭的伤害，属于语言暴力，所以预防"语言暴力"是一项重要的挑战。

### 三、儿童防虐待、家庭内暴力的相关机构

我国比较有代表性的儿童防虐待、家庭暴力的相关机构，除了公安机关、法院之外，各省市也有很多具有代表性的机构。

#### （一）公安机关

公安机关是国家的行政机关，也是司法机关，作为政府的职能部门，依法管理社会治安，行使国家的行政权，同时公安机关又依法侦查刑事案件，行使国家的司法权。公安机关的性质具有双重性，既有行政性又有司法性。

公安机关的职责有预防、制止和侦查违法犯罪活动、恐怖活动；维护社会治安秩序；管理交通、消防、危险物品、户口、居民身份证、国籍、入境事务和外国人在中国境内居留、旅行等事务；维护国（边）境地区的治安秩序；警卫国家规定的特定人员、守卫重要场所和设施；管理集会、游行和示威活动；监督管理公共信息网络的安全监察工作；指导和监督国家机关、社会团体、企业事业组织和重点建设工程的治安保卫工作。有关儿童的一切犯罪活动，如未成年人性侵、拐卖儿童、非法使用童工等，一旦由公安机关发现，均会对涉及犯罪的人员根据犯罪情节严重性进行刑事处罚。

#### （二）法院

法院是各国普遍设立的国家机关，主要职责是审判活动惩治犯罪分子，解决社会矛盾和纠纷，维护公平正义。中华人民共和国设立最高人民法院、地方各级人民法院和军事法院等专门人民法院。案件审理一般公开，特别情况除外。法院代表国家独立行使审判权，不会受任何行政机关、社会团体和个人或其他的干涉，拥有独立性。儿童的犯罪案件，经公安机关立案，则可提交当地的司法机关进行判决。

#### （三）心理支持机构

未成年人无论是在生理上还是心理上都处在发展期，易冲动。无论是未成年人自身犯罪还是诱导其他未成年人犯罪，都是非常严重的犯罪行为。儿童在童年期经历过家暴事件后，如果不在早期进行心理指导，便可能导致长大后的犯罪行为。

目前，我国还没有真正意义上的专门针对犯罪心理进行咨询的法律机构，一般针对犯罪心理进行咨询的机构主要在公安类高等院校中，如中国人民公安大学，为满足公安政法机关及社会对犯罪学应用型高级专门人才的需要，于 2005 年设立了全国高校唯一的犯罪学专业本科，开设犯罪学、心理学、社会学、公安学等基础课程。在我国公安机关内部目前还没有专门犯罪心理辅导机构，只有在公安机关的刑事部门中有心理测评部门，主要用于测谎。目前缺少为研究减少犯罪而设立的犯罪心理学科和机构、犯罪心理学领域专业人才，以及将来能够在公安、司法、检察等行政司法部门从事预防犯罪、程治犯罪、矫治犯罪工作或在相关学科从事科研、教学的专业人才。

近几年，幼儿园虐童事件频发，引发社会各界的强烈关注。在探讨立法对当事幼儿

园和当事者进行处理和处罚的同时，首先要从幼儿教师心理层面剖析事件背后的根本诱因。从施暴者心理层面看，往往由于年幼的某些创伤体验留下阴影，或者某些幼儿园教师薪资待遇与工作压力不平衡，导致幼儿教师不良情绪不断积累最终爆发，对幼儿产生相关影响等。幼儿教师与幼儿之间不平等的管制与被管制的地位，导致某些幼儿园教师产生强烈的控制欲，在缺乏规范的法律法规监管的情况下，幼儿园教师虐童行为有了发生和发展的时间和空间，给儿童和儿童的家庭都造成了非常严重的精神压力和心理阴影。因此，在虐童事件发生后，第一时间应对被虐待的儿童和儿童的家长进行心理辅导，以避免对儿童产生长期的恶性影响。为防止虐童事件发生，建立法律法规进行事先预防也非常必要。

国家相关部门正在完善针对虐童行为的相关法律法规，加强虐童事件的预防，对有虐童行为的人员进行严厉的惩罚，让他们承担严重的法律后果。公安局、法院等职能部门也在加大对幼儿园安全的全方位监管与督查。

### 四、儿童虐待、家庭内暴力的支持内容与应对措施

#### （一）支持内容

##### 1. 投诉途径

《中华人民共和国预防未成年人犯罪法》第 41 条规定，被父母或者其他监护人遗弃、虐待的未成年人，有权向公安机关、民政部门、共青团、妇联、未成年人保护组织或者学校、居委会、村委会、儿童援助中心、儿童希望救助基金会等民间组织请求保护。

##### 2. 社会监督

由于法律法规和政策尚不完善，目前我国并没有成规模的社会监督部门，但在部分地区有所发展，中国香港特别行政区 1926 年成立了香港保护儿童会，是中国香港最具历史的慈善机构之一，现致力与社会各界携手向儿童及其家庭提供专业照顾、教育、发展及支援服务，该机构现有 27 个服务单位，当中包括 5 所婴儿园及 17 所幼儿学校、1 个课余托管中心、1 个资讯科技教育中心，为初生至 12 岁的儿童提供教育及照顾服务；也有专为孤儿、弃婴及有家庭问题的儿童，提供 24 小时住院服务的"童乐居"；此外为满足单亲家庭、新来港家庭及低收入家庭的需求，该会的儿童及家庭服务中心为有需要家庭提供一系列支援及预防服务；此服务中心亦为少数族裔家庭提供服务，致力协助他们融入社会，推动种族共融。

#### （二）支持措施

##### 1. 政策支持

2013 年 10 月 23 日，中央发布了《最高人民法院、最高人民检察院、公安部、司法部关于依法惩治性侵害未成年人犯罪的意见》。2015 年，最高人民法院、公安部、司法部印发《关于依法办理家庭暴力犯罪案件的意见》。2015 年 12 月 27 日，第十二届全国人大常委会第十八次会议表决通过了《中华人民共和国反家庭暴力法》，作为中国第

一部反家暴法，第 21 条规定监护人未尽自己的职责实施家庭暴力，使得被监护人身体、精神健康遭受严重侵害的，根据被监护人的近亲属、村民委员会、居民委员会、县级人民政府民政部门等相关单位或者有关人员的申请，人民法院可以依法撤销其监护资格而另行指定其他监护人。

涉及保护儿童的法律法规还有《中华人民共和国未成年人保护法》《禁止使用童工规定》等。其中，《中华人民共和国未成年人保护法》第 6 条规定：对侵犯未成年人合法权益的行为，任何组织和个人都有权予以劝阻、制止或者向有关部门提出检举或者控告。第 21 条规定：学校、幼儿园、托儿所的教职员工应当尊重未成年人的人格尊严，不得对未成年人实施体罚、变相体罚或者其他侮辱人格尊严的行为。

**2. 机构支持**

（1）政府机构 我国各类虐童案件频繁发生，儿童的救助很多是通过媒体的报道引发社会关注而得到救助，缺乏专门机构和专业人员为受害的儿童提供持续、有效、安定的保护。目前我国儿童保护相关的政府部门、组织职责分散，缺乏专门应对遭受家暴和受虐待儿童的保护机构，相关政策宣传也不到位，需要政府专门机构继续加强监督、管理和宣传。针对家庭中父母监护能力不足、监护方法不当或者虐待儿童等现象，政府需要通过专门的儿童保护机构积极介入采取针对性措施，例如剥夺监护权或者启动惩治程序等。

（2）非政府机构 非政府机构是政府机构的有力补充，例如某法律援助机构 2018 年"六一"国际儿童节的时候，与 40 家儿童保护类社会组织共同发布了《中国儿童保护类社会组织健康发展指南》，在广泛征求意见的基础上，提倡中国儿童保护类社会组织共同遵守，在国内外引发了广泛的社会共识和积极响应。

**3. 专业人才支持**

儿童保护与支援方面的相关人才包括教师、心理咨询师、法律顾问、社会工作人员等，分散在高校的多个专业当中，需要加大职前和职后人才培养的质量和数量，提高相关岗位待遇，留住人才。

## 五、防止虐待儿童、家庭内暴力的未来展望

### （一）受虐儿童家庭支援

受虐待儿童的父母、家人大多对虐待儿童行为的界定缺乏科学的判断，很多父母在教育子女的问题上不知所措，对于儿童成长中产生的问题不懂得正确应对，进而自身产生焦虑和心理问题，导致儿童慢慢感知到父母对自己的教育和指导力不从心，从而产生不信任、叛逆、不服从等心理行为问题。因此，对儿童的支援之外也必须关注儿童父母的情绪及行为。如果父母有困惑和苦恼，必须第一时间积极解决，才不会让其子女受到父母不良情绪的影响。未来，对虐待儿童的父母、家人开展心理治疗、教育方法指导非常重要。政府和社会将会提供免费且全覆盖的相关的政策和知识培训，提高家长的法律素养和育儿技能，从根本上减少虐童现象。

## （二）受虐儿童维权网络建设

广泛建立儿童咨询所，对受虐待儿童进行保护，幼儿园、儿童保健设施、情绪障碍儿童短期治疗设施等为儿童提供治疗条件，帮助受虐待儿童心理重建。儿童教育机构、居家式托儿所等机构提高教师和家长的儿童虐待的基本知识，完善社区育儿支援体制和支援网络，发挥社区保护儿童的功能，将各个儿童保护相关机构联系起来建立起网络支援体系。

## （三）家庭内暴力的监督与管理

为了不让加害者半永久地重复家庭暴力，法律之外，还需要进行心理治疗、教育、福利等方面的支援，加速政策的推进，加强监督和管理机关的功能，做到早期发现，共享信息与合作。

## 六、典型案例分析

家长的语言暴力危害。学校门口一位父亲特别生气地对孩子说："你长脑子了吗？作业忘了，你怎么不忘吃饭啊？"非常大声地训斥孩子，这个孩子唯唯诺诺一脸委屈的样子。爸爸和孩子沟通的方式存在问题，爸爸的这种语言模式就是我们常说的侮辱性语言，当孩子做不好一件事情或者不用心做一件事情的时候，父母一般会说一些侮辱、讽刺性的话语以希望激起孩子羞耻心，以此希望孩子奋发向上，达到教育孩子的目的。可是，事实却往往相反，这些带有侮辱性的语言会严重伤害孩子的自尊心和人格，从而导致孩子出现自卑、叛逆甚至是抵制等不良心理。

语言暴力虽然不能在儿童身上留下疤痕，却能在心里留下永远无法抹去的阴影，由于儿童对事物的认知还停留在学习时期，所以语言暴力就会潜藏在儿童的内心潜意识处，自尊心就会受到严重的打击，这些语言暴力通过潜意识会影响儿童的学习、工作、生活，甚至人格及价值观。

【材料链接】

### 儿童虐待的种类

身体虐待：对儿童实施踢、踹、捏、打耳光、拉耳朵、拉头发、鞭打、捆绑、香烟烫伤与过度的体罚。施暴者往往声称只是在管教小孩，如果导致儿童严重受伤或死亡，将涉及刑责。施暴者常常多次施暴，受害儿童往往身体有多处伤痕。施暴者在儿童就医时，常捏造其外伤发生的原因与病史，以规避责任。

性虐待：通常指成人或年纪较大的青少年，对儿童施行污言秽语、触摸私处、展示色情书籍或图片、性侵犯等；强迫儿童裸露生殖器，触摸或对儿童使用情趣用品，异物插入等。施虐者可能是儿童熟识的人，家人、亲戚的孩子、朋友的家人、保姆、邻居等，陌生人仅占少数。这些侵犯行为，可能导致儿童罹患性病，生殖器、直肠遭到细菌感染或撕裂性外伤，同时也会导致儿童严重的心理疾病，会影响儿童的一生，这类行为导致的和不良后果很难修复。

忽视：持有监护权的成人，对于受扶养的未成年亲属，对于其饮食、教育、医疗、衣物、卫生等基本生活需求，刻意忽视。特征是明显的营养不良、穿着不合身的衣物、学龄儿童未去学校等。

精神虐待：对儿童实施谩骂、嘲笑、羞辱、批评、恐吓威胁、损毁或丢弃儿童物品等，不过这很难界定是否为精神虐待。受虐者可能主动远离施虐者，或暗自咒骂，或反击。

【思考与练习题】

1. 传统的儿童保育与福祉领域的儿童保育区别有哪些？
2. 从福祉角度思考，我国全面发展儿童综合保育的意义是什么？

【小组讨论】

1. 幼儿园该如何对遭受家庭虐待的儿童进行干预？
2. 结合我国出台的儿童保育相关的最新政策，谈谈你对我国儿童保育未来发展趋势的看法。
3. 结合我国实际谈谈如何预防家庭暴力。

# 第六章　弱势儿童福祉

## 【学习目标】

掌握：单亲家庭儿童、流动儿童、留守儿童、特殊需要儿童的定义、支持体系。

熟悉：弱势儿童福祉影响因素。

了解：弱势儿童发展现状和未来展望。

## 【本章导读】

```
                                                  ┌ 单亲家庭儿童定义
                                                  ├ 中国单亲家庭儿童现状
                              ┌ 单亲家庭儿童       ├ 单亲家庭儿童问题分析
                              │   与福祉          ├ 单亲家庭儿童支持的相关机构
                              │                   ├ 单亲家庭儿童的支持内容与举措
                              │                   ├ 单亲家庭儿童福祉的未来展望
                              │                   └ 典型案例分析
                              │
                              │                   ┌ 流动儿童定义
                              │                   ├ 中国流动儿童现状
                              ┌ 流动儿童与        ├ 流动儿童的问题分析
                              │   福祉            ├ 流动儿童的相关机构
                              │                   ├ 流动儿童的支持内容与举措
                              │                   ├ 流动儿童的未来展望
   弱势儿童福祉 ─────────────┤                   └ 典型案例分析
                              │                   ┌ 留守儿童定义
                              │                   ├ 中国留守儿童现状
                              ┌ 留守儿童与        ├ 留守儿童问题分析
                              │   福祉            ├ 留守儿童支持的相关机构
                              │                   ├ 留守儿童的支持内容与举措
                              │                   ├ 留守儿童的未来展望
                              │                   └ 典型案例分析
                              │                   ┌ 特殊需要儿童定义
                              │                   ├ 中国特殊需要儿童现状
                              └ 特殊需要儿童      ├ 中国特殊需要儿童问题分析
                                  与福祉          ├ 特殊需要儿童支持的相关机构
                                                  ├ 特殊需要儿童的支持内容与举措
                                                  ├ 特殊需要儿童福祉的未来展望
                                                  └ 典型案例分析
```

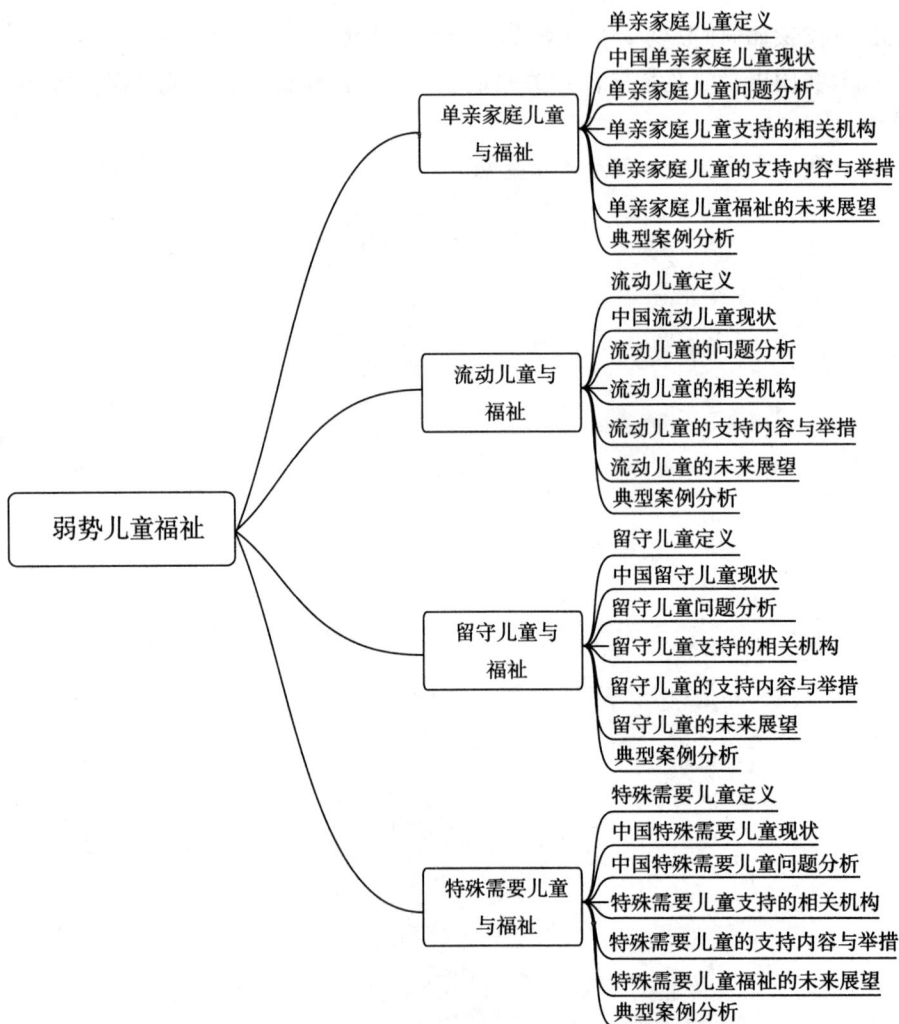

图 6-1　弱势儿童福祉内容导读

21 世纪是中国社会经济快速发展时期，也处于社会转型期，国内外的社会政治经济形势、社会层级的分化、教育资源发展的不均衡性都在一定程度上影响着儿童的健康发展。儿童作为社会成员中的特殊群体，他们思想尚未成熟，不能独立分析和处理解决问题，尚未掌握经济资本和生存技能，儿童身心成长极易受到社会环境和家庭环境变化的影响。儿童群体中的单亲家庭儿童、流动儿童、农村留守儿童、特殊需要儿童、贫困儿童等作为社会中的弱势群体，备受国家和社会关注，做好弱势儿童的福祉需要政府、社会、家庭产生合力，共同参与。儿童的福祉不仅是家庭和社会的福祉，更是国家的福祉。

# 第一节　单亲家庭儿童与福祉

单亲家庭的形成原因是复杂的，有很多类型。家庭成员的不完整，父母爱的缺失对儿童的身体和心灵造成了巨大的伤害。面对儿童成长中的性格形成、心理困惑、人际交流、学业成绩等多项内容，单亲家庭父亲（母亲）的养育中形成了"养育＋"的模式，单亲父亲（母亲）不仅要面临儿童的所有日常事务，还要承担本该夫妻两个人共同承担的教养问题。

## 一、单亲家庭儿童定义

单亲家庭的概念最早来源于 20 世纪 60、70 年代欧美发达国家，离婚高峰产生了大量单亲家庭。我国随着社会经济的快速发展，多元文化的融入，人们观念的转变，社会结构的变化和外在原因导致家庭结构也随之发生了变化，产生了单亲家庭。单亲家庭可以分为：丧偶式、离婚式、未婚式、失踪式。离婚式的单亲家庭已成为主要的单亲家庭结构形式，因此本节讲述的单亲家庭儿童主要来自离婚式和丧偶式单亲家庭。

单亲家庭儿童概念的内涵是指年龄在 18 周岁以下，与父亲（母亲）一人生活，且不具备经济来源，不能独立生活的未成年人。对于已满 18 周岁的儿童，正在接受高等教育，他们自己没有独立的经济来源，依然需要父亲（母亲）的支持与照顾，所以如果更好地解释单亲家庭儿童的外延概念，可以将儿童扩展为年龄未满 18 周岁或已满 18 周岁，正在接受全日制高等教育，无就业，无经济来源的未成年人。

## 二、中国单亲家庭儿童现状

### （一）数量与分布

据国家统计局数据显示，2016 年离婚共计 415.82 万对，男性丧偶人口数（人口抽样调查）为 15935 人，女性丧偶人口数（人口抽样调查）为 37641 人。2017 年离婚共计 437.4 万对，男性丧偶人口数（人口抽样调查）14946 人，女性丧偶人口数（人口抽样调查）37793 人。虽然不能统计出具体单亲家庭儿童数量，但从离婚和丧偶数量分析，每年新增单亲儿童有上百万之多，在单亲家庭中，单亲贫困家庭需要社会给予更多关注。

## （二）生存情况

单亲家庭儿童生存状况影响因素是多元的，如家庭经济、父母的受教育程度、单亲时间、父母关系等都会影响儿童的身心发展。据相关调查研究显示，部分儿童存在自卑、自闭、反叛和怨恨心理，社会适应性能力不强，自立行为较弱，但也有部分儿童社会适应良好，父母能够较好地处理成人间的关系，能够正确教育和引导儿童，培养了儿童坚韧与执着的性格，儿童的人际交往良好。

### 1. 单亲家庭儿童的交往障碍

儿童的人际交往是儿童社会适应性的重要内容。儿童社会适应性是指儿童在与社会环境互动过程中，通过调整自己的思想、语言和行为，达到与社会环境融合和平衡的状态，也是儿童自我与环境互相建构的过程。儿童的社会适应性受到家庭环境、亲子关系、学校教育、朋辈群体多因素影响。具体而言，单亲家庭儿童普遍存在人际交往障碍，他们的自闭、自卑直接影响了儿童的社会交往，出现回避甚至恐惧的情况。从学校和社会环境来看，由于儿童自尊力较强，让儿童有被排斥感和被歧视感。家庭结构的变化，让儿童产生缺少追求美好生活的勇气和动力，对生活的消极，对人的不信任，让儿童陷入"自我封闭""自我循环"的悲观生活状态。

### 2. 单亲家庭儿童的福利水平不高

单亲家庭中，由原先父母共同承担儿童的责任和义务变为父亲（母亲）一人承担，从离异家庭来看，虽然法律已判决另一方给予儿童抚养费，但也存在支付不及时甚至不落实等情况，直接影响了儿童的生活水平。在由母亲独自抚养儿童的女性单亲家庭中，如果母亲的收低，家庭经济状况下降会更明显。对于农村单亲家庭而言，尤其是农村单亲家庭的留守儿童来说，家庭经济收入主要是靠成人的体力劳动赚钱养家，赡养老人和抚养儿童，经济压力较大，只能满足儿童的基本生活保障，儿童的福利水平整体不高。

## （三）健康状况

单亲家庭儿童由于父母离异或者一方离世，原有的三角形稳固的平衡关系被打破，孩子需要被动接受事实，心理和情感上造成了创伤，积极的心理情绪受到限制，孩子通过各种行为宣泄心理的郁闷和不满，这种创伤会伴随孩子的成长。据统计，单亲家庭儿童的心理上容易呈现自闭、自卑、猜疑、孤僻、怯懦等特点，自尊心容易受到伤害，幸福感和快乐指数比较低等。

### 1. 自闭心理

离异或者一方离世后的家庭，父亲（母亲）通常在很长一段时间心情沉重、低落，这样的情绪无形当中传给了孩子，孩子看到父亲（母亲）的状态，生活上小心翼翼，不敢有要求，遇到问题不愿意求助父亲（母亲）或老师，心理畏缩，孩子不敢表达自己的想法和情绪，保持着自我封闭和压抑状态。丧偶式单亲家庭不同于离异家庭，离异家庭会有协商的过程，而丧偶式单亲家庭，面临突然的变故，不得不面对的分离，无论是成人还是儿童，都需要被动式接受现实，给儿童身心带来的创伤是长期性的。但是丧偶单亲家庭的亲子关系会变得更加珍惜彼此之间的感情，有着良好的互动和情感沟通。

**2. 自卑心理**

单亲家庭的异常状态，让儿童缺少安全感，在周围人的议论中和同学的好奇中成长。每逢节假日时，与双亲家庭的儿童相比，单亲家庭儿童会因为缺失一方的陪伴和关爱而感到自卑。有时儿童会自认为父母的离异与自己有关，会认为自己做得不够好而导致父亲（母亲）离开自己，离开家庭，产生自责心理和否定自己的情绪，在家庭、学校、社会上一旦做不好或者没有取得好成绩，会因为自我认识低下而产生自卑心理。从发展心理学角度，少年处于叛逆期阶段，更倾向与同伴在一起或者在网络的虚拟世界里找到精神上的寄托。

**3. 反叛情绪**

在自我封闭和自卑心理状态下，儿童对外界事物的刺激反应更为敏感，应急反应直接反映在自尊心上。压抑情绪的积累会产生爆发式行为，往往会有过激行为，形成反叛情绪，迁移至对父母、家庭、社会的仇恨，形成反社会化的攻击行为或病态人格。

**4. 怨恨心理**

在离异的单亲家庭中，儿童往往会面对父母一方对另一方的指责和抱怨，儿童缺少对事物客观判断的能力，更多的是父亲（母亲）的灌输。长期的积累，在儿童的幼小心理会埋下对父亲（母亲）的不满和怨恨，这样的心理状态会伴随儿童年龄增长而越加严重，短期内会影响儿童的心理情绪，长期积累会影响他们对人的信任感，容易产生怀疑心理，或是影响未来择偶的选择，对婚姻产生恐惧，担心父母的婚姻状态在自己的婚姻里再次出现。

## （四）教育情况

**1. 家庭教育受影响**

儿童的学习成绩和自立行为的养成受智力因素和非智力因素共同影响。儿童的自立行为从心理学角度理解为自立性人格，即从曾经依赖的环境或者事物中独立出来，自己做出选择和承担后果。自立行为从人的个体层面分为身体自立和精神自立，从人的社会性层面分为经济自立和社会交往自立。家庭环境作为非智力因素，直接影响儿童的学习状态、心理状态和自立行为。由于儿童年龄偏小，社会性功能较弱，生命成长要依赖于家庭。家庭结构的变化会对儿童产生直接影响，造成情绪低落，学习精力不集中，如果父母对孩子的监管力度不够，更容易对学习成绩和自立行为产生消极影响。研究显示，儿童的学习成绩、自立行为与父母的文化知识水平高低产生正相关，单亲家庭儿童的自立行为与双亲家庭儿童的自立行为相比较差。单亲家长在经历家庭变故后，精神上的失落与打击严重影响到了自身的生活价值取向，低落的情绪、伤心的痛楚影响儿童的心理状态和性格养成，从主观上也会忽视对儿童的各方面教育，使儿童接受到更多负面教育。

**2. 隔代教育问题凸显**

单亲家庭中，如果与祖辈家长生活在一起，隔代教育理念上的冲突会对儿童的道德品行、学习习惯、价值观形成产生非常大的影响。祖辈家长更多关心儿童衣食起居的生活状况，忽视儿童心理状况，或者也不清楚什么是心理问题。在教育方法上，用疼爱代替了教育，祖辈家长对儿童的溺爱和放任态度在单亲家庭中会更为突出。

**3. 受教育机会有限**

在单亲家庭中，尤其是贫困单亲家庭的儿童，受家庭经济条件的限制，儿童在学习用品、学习环境和学校的选择上都会受到一定程度影响。学习用品包括学习材料、教材、课外读物及辅助资料；学习环境包括家庭环境、社区环境等。贫困家庭单亲儿童在学习用品和学习资料的选择上，以"够用"为标准，缺少其他的辅助资料。在学前教育、义务教育和高中教育阶段，以"就近"学校为选择标准，很难以优质学校作为选择标准。也有单亲家庭儿童在学前教育阶段，由家里的祖父母来照顾，以节省幼儿园费用的情况。

## 三、单亲家庭儿童问题分析

伴随城镇化、工业化的发展，人们价值观和生活方式更加开放和多元，在"婚姻自由""男女平等""自我满足""婚姻成本低"的观念下，人们逐渐缺少了对婚姻的敬畏和尊重，"闪婚闪离""冲动离婚"现象逐渐增多，由此带来的家庭问题也逐渐增多，身心受到影响最大的也是儿童。无论是离婚后还是因其他原因导致的单亲家庭，经济困难、家庭教育结构的失衡、隔代养育、父母的教养方式或父母的持续矛盾都对儿童造成了心理上的影响。

### （一）经济困境

据相关调查研究表明，家庭的经济地位对儿童的早期发育和成长发展呈正相关。经济条件较低的家庭中，父母对孩子的教养多是掌控、责备、训斥和体罚，缺少丰富物质和环境的刺激，孩子在语言、认知、行为等方面的发展表现出相对滞后状态；经济条件较高的家庭中，父母对孩子的教养多是交流、沟通、指导、鼓励，重视培养孩子的内在特质，诸如情感表达、创造性、好奇心和自我控制能力。

国外研究表明，单亲家庭中的贫困率高达 14.29%，远远高于总体贫困率的 1.73%。女性为赡养人的家庭贫困指数要高于男性为赡养人的单亲家庭，导致贫困原因是多方面的，主要归纳为：一是原有家庭未改变经济条件情况下离异或者其他原因；二是离婚后单亲家庭，另一方对孩子的赡养不能持续性给予经济支持；三是社会分工而导致的职业歧视，为女性提供的工作岗位较少，加之女性大量时间在教养孩子和家务事务上，而减少了经济上的收益；四是家庭成员父亲（母亲）因病离世，生前医疗费用开支较大，致使家庭背负经济重担而陷入困境。因此，单亲家庭在经济上的压力，直接影响了儿童的生活水平。

### （二）家庭结构失衡

家庭结构是由父亲、母亲和儿童共同组成的三元关系系统，包含婚姻关系的夫妻关系和父母与儿童的亲子关系，父母共同参与儿童的教养可称为协同教养，协同教养随着时间会逐渐呈现支持性和冲突性，在单亲家庭中，这种协同教养模式需要重新建构。研究显示，冲突性的协同教养会影响儿童早期的语言和社会性能力，进而影响儿童的学习状态。

单亲家庭的不完整，协同教养关系的破坏与失衡导致了儿童亲情的不完整。儿童无论是在与祖父辈一起生活的单亲家庭中，或是在与父亲（母亲）生活的家庭中，都不可避免地缺失健全的情感体验，比如家务活动、游戏活动、家长会等得不到父母的同时陪伴。单亲父亲（母亲）因家庭结构的失衡，将"望子成龙""望女成凤"的美好希望更多地寄托在儿童身上，对婚姻的不如意转嫁到对孩子的希望上，过度关注儿童是否努力学习，认真听话，较少关注儿童情感需求和谈心谈话，弱化了沟通的主动性和情感的联系性，时间久了，儿童将内心世界封闭起来，不再愿意和父亲（母亲）敞开心扉，渐渐地失去了对父亲（母亲）的信任和尊重。

### （三）父母离异后的冲突

冲突理论学说认为，在离异家庭中，父母的争吵或者暴力等行为冲突对儿童产生了负面的影响。父母冲突可以分为离婚前冲突和离婚后冲突，相关研究显示，离婚后父母持续冲突对儿童的成长影响要大于离婚前冲突对儿童的影响。离婚前冲突，在父母离异后，儿童可以在之后平静的家庭生活中，有着自我修复和成长期；离婚后冲突，父母因多种原因，儿童会面临父母其中一方对另一方诋毁的情况，或者不允许其中一方与儿童相见的情况，儿童在持续的言语和行为冲突中，获得了双方的负面影响。儿童心理压抑，甚至会导致儿童社会行为的躯体化症状，这种冲突对女性儿童影响要大于男性儿童。

### （四）学校教育缺失

学校教育是家庭教育之外的给予儿童社会化教育的另一种途径。单亲家庭儿童，很多存有或轻或重的心理问题或者行为问题，老师们很容易忽视此类学生，让学生们感受到了不公平待遇。一旦单亲儿童出现问题，老师很容易贴上"标签"，标明"问题学生"。有研究者在对某中学单亲家庭儿童进行调研时发现，有75%左右的单亲家庭儿童会觉得老师的批评存在误解，故而感觉很委屈。

## 四、支持单亲家庭儿童的相关机构

《中华人民共和国未成年保护法》第一章第7条和第8条规定：国务院和省、自治区、直辖市人民政府采取组织措施，协调有关部门做好未成年人保护工作，具体机构由国务院和省、自治区、直辖市人民政府规定。共产主义青年团、妇女联合会、工会、青年联合会、学生联合会、少年先锋队以及其他有关社会团体，协助各级人民政府做好未成年人保护工作，维护未成年人的合法权益。

目前，国家行政管理机关缺乏单独负责组织和协调单亲家庭儿童事务性和指导性工作的管理部门，对单亲家庭儿童提供系统化、专业化的指导有待提升。单亲家庭儿童的教养和管理还主要存在于家庭中，各地的妇联、社区和一些志愿服务或者公益组织会为单亲家庭儿童提供暂时性服务，但缺少连续性地跟踪指导教育和服务。

## 五、单亲家庭儿童的支持内容与举措

### （一）支持内容

**1. 经济补助**

多数单亲家庭的经济状况处于中等偏下水平。在传统观念"男主外，女主内"的思想下，经济收入主要来源于父亲，而母亲更多精力放在孩子的教养上，家庭成员共享经济资源。无论是婚变家庭的单亲家庭，还是父母一方因病或者意外离世的单亲家庭，经济状况对生活质量都起着决定作用。对于贫困的单亲家庭，给予经济补助，满足基本生活保障，是追求儿童福祉的第一步。

**2. 政策支持**

根据《城市居民最低生活保障条例》和《农村居民最低生活保障条例》的规定，应适当提高单亲家庭生活保障，保证单亲家庭经济收入稳定；落实生活保障制度，鼓励并扶持单亲家庭父亲（母亲）再就业、再创业。《国家人口发展规划（2016～2030年)》文件指出，加大对单亲家庭的帮扶支持力度，充分发挥社会工作服务机构和社会工作者的专业作用。

**3. 环境支持**

各部门应从家庭环境、学校环境和社会环境三个方面给予单亲家庭儿童更好地支持，单亲家庭儿童的自卑、自闭、情绪化状态直接影响儿童自身的社会适应性问题。通过构建良好的亲子沟通与互动、学校师生的包容与接纳、社会支持系统的完善为儿童搭建幸福成长的大环境。2014年的抽样调查显示每100个两地单亲家庭中，有7成的单亲儿童在家庭团聚后，感到"平稳"和"开朗"。

### （二）支持措施

对于单亲家庭，除了父母要营造良好的成长环境，顾及孩子利益、心智成长和社会交往能力成长之外，政府在政策、制度等方面应进行顶层设计，给予单亲贫困家庭经济援助。学校教育和社区服务公平对待每个孩子，给予孩子平等的机会和待遇，发现孩子在困境中成长的积极改变和内在潜质，家庭与学校、社区教育合力为孩子营造积极健康的生活和学习环境，摒弃对孩子贴上负面标签的行为。全面、客观地评估家庭变故对孩子的影响，正确看待多元化的家庭结构和生活方式。

**1. 政府层面**

（1）生活帮扶　对于贫困的单亲家庭，各地政府依据本地经济现状，在现有最低生活保障标准基础上，给予贫困的单亲家庭基本生活补偿，可采取提供生活基本用品等形式多样的补偿方式。人力资源保障部门、省市妇联等部门可提供贫困单亲家庭再就业技能培训，减免培训费和中介费的就业支持。政府协同民政、银行等多部门对贫困单亲家庭在自主创业方面给予贷款扶持。政府可在政策、制度方面扶持，但不鼓励现金支持。

（2）法律援助　家庭的离异、伤亡等，不可避免地带来经济纠纷，家长对法律知识的欠缺已是普遍现象，因此需要给予单亲家庭法律知识的咨询与援助。政府责成相关部门进行贫困等级评估后，进行免费的法律援助和帮扶。

**2. 社会层面**

社区作为社会的重要支持系统，应当建立单亲家庭儿童档案，了解儿童现状，帮助单亲家庭儿童融入社区活动，对经济困难的单亲家庭给予经济帮扶。通过政府购买服务的形式，整合资源，开展志愿服务等活动，并进行帮扶指导工作。社会工作者深入社区、学校和家庭开展服务工作，运用社会工作的专业知识和技巧，开展个案辅导或者小组活动，与家长、老师和其他的社会组织建立链接，帮助单亲家庭儿童尽快走出困境。

**3. 学校层面**

（1）学校成立心理健康指导中心　学校应为单亲家庭儿童建立个人成长档案，定期召开心理健康知识讲座，让学生正确认识自己的心理状态，对个别问题进行及时干预、疏导和调节；建立与家长、教师的联动机制，给予适时的引导和教育，依据学生情况进行随时跟踪，及时了解情况。单亲家庭儿童档案的建立要秉持保密原则，应有专人负责管理，避免个人信息外漏给儿童再次带伤害。

（2）建立公平、公正、和谐的班级环境　班主任教师营造的班级氛围直接影响学生的身心健康，教师以保护、信任学生为前提，以关爱、鼓励为行动，引导学生抒发内心情感，建立健康的积极心态，不能因学生的家庭情况而产生歧视。

**4. 家庭层面**

单亲家庭儿童的成长路径是不同的，带给儿童的不仅有负面的影响，也会有正面的教育和引导，儿童的心理状态不仅有消极的一面，也有积极的一面。父亲（母亲）的教育责任、扮演的角色、发挥的作用是至关重要的。

（1）及时沟通，巩固亲子关系　亲子互动是家庭成员主要的沟通和交流方式，包含父母与儿童的参与度、陪伴时间和亲子关系三个维度。父亲（母亲）要站在儿童的角度，理解孩子的处境，及时给孩子表扬和鼓励，不将自己的不良情绪传染给孩子，孩子的压抑无力宣泄，如不能通过亲子关系解决和疏通，往往寻求社会或者其他渠道释放，孩子价值观尚未形成，法律意识淡薄，容易被其他人利用，误入歧途。父亲（母亲）尽量在繁忙之余，多陪伴孩子，了解孩子的学习生活和同伴交往状况。答应孩子的事情，家长一定做到，建立彼此的信任关系，和谐的亲子关系，更容易帮助孩子与他人建立良好的沟通和交往。

（2）正视家庭变化，真诚面对孩子　单亲家庭儿童面对家庭结构的失衡产生敏感心态，父亲（母亲）要正视家庭的变故，真诚地面对孩子，不要通过隐瞒或者欺骗等方式掩盖家庭的实际变化，从而再次伤到孩子的心灵。作为家庭的成员，孩子有权利知道家庭变化，让孩子对父亲（母亲）更加信任，愿意倾诉，接受并坦然面对现实。在与孩子沟通中，避免父亲对母亲或者母亲对父亲的指责、抱怨等负面信息的灌输，父母婚姻问题是成人之间问题，不要将问题扩大化，带给孩子们的应该是未来美好生活的向往，积极向上的鼓励与支持，应与孩子一起为未来的美好愿景而共同努力。

（3）坚持原则，正确引导　单亲父母容易对孩子溺爱，父亲（母亲）为保护孩子外表的自尊，对孩子的物质要求百依百顺，尽量满足，用一种补偿的心理顺着孩子的意愿。物质上的补偿不能满足精神上的缺失，为避免孩子出现自私自利，养成任性蛮横的性格，家长要克服困难，理性辨别孩子的要求。父母的教育应以培养儿童的自立、自强，最大限度发挥儿童的生命主体性为培养理念，儿童乐观、坚韧等性格品质直接影响儿童的未来发展。父母的教育既要有原则，也要有德育导向，培养儿童的良好性格，提升抗挫能力，懂得关爱他人。

### 六、单亲家庭儿童福祉的未来展望

为减少离婚带给儿童的伤害，各级妇联积极组织"最美家庭""五好家庭"的评优表彰活动，营造良好的家庭氛围，弘扬和谐的家风。中央和地方政府将建立更多的家庭纠纷调解组织，多渠道化解家庭矛盾，减少单亲家庭数量。各地也通过政府购买服务等形式，纷纷启动了危机介入计划、小区教育、朋辈支持、心理健康工作坊、治疗小组等服务，帮助儿童正确面对父母冲突，避免产生压力和造成影响。部分地区针对贫困的单亲家庭，给予住房补助资金，缓解家庭的生活压力。

### 七、典型案例分析

#### 1. 对同伴的渴望

某幼儿园邢老师班级有个叫小 A（化名）的小朋友。他的母亲去世，父亲在外地工作，平时小 A 寄养在姑姑家，缺少父亲的关爱、陪伴和交流。小 A 的性格急躁，不满意就会乱扔东西或者用肢体语言表达他的不满情绪。在幼儿园，小 A 喜欢比自己大的小朋友玩，也喜欢在游戏中扮演小朋友的哥哥。邢老师经过观察后，就让小 A 照顾比自己年龄小的小朋友，体验做哥哥的感觉，小 A 通过游戏满足自己对父性的依赖心理，培养小 A 学会关心别人，付出爱，体验爱，承担关心他人的责任，性格逐步变好。

#### 2. 社区对单亲家庭儿童的支持

工作坊是社区经常采用的通过组织志愿服务活动为所辖区域内的单亲家庭儿童开展的关爱服务项目。单亲家庭儿童中，由于父/母亲忙于工作，多由祖父母照护，缺少学习上的辅导，儿童也渴望与同伴交流。社区每周两次以工作坊形式开展学习辅导、兴趣活动、游戏活动，为单亲家庭儿童创造机会参与其中，以此增进同伴交流，有益于抒发儿童的内心情感，促进同辈群体的互帮互助，提升儿童的社会交往能力。

#### 3. 单亲家庭儿童的社会化学习

小 Z（化名）是一名 10 岁的单亲家庭儿童，父母离异后由父亲抚养，父亲再婚后，小 Z 就一直和爷爷在一起生活，父母几乎对小 Z 不闻不问。爷爷年龄大，身体上也有一些老年病，对小 Z 的照顾就是能吃饱就好，没有更多能力去精心照顾。小 Z 学习成绩不好，在学校经常与小朋友打架。小 Z 由于疏于管理和教育，对打架一事不以为然，道德水平较低，不懂得社会交往的基本规范，社会化认知不高，缺少正确的道德价值判断标准，时间久了，形成了自己的个性化认知，导致其人生观、价值观的扭曲。

**【材料链接】**

**1.《中华人民共和国婚姻法》**

《中华人民共和国婚姻法》全文共分为6章，包括总则、结婚、家庭关系、离婚、救助措施与法律责任、附则，共51条。1980年9月10日获批，1981年1月1日施行，2001年修正。在第四章离婚中规定：

父母对于子女仍有抚养和教育的权利和义务。

离婚后，哺乳期内的子女，以随哺乳的母亲抚养为原则。哺乳期后的子女，如双方因抚养问题发生争执不能达成协议时，由人民法院根据子女的权益和双方的具体情况判决。

离婚后，一方抚养的子女，另一方应负担必要的生活费和教育费的一部或全部，负担费用的多少和期限的长短，由双方协议；协议不成时，由人民法院判决。

关于子女生活费和教育费的协议或判决，不妨碍子女在必要时向父母任何一方提出超过协议或判决原定数额的合理要求。

**2. 社会工作者的个案服务**

社会工作者的个案服务是通过资源整合，协调民政、社区、妇联等多部门人员，对有特殊需要的服务对象开展的有针对性、专门性的跟踪指导和服务。对于农村贫困的单亲家庭儿童，社会工作者首先通过本村的儿童福利主任得到该个案的家庭资料，深入家庭了解需求情况，确立良好的信任关系后，开展服务工作。从社会支持网络中寻找可以实施帮扶的人力、资金、教育、公益项目等内容给予家庭和儿童生活帮扶，同时建立学校－家庭－社区的三方联动监护机制，共同关注儿童的健康成长，也可与社区协商，适当补充志愿服务者对学习上的讲授与指导，增加对儿童的多重监护与帮扶力度。

社会工作者的个案服务，即发挥了协调作用，也发挥了指导作用，但对个案服务的指导是一个缓慢的长期过程，依然需要全社会的共同努力。

# 第二节　流动儿童与福祉

改革开放以来，伴随社会经济的快速发展，城市化建设的加速，大量农村人口涌向城市，寻求更多的发展空间。从20世纪80年代的家庭单个成员涌向城市到20世纪90年代的以家庭为单位涌向城市，随之带来的流动儿童人口数量急剧上升，也被称为"第二代移民"。1980~2015年，流动人口从占总人口的0.7%升到17.9%，受流动人口影响，有近30%的儿童不能与父母共同生活。

## 一、流动儿童定义

流动儿童通常是指流动人口中0~18岁跟随父母或其他监护人在非户籍流入地暂时居住半年或更长时间的儿童。多年来，"打工子弟""进城务工人员随迁子女""农民工子女"成了流动儿童的代名词。越来越多的流动人口开始"流"而"不动"，希望长期居住在城市，儿童也在经历着从乡镇或者农村到城市环境的改变和适应。

## 二、中国流动儿童现状

### （一）数量与分布

**1. 流动儿童的数量**

人口普查和抽样调查报告中显示，流动儿童的数量一直处于增长阶段。2000～2005年流动儿童的数量由1982万人增长到2533万人，2005～2010年又在此基础上增加到3581万人。2013年全国妇联颁发的《我国农村留守儿童、城乡流动儿童状况研究报告》中指出，我国农村流动儿童达2877万人。2016年颁布的《流动儿童蓝皮书：中国流动儿童教育发展报告（2016年)》中提到：当下中国有流动儿童3426万人。

**2. 流动儿童的分布**

据教育部发布的全国教育事业发展报告显示，进城务工随迁子女在东部地区就读人数占比较大。2016年，在东部地区就读的进城务工随迁子女人数占全国总数的58.3%，从流动地域看，以省内为主进行流动比例比较大，达到了56%，中部地区达到84.3%，西部地区达到71.1%。2016年4月发布的《中国教育报告》显示，深圳市的流动儿童为120万人。2017年，在东部地区就读的进城务工人员随迁子女占全国总数的58.3%。2018年在东部地区就读的进城务工人员随迁子女为831.52万人，占全国总数的58.4%。

### （二）生存情况

从流动儿童的流动性看，跟随其父母离开自己的家乡来到一个新的城市居住和上学，在生活质量、学校适应、城市适应都直接影响着儿童的身心发展。

从流动儿童求学情况看，有研究者于2015年10月对上海市某区的12所小学五六年级的学生进行调研分析，发现超过80%的学生为流动儿童。来自农村家庭的儿童中，传统的"重男轻女"观念很明显，父母更愿意带男孩进城上学，女孩则留在农村与祖父辈们一起生活，男孩更容易得到高质量的教育和父母的照顾。有过一次转学经历的流动儿童为25%，有过多次转学经历的流动儿童为12%。

从流动儿童的居住情况看，只有14%的流动儿童拥有自己的独立房间，多数流动儿童与父母住在拥挤的房间或者合租房内，学习和生活空间不能独立，缺少隐私性，影响了儿童的生活质量。流动儿童家庭多数居住在"老乡"居多的同一社区，邻里之间可以互帮互助，流动儿童之间的同伴交往更多。

从流动儿童居住的稳定性看，流动儿童父母因长时间在城市工作，有儿童从出生就随父母在城市，甚至从没有回过农村，虽然被称为"流动儿童"，但这些儿童并没有流动性，这一部分儿童的比例从2010年的35%上升到了2013年的58%。

### （三）健康情况

**1. 流动儿童的心理状况**

流动儿童在情绪方面主要表现为焦虑、不安、多变化、易激怒，以及性格内向、失落、自卑、自私冷漠、任性、暴躁等。

（1）**自卑心理** 自卑心理是流动儿童普遍的一种心理状态。儿童跟随父母来到陌生城市，从语言、着装、环境都改变了原有的生活状态，儿童的认知和情感体验都要重新适应生活的各方面变化。根据已有调查显示，23.5%的学生认为在学校感觉不如其他同学，56.8%的同学认为自己表现平平，没有特别优秀的一面。

（2）**焦虑情绪** 儿童的焦虑情绪主要表现在学校环境适应上的焦虑和学习焦虑。城市里学校环境的陌生，新的老师、班级和同学，课堂上的讲课内容、教学方法等都不同于农村的教学，流动儿童常常在学习上显示出焦虑状态，努力学习的同时还要保持和老师、同学们之间的良好关系。此外，语言沟通上的方言障碍，多重不适应的压力难免让儿童产生焦虑情绪，也存在为吸引老师和同学们的关注，往往靠捣乱和扮演怪相来引起大家的注意的情况。

（3）**孤独心理** 流动儿童往往处在孤独之中。他们通常可以感受到自己与城市儿童之间在生活方式、言语交流和思维模式等方面的明显区别，多种不适应让他们产生了孤独心理。城市居民和学生家长往往对他们拥有较大偏见，甚至给他们带上"小乡巴佬"的标签。流动儿童在班级中难以很好地和同学进行沟通，对自己缺乏自信。

**2. 流动儿童的卫生情况**

儿童的卫生习惯和饮食习惯是儿童身体正常发育的关键因素。流动儿童父母由于忙于生计，自身尚未形成良好的卫生习惯和饮食习惯，培养儿童良好习惯方面比较淡漠。流动儿童家庭的居住环境比较拥挤，儿童不能及时洗澡、刷牙，饮食习惯上不注意食物的冷热，"饭前洗手"的习惯对于疏于管理的流动儿童来说尚未养成，并且相关调查显示10%以上的流动儿童不能坚持每天洗脸刷牙。

## （四）教育情况

根据国家统计局《2018年农民工监测调查报告》显示，进城务工随迁儿童中3～5岁儿童入园率达到83.5%，在公办幼儿园就读的儿童比例为26%，比2017年下降了0.7个百分点；在普惠性民办幼儿园就读的儿童比例为35.2%，比2017年提高了1.4个百分点；义务教育阶段就读的儿童比例为98.9%。有更多的流动儿童在流入地接受了幼儿园和义务教育阶段的学习，但入园难、学费高依然是进城务工人员对儿童接受教育的评价，也存在义务教育后的教育以及异地高考等很多现实问题。

**1. 流动儿童的教育质量难以保障**

学前教育属于非义务教育阶段，流动家庭由于受户籍限制，不能选择公办幼儿园，受经济条件限制，不能选择价格太高的民办幼儿园，而选择价格相对低的民办幼儿园，儿童的受教育质量很难保障。

儿童的生活和成长离不开家庭和学校两个重要的环境，家庭和学校是儿童接受教育最直接的场所。学校环境、学校的教学质量和家庭教育都直接影响着儿童的受教育水平。流动儿童的"流动性"也让儿童的受教育机会处于"流动性"状态，影响了儿童学习的连续性。具体表现：一是学校环境和家庭环境的变化和流动，儿童在适应新环境的过程中，学习会受到一定影响甚至也会让儿童产生厌学情绪。二是儿童的流动性导致了学业的中断，影响了儿童的学习进度。三是各省、市学校使用教材的差异性让儿童很难适应不同学校之间的教材进度或者教学知识点。儿童的流动性并不是儿童本身的问题，客观环境的变化让儿童的学业负担加大，如不能很好地进行教育和引导，儿童的厌学性也会逐渐加大，失去对知识渴求的愿望，开始过早的从学校步入社会。研究者对1886名流动儿童的跟踪调查显示，流动儿童在初二年级辍学的比例为17.16%，能够完成初中学业的不到50%。

**2. 流动儿童异地参加高考的愿望强烈**

中国科学教育研究院教育发展与改革政策课题组2013~2015年的专项调研显示，希望接受义务教育后的教育人数的来源看，58.2%的学生来自省内流动，51.8%的学生来自跨省流动；希望接受高等教育的学生数达到40%以上。但是，由于教育资源的短缺及流动人口的密集性因素，流动儿童在流入地继续上学的机会很难。截至2014年8月，27个省份允许流动儿童在流入地参加高考。各省份在流入地升学的积分政策也存在很大差异，主要面向的是高学历、高收入群体，而对于大多数的低学历、低收入流动家庭来说，很难享受到政策的优惠，政策的不平衡和流入地学位的有限性都限制了流动儿童的教育。

**3. 流动儿童的家庭教育功能弱化**

流动儿童家庭的流动性导致了家庭教育的连续性很难保障，流动儿童从农村到城市，在城市，部分儿童依然由祖父母照护，这种隔代教育影响了儿童行为习惯、认知水平的形成；另一方面，流动儿童的父母忙于工作，加上教育观念的落后，认为孩子上了学，就是学校的责任，在孩子考试时关注一下，问候一下成绩的高低就是对孩子的关心，很难提供儿童心理教育上的支持，在与学校的沟通上，主动行为少。

**4. 打工子弟学校的教学质量难保证**

打工子弟学校里接收流动儿童入学的重要渠道之一，打工子弟学校的校园建设、师资力量、教学资源良莠不齐。有的打工子弟学校是用租来的校舍开展教学，校园环境建设简陋；教师来源复杂，有的是招聘退休教师，有的是临时代课教师，也有的是刚刚毕业的大学生，教师工资难以保障，普遍缺少安全感和归属感，影响了教师的教学态度；有的打工子弟学校用商业思维办教育，办学动机更多是追求商业回报。

对于家庭经济条件较好的家长会为孩子选择流入地的公办学校或者私立学校就读，承担的费用要比打工子弟学校的费用高出很多。在学校的教师质量、教学环境保障基础上，对流动儿童学习影响较大的是儿童对流入地学校教学内容的衔接上。个别省份中市、县的公办学校和私立学校在教材的选择、教学方法的运用都存在很大差异，儿童适应学习、学校都需要一定的时间。

2000~2015年，我国流动儿童的受教育水平不断提高，流动儿童就学状况明显改善。从政策发展看，2014年3月，中共中央、国务院印发的《国家新型城镇化规划(2014~2020年)》提到，为保障更多的进城务工随迁子女在公立学校接受义务教育，各级政府要将进城务工随迁子女的义务教育纳入教育发展规划和财政预算中，保障学校的合理布局和师资配备。

### 三、流动儿童的问题分析

流动儿童个体适应不良的原因包含家庭经济收入偏低，家庭教育弱化，学校教育忽视流动儿童与亲子关系户籍制度方面。

#### （一）经济收入偏低影响了儿童的生存质量

家庭经济收入是家庭生活的基本保障，直接影响着儿童的生活质量，经济条件好一些的家庭可以为儿童的成长环境创造良好的物质环境。但是，儿童的成长还需要对教育进行投资。可以简单地说，对儿童不仅是"养"，更要"育"。家庭经济水平会在一定程度上影响儿童发展，住房环境及周边环境也影响了儿童的学习环境。经济条件好的家庭可以选择地理位置、人文环境比较好的居住区域，为儿童在学前教育、义务教育和高中教育的不同阶段选择教育质量优良的私立学校。但是，从大部分进城务工人员的情况看，因为教育程度有限，文化水平不高，大多从事技能含量低、稳定性差的体力劳动，主要包括建筑业、餐饮业、物流业、交通运输业和其他服务业，收入很不稳定。国家统计局对外发布的《2018 年农民工监测调查报告》显示 2018 年农民工月收入 3721 元，外出务工农民工月均收入 4107 元，本地务工农民工月均收入 3340 元。面对收入的不稳定，城市消费水平的持续提升，流动儿童的家庭，除了保障生活的基本支出和儿童受教育的基本费用，很难再有更多资金让儿童享受更丰富的教育资源。

#### （二）家庭教育的弱化影响了儿童的情绪健康

1. 从亲子关系看，依据亲子依恋理论，儿童与父母早期的互动关系、情感联结、安全体验会形成一种内在的心理特征，对人格形成、情绪情感表达、人际关系等起着潜在的影响作用。儿童与父母产生的互动关系直接影响着儿童的自尊水平，父母如不能开放表达，真诚交流，儿童的心理问题会较多。流动儿童家庭的父母多忙于生计，很少有精力顾及儿童的感受，常表现在学习上的强制要求和呵斥，缺少亲子沟通和互动，用暴力代替交心谈话，用训斥代替鼓励很难解决儿童学习困境方面。

2. 一些流动儿童家长的教育观念比较落后，重男轻女思想依然存在，认为读书无用。因此，部分父母认为对女孩接受学校教育，完成义务教育即可，早点打工赚钱才是最主要的。一些家长认为男孩是家庭经济的主力，希望毕业后早赚钱早养家。在这样的思想观念下，对儿童的学习和教育关注不高，儿童对学习也不那么重视，学习成绩不高，动力不足，逐步对学习失去信心，也难以养成良好的学习习惯。

3. 另一些流动儿童家长的教育观念是十分重视学习，对儿童的学习成绩要求较高，如果儿童没有达到自己的理想状态，会指责儿童，让儿童内心产生了很大的负担，长期积累，会让儿童产生内向、怯懦、孤僻的性格。

#### （三）学校教育忽视流动儿童的特殊需求

部分公立学校将流动儿童分为混合班级或者单独编班。在混合班级中，中小学的老师为追逐成绩排名，更关注品学兼优的学生，容易忽视个别学生的发展。学校的课程设计、教学管理、评价方式等方面很难照顾到流动儿童，也很难依据学生的个人基础情况进行教学设计，不能满足流动儿童学习和生活上的需求。在单独编班中，也不利于流动儿童的学业融入和文化融入，这种分类教学在一定程度上让流动儿童感受到了歧视对待。

### （四）户籍制度限制了流动儿童入学

流动儿童因为户籍制度、医疗保障制度等因素，在教育平等性方面，很难享受到与城市儿童平等的待遇，导致进入公立学校困难，私立学校开支大，高考制度目前依然受户籍所在地的影响，导致流动儿童可以在流入地上学，却不能参加高考。虽然在大部分省市区都设立了"进城务工子女学校"（农民工子弟学校），但又难以提供优质教育资源和服务，教学质量都会比同城的公立学校或者私立学校的教学质量低，这也体现了教育资源的不均衡性。流入地的进城务工子弟学校在各省、市的数量十分有限，一般都在城乡结合的地理位置上，父母一方面要在城里务工，一方面要花费时间和精力送孩子上下学，同样显得很困难。

## 四、流动儿童支持的相关机构

流动儿童支持的相关机构包括政府下辖的教育、财政、民政、医疗妇联和公安部门，也包括非政府的公益组织。教育部门开展流动儿童就学、安全、心理健康的教育和指导工作；妇联、共青团及各省市县的"关心下一代工作委员会"关注流动儿童的家庭教育和流动儿童的道德教育。通过开设流动儿童家长课堂，强化家长对家庭教育和儿童亲子关系的重视观念，提升儿童的沟通能力。公安部门通过社区、学校加强流动儿童的安全法制教育，提高流动儿童的自我保护意识，远离毒品等违法犯罪活动。民政部门和卫生部门也制定切实可行的生活保障制度和医疗保障制度，提升与流动儿童的生活和健康水平。

## 五、流动儿童支持内容与举措

### （一）支持内容

#### 1. 经济支持

政府在经济支持方面，提高贫困流动家庭的最低生活保障标准；要求流动儿童的流入地政府建立义务教育的财政供给，提高"打工子弟学校"的教学设备和教学环境建设，满足现代化教育的需求；提升"打工子弟学校"教师工资待遇，建立奖励政策，让教师具有自身价值的获得感。2014年全国财政工作会议上决定，从2015年开始，财政部已探索建立教育经费可携带支持机制，以解决流动儿童异地就学问题。

#### 2. 政策支持

国家先后出台关于流动儿童接受教育的相关规定，包括《流动儿童少年就学暂行办法》《关于做好进城务工人员随迁子女接受义务教育后在当地参加升学考试工作意见的通知》《国家新型城镇化规划（2014~2020年）》《国务院关于统筹推进县域内城乡义务教育一体化改革发展的若干意见》等文件。

《中国儿童发展纲要（2011～2020年）》要求积极建立和完善流动儿童的社会保障机制，将流动儿童纳入本地的经济发展规划中。做好16周岁以下流动儿童的登记管理，为流动儿童的教育、医疗保障等做好基础性工作，进一步研究制定切实可行的流动儿童义务教育和非义务教育的相关政策，保障儿童受教育权利。

**3. 环境支持**

社会环境方面，应加强宣传与引导，为儿童提供积极、健康、尊重的社会环境。保护流动儿童免受网络、广告和影视作品等不良信息传播带来的负面影响。家庭环境方面，建立平等、文明、和谐的家庭关系，增加亲子关系的互动和交流，控制家庭暴力和家庭虐待事件发生。文化环境方面，要营造一个有益于儿童社会文化适应的环境，避免城市文化带给儿童的自卑感和不适应感。加强网络教育，鼓励更多有文化内涵和带给儿童生命成长意义的儿童图书、歌曲、童谣、动漫等作品的创作和发行，避免网络歧视性语言和暴力性语言对流动儿童的伤害。

## （二）支持措施

**1. 政府支持**

流动儿童的教育机会均等问题已成为国家政府高度关注的社会问题，也是流动家庭融入城市社会的根本前提。多个省市都已实施为流动儿童办理"非劳务性暂住证"的服务。多年来，在流动儿童接受教育的政策上的文件可以看出，国家和政府非常重视流动儿童的教育问题，并从学费扶持、学校选择等多方面积极创造条件为流动儿童提供就学机会。"两为主"政策也以法律形式写入了《义务教育法》（修订案）中，为流动儿童在流入地上学提供了法律依据，保障了流动儿童享有公平的受教育权。

（1）流动儿童平等接受义务教育的举措　教育部1998年3月出台的《流动儿童少年就学暂行办法》中规定，年龄6～14周岁（或7～15周岁），在流入地随父母居住半年以上且有学习能力的流动儿童可在流入地接受教育。"以流入地人民政府为主""以在流入地全日制公办中小学借读为主，也可到民办学校、全日制公办中小学附属班（组）以及专门招收流动儿童少年的简易学校接受义务教育"，到全日制公办中小学就读，可按学期收取借读费。

2001年，国务院颁布的《关于基础教育改革和发展的决定》指出解决流动儿童义务教育，要以流入地政府为主，以全日制公办中小学为主，首次提出"两为主"政策，流动儿童在流入地接受义务教育有了政策上的依据。

2003年，教育部等多部门联合发布《关于进一步做好进城务工就业农民子女义务教育工作的通知》，再次强调"两为主"政策，同时提出通过助学金、免费提供教科书等方式帮助经济困难家庭减轻流动儿童的上学学费负担问题。

2004年9月开始，进城务工人员子女义务教育的借读费已经取消。

2010年，《中国儿童发展规划纲要（2010～2020年）》中指出，确保受人口流动影响的儿童平等接受义务教育。坚持以流入地政府管理为主、以全日制公办中小学为主解决流动儿童就学问题，制定实施流动儿童义务教育后在流入地参加升学考试的办法。

2014 年，《国家新型城镇化规划（2014～2020 年）》提出，建立健全全国中小学学籍信息管理系统，为学生学籍转接提供便捷服务。保障进城务工人员随迁子女以公办学校为主接受义务教育，或以政府购买服务形式接受义务教育，将进城务工子女的义务教育纳入政府教育发展规划和财政预算，简称"两纳入"政策。

2016 年，《国务院关于统筹推进县域内城乡义务教育一体化改革发展的若干意见》和近年印发的义务教育阶段招生入学工作通知中，均要求各地加快建立以居住证为主要依据的义务教育随迁子女入学政策，切实简化入学流程和证明要求，合理确定入学条件，确保符合条件的应入尽入，不得随意提高入学门槛。

2017 年，进城务工人员随迁子女在流入地上学就有 1400 余万人，80% 的流动儿童进入公办学校，7.5% 的流动儿童享受政府购买私立学校学位服务，保障了流动儿童能够同城市儿童平等接受义务教育的权利。

（2）流动儿童义务教育后继续升学的举措　2012 年，国务院办公室转发教育部等部门《关于做好进城务工人员随迁子女接受义务教育后在当地参加升学考试工作意见的通知》要求确定随迁子女义务教育后的继续升学问题。考虑从进城务工人员工作的稳定程度、在当地缴纳保险的年限和随迁子女在当地连续就学年限等情况，适时制定随迁子女的升学办法。对于不符合流入地升学条件的子女，流出地和流入地要做好政策衔接，保障考生能够回流出地参加升学考试；经流出地和流入地协商，有条件的流入地可提供借考服务。可以说，从流动儿童的入学机会均等到受教育过程均等，再到义务教育后的升学机会均等是一个逐渐完善的过程。

2019 年 1 月，教育部全国教育大会上提出，为确保进城务工子女接受义务教育，要继续完善以居住证为入学依据的政策，从以当地户籍为主要升学依据到以居住证为主的升学依据，可以看出，流动儿童的各项保障措施在不断完善。

**2. 社会支持**

研究者对 8 所农民工子弟学校和 4 所公立学校的高年级小学生的调查研究显示，儿童心理健康发展与家庭住房、父母受教育程度有显著关系。因此，通过廉价租房等住房优惠措施，改善进城务工家庭的居住环境，保障儿童的生活环境和生活空间。流动儿童所生活的社区与有关部门联起手来，开展家庭教育或儿童心理健康教育辅导专题讲座，提升父母对儿童的教育质量。各省市妇联等机构协同心理辅导机构，与幼儿园、中小学校建立联结，开展定期指导和跟踪服务，举办拓展或团辅活动，帮助流动儿童建立良好的同伴互助关系，进一步发挥公共图书馆、博物馆、体育馆、科技馆等服务功能，提升儿童的社会融入度和参与度。

**3. 学校支持**

国家、政府给予流动儿童在政策上的教育支持要通过学校的实施。从学校选择上，流动儿童有 3 种就读方式。一是选择"打工子弟学校"；二是选择公办学校，与流入地儿童同在一个学校一个班级，或者同校不同班；三是选择民办学校，在与流入地儿童同校不同班，进行独立编班的办法给流动儿童人为地贴上了"外地人"的标签。学校对流动儿童的班级编排要有利于儿童的群体融入。从教师角度看，由于流动儿童父母多数的文化水平不高，对儿童的教育关注度不够，家庭在学习适应和社会适应方面的支持较少。儿童的教育中将更多希望寄托在教师身上，需要加大流动儿童教师职业道德、心理辅导和教学策略等方面的培训。这也需要从学校层面制定相应的制度支持并鼓励教师对流动儿童特殊学习辅导的需要。一方面，提升教师对流动儿童学习方法上的指导；另一方面，加强教师与流动儿童的深层次沟通，走进流动儿童的内心世界，建立良好的互动关系，促进流动儿童的身心和谐发展。

**4. 家庭支持**

家庭是儿童出生后进入习得个体社会化的重要环境，家庭的教育功能对儿童社会化功能的发展有着很重要的作用。父母亲密关系、亲子互动关系、文化水平和家庭经济基础、家庭氛围直接影响儿童情感情绪的发展。研究表明，母亲对儿童的控制行为越强，儿童受压抑性越强；父亲对儿童的非控制行为越强，儿童的非压抑性发展越好，行为问题也少，表现得乐观、阳光、自信。好的做法有：首先，建立良好的亲子关系，流动儿童往往从农村的留守儿童成为城市里的流动儿童，亲子关系的需求特别重要。父母要树立亲子关系意识，多找时间陪伴孩子，相互沟通，及时了解孩子动态，了解孩子的心理需求，逐渐建立起良性的亲子关系。其次，适当进行心理疏导，儿童对学校和城市的不适应，直接影响儿童的心理健康，父母要多观察儿童的行为表现，遇到儿童闷闷不乐，不开心的情况要及时关注和疏导，让流动儿童的内心不再存在不稳定感。

## 六、流动儿童福祉的未来展望

2012 年教育部发布了《关于做好进城务工人员随迁子女接受义务教育后在当地参加升学考试工作意见的通知》，2014 年国务院颁布了《关于深化考试招生制度改革的实施意见》，要求进一步落实进城务工随迁子女就学和升学的政策与具体措施，让流动儿童在随迁城市就地参加高考，是国家政府给予流动儿童和流动家庭教育支持。

未来对流动儿童的政策支持和关注会越来越多，需要进一步推进流动儿童教育、生活的权利平等，确保高质量的生活和学习。

## 七、典型案例分析

**1. 小 B 的困扰**

小 B（化名）是一个 8 岁的孩子，是家里唯一的男孩。小 B 的父母都在外地打工，由爷爷奶奶照看。两年前，父母希望小 B 能到城里上学，将全家搬到了城市里，小 B 也从留守儿童成了流动儿童。小 B 活泼好动，反应灵敏，但反抗心理很强，来到城市上了小学后学习成绩不理想。

**2. "独立"的小 C**

小 C（化名）是一名小学三年级的学生，父母离异，妈妈带着她和弟弟共同生活在一个出租屋里，房间面积很小，只是满足了生活的基本区域，没有其他的空间。妈妈每天下班，先要接上幼儿园的弟弟，再回家做饭，小 C 则是自己放学回家，回家早的话，她也会帮着妈妈做饭，照看小弟弟。妈妈一方面工作，一方面照看两个孩子，生活辛苦，心理压力大。小 C 因为转学多次，和班级同学很少交流，也缺少好朋友，经常独来独往。

### 3. 四点半学堂

"四点半课堂"是应对家长无法按时接回孩子的困境而诞生的机构。家长志愿者主动承担起放学后学生的监护职责，学校的阅览室作为上课地点。每天放学后，所有不能被及时接走的孩子，都可以在这里读书、写作业。每天放学后，有家长志愿者来到教室值勤，有老师进行学业辅导，学生学习和阅读时间可以持续到晚上。

### 4. 妈妈与儿子的希望

小 N 的爸爸是一名建筑工人，妈妈在一家洗衣厂上班，小 N 是一名五年级的小学生。小 N 平时在学校里是活泼好动、开朗的，在家的时候很少说话。爸爸的工作很忙很辛苦，经常为了赶工期要很晚才下班回家，平时与小 N 的交流很少，妈妈与小 N 在一起的时间会多一些，也很关心小 N 的学习。小 N 有时会将学校发生的趣事儿和妈妈聊聊，妈妈经常会让小 N 以学习为主，和自己无关的不要耽误时间，时间久了，小 N 就不愿和妈妈说话了。父母教育观念的转变需要双方共同改变，爸爸需要抽时间陪陪孩子一起做点亲子活动，妈妈除了学习上的关心，更要用心观察孩子的心理变化，及时了解孩子的"心事儿"。

## 【材料链接】

### 1. 高校图书馆与打工子弟学校的图书分享

研究显示，流动儿童在多因素影响下，无论是在家庭还是在学校，阅读时间和阅读数量非常有限，阅读的内容相对简单，多为带有情节性的故事类、图画类图书，科普类和人文历史类相对较少。流动儿童也因家庭教育环境有限，家长更多关注儿童的学习成绩，较少关注儿童的阅读，儿童尚未形成良好的阅读习惯。打工子弟学校的现状看，多元化现象较明显，发展程度不一，儿童的阅读资源有限。

对于打工子弟学校的图书馆建设，除了政府投入、社会捐赠等形式，高校图书馆也可依据具体情况，向打工子弟学校定期开放，为儿童提供丰富全面的图书资料，一方面发挥高校服务社会的功能，另一方面，大学生作为志愿服务参与对流动儿童的阅读指导，通过讲故事比赛、读书分享会、诗朗诵、亲子阅读等主题活动提升儿童的阅读兴趣，扩展儿童的知识视野。

### 2. 影响流动儿童计划免疫接种的因素

每年的 4 月 25 日是全国儿童预防接种宣传日，儿童计划免疫是为保障儿童的生命安全实施的预防、控制和消灭传染病，提高儿童免疫力的一种疫苗接种，儿童从出生 24 小时以内的第一针乙肝疫苗到儿童 7 岁的麻疹疫苗等，要进行不同时段、不同疫苗的按时接种。流动儿童的计划免疫是在促进基本公共卫生服务工作中的重要工作，因儿童的流动性，对计划免疫的有效开展和监控一直是无法保障的难题。通过归因分析，一是与流动儿童父母受教育水平有关，受教育水平低的父母对疫苗接种的意义认识不高，医疗保健观念淡漠，父母对儿童的疫苗接种不重视；二是部分地区因财力原因，只对当地的常住人口实施计划免疫，分配疫苗资源，缺少对流动儿童计划免疫的资金再分配；三是对于流动儿童疫苗接种状况的摸查难以保障，辖区内的流动儿童家长很难及时接到接种疫苗的通知，影响了流动儿童疫苗接种的连续性。

# 第三节　留守儿童与福祉

从 20 世纪 80 年代，伴随改革开放和城镇化建设的加速，大量的农村劳动力开始涌向城市，以寻求更好地发展。因经济条件、住房条件、教育等因素，父母无法与儿童共同生活在城市，将儿童留在户籍地生活和学习，则出现了"留守儿童"社会现象。长期的亲子疏离，使留守儿童在基础教育阶段缺少了父母的陪伴和关爱，导致了留守儿童出现心理健康问题、学业问题、价值观扭曲等问题。据民政部的调查结果显示，截至 2016 年底，全国留守儿童 902 万人，如此庞大的留守儿童数量，已引起党和国家的高度关注，也是国家的重大民生问题。

## 一、留守儿童定义

### （一）年代划分理解

从年代界限来划分，2016 年之前留守儿童是指年龄在 0～18 岁，父母双方或者一方外出务工，儿童留在户籍地生活半年以上的儿童。2016 年，国务院颁布《国务院关于加强农村留守儿童关爱保护工作的意见》，明确说明父母双方外出务工或一方外出务工另一方无监护能力、不满 16 周岁的未成年人称为留守儿童。儿童在祖父母照顾下生活，称为隔代养育；在亲戚朋友照顾下生活，称为寄养型养育；独立生活，称为自我养育。

### （二）地域理解

按照地域划分，分为农村留守儿童和城市留守儿童。农村留守儿童指居住在农村，父母或者其中一方外出务工，另一方无监护能力，无法与父母正常共同生活的不满 16 周岁的农村户籍未成人。城市留守儿童指儿童生活在城市，父母或者其中一方到另一城市工作，无法与父母正常共同生活的不满 16 周岁的城市户籍未成年人。目前，从家庭的物质条件、生活方式、教育资源的分配状况看，城市留守儿童都明显优越于农村留守儿童，因此，农村留守儿童已成为社会的弱势群体。本节也将以农村留守儿童为主进行介绍。

### （三）留守儿童类型

从留守儿童类型看，分为国内留守儿童和国外留守儿童，前者为父母在国内进城务工，将儿童留在原居住地；国外留守儿童，为父母在国外工作，儿童留在国内生活和接受教育，这一现象主要分布在人口出国大省，比如吉林延边、山东青岛、福建福清、广东恩平等。

## 二、中国留守儿童现状

### （一）数量与分布

《中国家庭发展报告 2015》显示中国农村留守儿童占农村同龄儿童的 35.1%，2010 年的农村留守儿童相比 2005 年的农村留守儿童增长 242 万，农村留守儿童比例占比高的省份是安徽、江苏、湖南等地，已超过 50%。据第六次全国人口普查结果显示，城市留守儿童数量已经有将近一千万人，这个数字还在不断上升。民政部 2018 年数据显示，四川省农村留守儿童规模最大，总人数为 76.5 万，其次为安徽、湖南、河南、江西、湖北和贵州。《中国农村教育发展报告 2019》数据显示，我国留守儿童已达到 1550 万。

### （二）生存情况

农村留守儿童多与其祖父母共同生活，年龄稍大的儿童还需要帮助祖父母做些家务，做饭、洗衣服或者照看更小的弟弟妹妹，很少有时间和同伴儿玩耍，分担家务劳动已成为留守儿童的家庭责任。同时，由于祖父母或者亲属疏于对儿童的监管和细心照护，儿童缺少自我保护意识，很容易受到伤害。公安部的数据显示，被拐卖的儿童群体中，第一位是流动儿童，第二位是留守儿童。

### （三）健康情况

留守儿童的健康问题可以从营养健康、身体健康和心理健康三个方面理解。

**1. 营养健康**

饮食的营养健康直接影响儿童的身体骨骼和机能发育，与祖父母共同生活的儿童，由于祖父母年龄和精力有限，能够保障儿童的吃饱穿暖等基本条件，很难顾及儿童的饮食营养及穿衣问题，更多的是靠儿童自己解决，所以留守儿童的自理能力要强于城市的同龄儿童，但营养健康方面欠佳。

**2. 身体健康**

母亲外出务工的儿童，缺少个人卫生服务的指导及儿童身体自我保护的教导，儿童对身体安全缺少自我保护意识，易出现各类烧伤、割伤、溺水、电击、受侵害等事件。

**3. 心理健康**

从儿童与父母的联系情况看，留守儿童缺失父母亲情、生活照料、精神抚慰和细心教育。据相关研究显示，88.2% 的留守儿童只有通过电话与父母联系，64.8% 的留守儿童至少 1 周才与父母联系 1 次，24.2% 的留守儿童与照顾他们的家里人很少甚至不聊天，缺少与家人沟通的机会。留守儿童心理孤独平均指数为 40.44，达到此指数为中度孤独症，有 26.9% 的留守儿童孤独指数大于 46，相当于每 4 名留守儿童就患有严重的孤独症。女童的情绪表现和心理问题要高于男童；没有母亲陪伴的儿童心理问题要高于有母亲陪伴的儿童；与父母分离时间越久，心理问题越严重。

### （四）教育情况

从教育情况看，父母外出务工，学龄前儿童需要专人照护，由于时间和精力有限，更多的父母将儿童留在原居住地与祖父母一起生活，教育意识的缺失和有限的经济条件，导致农村留守儿童的入园率要比城镇儿童入园率低 10%，比流动儿童的入园率低 5%。

寄宿留守儿童因独立住在学校，学习状况疏于管理，也呈现出学习兴趣不足，行为习惯不佳等现象，甚至依然有部分适龄农村留守儿童没有及时上学接受教育或者出现中途辍学的情况。

**1. 农村留守儿童的家庭教育功能弱化**

（1）部分家长不看重儿童的学习　外出务工收入多，发展好的父母认为孩子读书好坏不重要，将来可以接着自己的事业做，形成了早点挣钱，读书无用论的育儿理念，忽视了对儿童生命教育意义的指导和关注。在这样教育观支持下，儿童对学习和学校教育不看重。

（2）母亲比父亲重视教育　数据显示，留守儿童如果单独与父亲生活，未能接受义务教育比例要高于单独与母亲生活的儿童比例，说明母亲比父亲更重视儿童的学习和教育。

（3）家庭教育资源匮乏　儿童除了在校接受课本知识学习，完成既定作业之外，没有更丰富的学习资源。据相关报道，留守儿童的祖父母的教育程度偏低，2007 年调查数据显示，有 70%～80% 的祖父母的文化程度为小学或以下，自身受教育程度不高，对孙辈的学习教育主观上强调，但客观上却疏于管理和指导。

**2. 寄宿留守儿童的学习状态不佳**

部分留守儿童因无人监管或者其他多种原因，选择寄宿在学校，远离父亲（母亲），远离家庭，缺少了情感沟通。据相关数据统计，有近 7 成的儿童会想家。寄宿儿童接触的老师、同学和学校环境呈现单一化，教学设施不健全、生活单调、课间娱乐、精神需求和情感需求得不到更多地满足。学习动力不足，满足于完成既定的作业，学业成绩不理想；寄宿儿童的学习资料有限，很难获得其他的教学资源；寄宿学校的空间场地有限，儿童的住宿和餐饮状况也很不乐观。

## 三、留守儿童问题分析

中国农村留守儿童现象的产生受政策和家庭两个因素共同影响，城乡"二元"制的户籍管理，限制了留守儿童去城市上学的机会，学前教育和高中阶段教育还未纳入义务教育阶段，城市的各项开销费用比较高，很多父母将孩子留在户籍地生活。

### （一）农村教育资源的薄弱制约了儿童教育的发展

农村教育的薄弱体现在教育经费、教育观念和同辈交往 3 方面。

**1. 教育经费薄弱**　相关资料显示，农村学校教育经费来自国家财政统一拨付。但资金有限，除了教师人员的工资外，很难有更多资金用在学校发展和学生发展上，教育设施的现代化和信息化不足。

**2. 教育观念淡漠**　农村青壮年劳动力外出，留守的是老人和儿童，老人文化水平不高，对孩子教育不重视，除学校教育外，儿童常处于"散养"状态，社会行为规范指导不足，缺少对儿童正确价值观的引导。

**3. 同辈的负面影响**　同辈群体在缺少成人的教育引导和监督的情况下，受外界影响，容易出现"反社会""反学校""反家庭"的破坏性行为，影响了儿童正确价值观的形成。

### （二）父母缺位影响儿童心理健康发展

美国著名社会学家科尔曼（James Coleman）在调查中指出，家庭背景和社会环境对儿童的学习影响要大于学校教育影响。农村留守儿童父母外出，由祖父母照看，更为弱势的是儿童无人照顾，需要自己生活。家庭作为儿童社会化最初级的环境，父母扮演着儿童社会化的指导角色，角色的缺失直接影响了儿童的初级技能，诸如学习习惯、社会规范、人际交往等能力的习得，加之祖父母教育观念的薄弱，导致儿童孤独、自卑等心理问题的出现。

### （三）负能量信息传播影响儿童健康思想形成

社会化媒体是传播社会化信息、与人际交流互动的平台。留守儿童将社会化媒体作为精神上的滋养，作为一种陪伴，对信息接收的敏感度和速度非常快，容易让儿童对社会化媒体产生了依赖。由于缺少家庭的教育和指导，让还未涉世的儿童对信息的可信度、安全度难以筛选和评判，儿童也接收到了负面信息的影响，诸如利益、金钱、暴力等方面的诱导，让身处困境儿童的发展更易走入歧途。

## 四、留守儿童支持的相关机构

公安、民政、财政、共青团、妇联、残联等部门各司其职，一直致力于留守儿童的关爱服务工作。教育部门和学校加大关爱力度，保证留守儿童的义务教育，让每一个留守儿童不因贫困失学，学校加强对留守儿童的心理指导，促进儿童心理积极发展。2016年，国家民政部设立了未成年人（留守儿童）保护处，也是民政部第一次成立保护未成年人的业务部门。专门的未成年人（留守儿童）保护处将联合社会救助、社会福利、社会组织、社区建设和社会工作多部门，实现多种资源的沟通和整合工作，为留守儿童的支持、保护和服务体系建设提供支持。

## 五、留守儿童的支持内容与举措

### （一）支持内容

从政府层面，完善留守儿童的医疗保障和受教育保障制度，保障留守儿童享有高质量的公共医疗和公共教育。从社会层面，发展公益组织，通过政府购买服务等方式关爱留守儿童。从学校层面，加强教师对留守儿童的辅导与关爱，建立家校合作和信息化沟通平台，通过网络等新媒体方式搭建学校、家长、儿童的互通机制。从家庭层面，加强留守儿童的精神抚养，增加父母的陪伴，营造和谐的亲子互动关系。

## （二）支持措施

### 1. 政府层面

政府对农村留守儿童的关爱与保护，从提高农村儿童重大疾病医疗保障水平，到关注农村留守儿童寄宿学校建设，再到关注农村留守儿童的教育条件、教育机会和教育公平以及对留守儿童父母的监管责任落实等方面，都制定了相应的制度要求和补救措施。

医疗保障方面，农村留守儿童的医疗救助作为新农合的补充制度，对于贫困的农村留守儿童家庭来说，往往因为经济条件薄弱而延误了儿童的看病和治疗时间，医疗救助制度缓解了儿童看病和治病难的问题，缓解了外出务工父母的经济压力和精神压力，是重要的民生福祉。农村留守儿童新农合制度对住院费用的报销比例较高，医疗救助制度在此基础上，经过对留守儿童家庭的贫困程度进行评估后，还会给患病儿童提供一定补助，对贫困家庭来说是很大的帮助。

受教育保障方面，完善了农村留守儿童教育保障法律制度，公共机构为农村留守儿童提供保障公共教育的机会与条件。公共教育让农村留守儿童获得成长与发展所需知识、技能。共青团组织可以发挥组织优势，联合其他群团组织，努力构建社区、学校、社会三位一体的留守儿童教育及监护体系。网络教育作为家庭教育和学校教育的重要补充，承担着社会教育的重要力量，网络信息内容的可信性、可靠性、安全性、健康性直接影响着儿童的身心发展。互联网企业加大对农村留守儿童可能遭受的网络危害做出评估和预测，并有针对性的提升网络技能，增加筛选程序，确保儿童获得信息的安全性和健康性，共同保障农村留守儿童的网络安全。

留守儿童的精神抚养支持是指通过对留守儿童精神的照顾和关心，让留守儿童感到精神上的满足，宣泄出生活中的不满情绪。精神抚养通常是"无形"的，带给留守儿童的影响却是"有形"的，对留守儿童的未来会产生巨大影响。通过加大农业补贴，发展新型农村经济，吸引进城务工人员回流，返回农村，为留守儿童提供良好的家庭环境，有利于父母对留守儿童的精神抚养。加强精神抚养宣传，让家长意识到父母对儿童精神抚养的重要性。加强法律的宣传，提高留守儿童父母的法律意识，让留守儿童父母自觉地履行义务。提升留守儿童父母对儿童生存权、健康权、发展权的尊重，让留守儿童家长意识到触及到留守儿童的这些权利会对孩子产生危害。

具体行动方面，为加强对农村留守儿童的关爱，全国妇联和中国儿童基金会共同建设了"儿童快乐家园"公益项目，为留守儿童提供托管、家庭教育指导、心理咨询等服务；开展亲子视频、亲子课堂、亲子阅读、亲子游戏等，增进亲子互动交流，营造良好的家庭和社会环境。中央专项彩票公益金在 2016～2021 年间，连续 6 年每年投资 1500 万元建设该项目。截止到 2018 年底，通过社会筹集和专项基金，已在全国 31 个省（区、市）和新疆生产建设兵团捐建了 1065 个"儿童快乐家园"，累计投入 1.065 亿元。

对于留守儿童的父母，政府要承担监管责任，父母除了享有生育权之外，更要承担养育的责任。针对个别对留守儿童的养育不到位，与儿童的联系不及时，甚至因为虐待儿童而造成严重后果的父母要承担一定的法律责任，严重者取消父母的监护权。

**2. 社会层面**

在政府加大向社会力量购买服务的形势下，提供高质量的为留守儿童服务的内容，既实现了自身经济效益，也为儿童提供帮助。积极探索社会创新模式，民间机构发起多项救助活动，提供免费医疗、免费交通、心理健康支持等方面，针对留守儿童进行帮扶。例如心理支援让儿童学会在不同情境中进行自我情绪的管理和调节，帮助留守儿童认识并了解自己的情绪根源，缓解心理压力，学会养成积极快乐的良好心态。此外，还有专门针对贫困留守儿童的帮扶项目，为孩子们的成长提供支持。

**3. 学校层面**

无论是寄宿留守儿童还是非寄宿留守儿童，学校的教育理念、管理方式对留守儿童的影响很大，老师们也最了解学生的心理状态、学习状态和生活状态。因此，学校可从以下几个方面加强留守儿童的教育和管理。

（1）关注儿童的心理健康问题　与学习成绩相比，留守儿童的心理健康更值得学校关注。鼓励教师与留守儿童的交流，了解其家庭背景，让儿童获得归属感和安全感。鼓励留守儿童积极参与学校活动，弥补留守儿童缺失的情感。由于留守儿童的父母不在身边，留守儿童很有可能走上校园欺凌的道路，或者是因为父母不在身边保护自己，而导致自己遭受校园暴力。学校应当着重关注留守儿童心理问题，建立儿童心理成长档案，定期给予儿童进行心理疏导。

（2）学校要建立与家长互联互通的信息沟通平台　一方面增加教师和家长的沟通，另一方面也要增加家长和儿童的沟通。可用语音视频方式，定期举办视频通话活动，增加家长与儿童互动和交流的机会，增进彼此了解和情感。

（3）发挥同辈群体的榜样力量　儿童的认知和学习主要是通过模仿方式来学习和吸收的，他们喜欢与同学做朋友，喜欢与同学共同玩耍。学校的管理上，要避免青年群体的亚文化的渗透和灌输，发挥品学兼优、自立自强的留守儿童的榜样力量，通过感染和激励，带动更多的留守儿童理解父母的辛苦，尊重父母的劳动，养成积极乐观的心态，成为追求进步的儿童。

（4）开展丰富多彩的主题教育活动　多开展诸如爱国主义教育、感恩教育、理想信念教育、挫折教育、生命教育为主题的活动，让儿童用歌唱、游戏、绘画、舞蹈等多种形式表达和展现情感，提升儿童的道德品质、心理品质。

**4. 家庭层面**

父母是留守儿童的直接监护人，虽不能时时陪在儿童身边，但是父母要承担监管责任。留守儿童的父母外出工作，所以亲子沟通较少，而在正常家庭中亲子沟通较多，儿童的学习、心情、社交等多方面都会得心应手。留守儿童缺少亲子沟通，在这些方面普遍存在不足。在与儿童的沟通内容和技巧上，父母要减少对儿童的程序性的问候与关心，减少命令性的语言带给儿童的反感，时间久了，儿童对父母的话变得越加麻木。留守儿童的家庭应该多注重与儿童沟通，在沟通时了解留守儿童的想法，留守儿童的父母也可以将自己的工作经历讲给儿童，长期离开父母的儿童会很好奇爸爸妈妈在外边的世界，通过沟通增加彼此之间的情感交流，减少留守儿童被抛弃的感觉。

## 六、留守儿童的未来展望

基于本国国情，政府正加大力度发展覆盖所有留守儿童的福利制度。2010 年 9 月，国务院常务会议研究部署了发展家庭服务业的政策明确，国家是儿童福祉、家庭福祉与总体性社会福祉建设的主体，未来对留守儿童形成政府为主体，社会力量和资金共同建设的保护留守儿童的网络。让留守儿童不再孤独和无助，进一步提高留守儿童的幸福指数。

### （一）建设留守儿童信息化管理平台

2017 年 10 月，民政部已开始部署落实留守儿童信息化管理服务平台的建设工作，该信息平台的建立，将最低生活保障信息、贫困建档立卡信息、残疾人信息系统等进行数据资源整合共享，实现了留守儿童的大数据管理。2019 年 7 月，12 部门联合印发了《关于进一步加强事实无人抚养儿童保障工作的意见》，同年 10 月，全国共有 697 万留守儿童得到了监护权和关爱保护。

### （二）扶持外出父母回乡创业

为能让留守儿童有一个完整幸福的家庭，鼓励外出务工的父母回家创业，一系列的支持性文件先后出台，为返乡创业提供减免税费、补贴经费、支持贷款、提供回乡就业岗位、搭建创业岗位等，外出务工的父母陆续选择返回家乡工作。当下物流运输的快速便捷，许多回乡创业的父母通过网络开发旅游农家乐、食品加工、农产品销售等。各地实施很多优惠政策，提供资金和培训支持，鼓励农民工返乡创业，回归家庭，不仅提高了家庭的经济条件，也让儿童不再留守，享受父母的关爱和家庭的温暖。

### （三）启动"农村学前教育推进工程"

针对特困地区、偏远地区和少数民族地区的学前教育资源严重不足，师资力量短缺，教育基础薄弱的现象，从 2010 年开始，教育部等多部门联合启动了"农村学前教育推进工程"，开始实施每 3 年一期的学前教育行动计划，2014 年和 2017 年分别启动了第一期和第二期，支持学前教育的快速发展，明确到 2020 年，基本建成广覆盖、有质量的学前教育公共服务体系的目标。2018 年，中央财政投入学前教育专项资金 150 亿元，2019 年投入 168.5 亿元，公办幼儿园教师编制问题在逐渐解决，工资逐渐提升，农村留守儿童上幼儿园的机会也在逐年增加。

## 七、典型案例分析

### 1. 留守儿童祖父母的看护理念

在一次学校活动中，小 Q（化名）的胳膊在与同学的沙包游戏中被撞伤，奶奶急切地关心小 Q 伤的严不严重，看到小 Q 的胳膊并无大碍才放下心。对于留守儿童的祖父母，安全看护是他们的责任，一旦孩子受伤，担心不好向自己的子女交代，得到他们的埋怨，对身体安全的看护大于对学习成绩的关注，这也是在农村留守儿童的隔代教育中普遍存在的观念。

**2. 班主任的爱：留守儿童成长日记**

学校作为儿童接受教育的重要场所，班主任对儿童的成长起着的重要作用，带给儿童的思想启迪甚至会影响儿童未来的一生。班主任撰写留守儿童成长日记，体现了对留守儿童在学习指导、思想教育和行为教育基础上更深层次的关注。日记不仅仅是文字的撰写，更是儿童每一步的成长变化与进步，这不仅需要班主任关注儿童在校表现，也要通过家访的形式了解儿童的家庭情况，关注儿童的心理困惑，走进儿童的内心世界，有针对性地开展工作。留守儿童成长日记倾注着班主任工作的心血和付出，这是一种博大的爱。

**3. 在作文中发现儿童的小情绪**

语文老师在阅读学生的作文中，发现了小 E 同学是个有心事的孩子。老师通过与小 E 比较好的同学聊天中了解了小 E 的现状，并让同伴多与小 E 在一起，帮他排忧解难。同时，老师与家长取得联系，了解到了家里的现状。在掌握了小 E 同学的情绪原因之后，老师主动找小 E 进行交流，化解心中的困惑。在班会上，老师也会以相应的话题为主题展开讨论，通过分享、体验的方式让同学们参与其中，互相鼓励，彼此促动。语文老师通过作业发现学生问题，体现了老师的细心和用心；通过小 E 身边的好朋友带动小 E，发挥了朋辈同学的作用；主题活动的开展，增进了同学们的友谊和班级的凝聚力。

## 【材料链接】

**1. 儿童福利主任：从泥土中走出来的惠童队伍**

2015 年，民政部正式启动了"全国基层儿童的福利与保护服务体系建设试点工作"，向 31 个省（自治区、直辖市）的百县千村辐射 50 余万名儿童。2016 年，国务院印发《关于加强农村留守儿童关爱保护工作的意见》，完善农村留守儿童关爱和救助的保护机制。当前，全国有 31 个省份出台了完善农村留守儿童关爱服务体系建设，多个省市的儿童福利主任人数覆盖率已超过 75%。

**2. "乡村流动少年宫"：留守儿童的"快乐超市"**

"乡村流动少年宫"是提升农村留守儿童素质教育，推进教育公平的有益尝试，也是为关爱农村留守儿童身心健康成长的公益性活动。"乡村流动少年宫"以少年宫为载体，整合教育、医疗、文化等资源，为农村留守儿童提供中国传统文化教育、艺术教育、爱国教育、生态教育、创造教育、情感教育等多项学习内容。儿童可以像在超市选择商品一样，在"乡村流动少年宫"里选择自己喜欢的学习项目，丰富了农村留守儿童的课外生活，拓宽了留守儿童的知识视野，为农村留守儿童的身心健康成长搭建了一个培养兴趣、快乐学习的平台。

# 第四节　特殊需要儿童与福祉

特殊需要儿童是一个内涵丰富且复杂的概念，在教育发展的不同时期，关于特殊需要儿童范围的理解和界定各有不同。

## 一、特殊需要儿童定义

关于特殊需要儿童的定义，20世纪80年代，欧美的一些国家为减少对残疾儿童和其家长心灵上的伤害，给予残疾儿童更多尊重，使用"特殊需要儿童"代替"残疾儿童"，也是被公认的一种解释。

特殊需要儿童，可从广义和狭义两个层面来理解。广义解释是指0～17岁在智力水平、心理发展、身体健康等多个方面与正常儿童存在明显差异的未成年人，既包括发展上低于正常的儿童，也包括高于正常的儿童。狭义的理解，指在肢体、听觉、视觉、智力、语言等身心发展上有缺陷的儿童。

## 二、中国特殊需要儿童现状

### （一）数量与分布

中国特殊需要儿童的数量十分庞大，2018年全国有将近400万残疾儿童，其中0～6岁残疾儿童139.5万，6～14岁残疾儿童246万。中国儿童受到打骂的情况较为严重，受到虐待的少年儿童较多；据统计，我国0～14岁的自闭症儿童数量多，已超过200万，患病率为1%，即100个儿童中就有1个自闭症儿童。

### （二）生存情况

特殊需要儿童的生存情况主要体现在自理能力与社会交往能力两个方面，教育环境和家庭环境是很大的影响因素。相关研究显示，对于自闭症儿童，接受过普通学校教育的儿童，在社会交往和认知方面要高于没有接受普通学校教育的儿童。也会有自闭症儿童在接受普通学校教育后，在某些领域，行为会出现超出正常儿童智力水平的现象，表现出特殊才能，这一类儿童也可以理解为超常儿童。从家庭环境角度看，父母与特殊儿童共同生活的环境里，父母对儿童的康复锻炼比较及时，重视对儿童的教育和技能的培养。在隔代教育的家庭中，儿童的自理和社会交往能力会明显减弱。儿童的生存情况还与父母的文化知识水平和认知水平有关，父母文化知识水平高，家庭经济条件较好，儿童的生存状态好。

### （三）健康情况

1998年，由教育部颁布的《特殊教育学校暂行规定》强调了特殊需要儿童的个人卫生习惯、身体素质和健康水平的提高是特殊学校的培养目标。初步掌握补偿自身缺陷的基本方法，使有特殊需要的儿童身心得到一定程度的康复；步步树立自尊、自信、自强、自立的精神和维护自身合法权益的意识，形成适应社会的基本能力。研究者对广州市特殊需要儿童的社会能力进行的调查结果显示特殊需要儿童在活动能力、社会交往能力和学校适应能力方面都存在不同程度上的不足。因为特殊需要儿童身心发展上不同于正常儿童，多数儿童不同程度的丧失了日常的生活自理能力和学习能力，社会能力发展受到严重影响，生活上更多需要家庭的照顾。自闭症儿童最初与正常孩子在外表上没有显著区别，存在家长没有及时带儿童到专门医疗机构进行早期的干预和康复的现象。

### （四）受教育情况

**1. 特殊教育相关法律法规有待健全**

目前，我国规范特殊教育活动的法律较为零散，《中华人民共和国宪法》《中华人民共和国残疾人保障法》《特殊教育学校暂行规定》中出现有关残疾儿童享有义务教育权利的规定，但多为附加性规定，只是体现教育公平原则，作为规范特殊教育活动的专门性法规，发挥实践性的指导和作用依然有限。

**2. 特殊需要儿童接受义务教育数量不足**

截止到 2016 年，全国共有特殊教育学校 2080 所，普通小学、初中随班就读和附设特教班招收的学生 5.18 万人，在校生 27.08 万人，分别占特殊教育招生总数和在校生总数的 56.60% 和 55.06%。

还有许多特殊需要儿童未接受国家规定的义务教育，使得特殊需要儿童接受义务教育的比例远低于义务教育阶段普通儿童的比例；学前和高中阶段的特殊需要儿童在教育上也相对滞后，故"特殊教育"存在短板。

**3. 特殊需要儿童的教育资源有待增加**

教材方面，有的盲校学生使用教材存在着形式单调，更新缓慢，教学观念落后，教学内容陈旧，教学资源缺乏等问题。在融合教育理念下，目前的特殊教育课程应根据盲、聋、智力落后三类特殊儿童的认知特点编制课程标准，与普通学校的课程标准呈现隔离状态。在师资队伍方面，存在特殊教育教师数量不足，专业化程度不高等问题。随班就读的班级里，老师们一方面要照顾普通学生，一方面要顾及特殊学生，精力有限，专业技能有限。在师资培养上，师范院校中开设特殊教育专业课程的很少，特殊教育教师的培养能力严重不足。

## 三、中国特殊需要儿童问题分析

特殊需要儿童的出现有其生物学上的遗传因素，如家族中有长辈患有某种神经症或精神疾病，下一代成员发生此类疾病的危险率比较高。也存在分娩过程中，因缺氧、难产，或者母亲怀孕期间服用不合适药物，吸烟、酗酒，接触放射线等多种因素导致了儿童的脑损伤，环境污染、疾病、意外等造成的儿童残疾。特殊需要儿童因为家庭经济困难、教育资源匮乏、评估机制不健全以及父母的观念落后等，使特殊需要儿童的教育机会、社会融入、早期治疗受限。

### （一）家庭经济因素限制了特殊需要儿童的康复与治疗

特殊儿童的教育资源包括学校数量、师资力量、教材质量、教育理念等，也包含了家庭教育资源。大部分特殊需要儿童家庭环境条件较差，经济困难，无力购买辅助设备和支付特殊受教育费用，使得许多特殊需要儿童错失诊治时机。

### （二）评估机制不健全使儿童的社会融入存在困难

目前，对于特殊需要儿童的信息化管理比较分散，对特殊需要儿童的康复评估、受教育程度的评估还不健全，缺少评估后的具体实施细则，比如不同评估等级针对不同的康复和学校的选择，缺少实质性的指导。导致特殊需要儿童未能获得及时评估和救治，延误了儿童的最佳康复时机和上学的机会，更多地依靠家庭力量来解决，社会融入能力受限。

### （三）父母观念落后影响了儿童的早期治疗

与身体残疾不同的是自闭症儿童，父母在儿童幼小时期很难判断儿童的正常与否，他们除了不爱表达之外，从外貌上与正常儿童并没有区别。因此，家长在日常照护和教育方面与正常儿童是一样的，也会让儿童到普通幼儿园、小学接受正规教育，但儿童很难融入学校的教育方式和同伴群体。即使家长发现了儿童的问题，也不愿意将儿童作为残疾人送到康复机构或者特殊教育学校，宁可不断转学，家长也不愿意接受现实，导致儿童耽误了早期干预治疗，这样的思想观念在自闭症儿童家长中是常见现象。

## 四、特殊需要儿童支持的相关机构

特殊需要儿童作为弱势群体，需要政府、社会医疗康复机构、学校、科研院所、家庭的支持与帮扶。教育、卫生、残联、妇联等政府部门可建立信息数据库，全面掌握特殊需要儿童的健康、教育和分布等情况。多部门联合协作，进行资源和力量整合，精准施策。2016年，全国开展残疾儿童康复的残疾人服务机构共有7858个，15万0~6岁的残疾儿童接受了基本康复服务。国家《"十三五"加快残疾人小康进程规划纲要》和《残疾人康复服务"十三五"实施方案》相继出台，残疾人的康复服务体系和康复保障制度的建立，使身体有残疾的特殊需要儿童得到了越来越多的康复机会，获得了政策保障。除了民政政府部门之外，也有越来越多的公益组织、民间慈善团体多渠道地为贫困家庭中的特殊需要儿童提供帮助和扶持。

2019年，教育部等6部门印发《高职扩招专项工作实施方案》的通知，要求高职院校与独立设置的特殊教育机构合作，让更多身体残疾的特殊需要儿童有机会接受高等职业教育。

## 五、特殊需要儿童的支持内容与举措

### (一) 支持内容

#### 1. 政策支持

我国对特殊需要儿童的教育政策还在逐渐完善中，从 20 世纪 50 年代开始，先后出台了《关于盲童学校、聋哑学校经费问题的通知》《中华人民共和国残疾人保障法》《关于"十五"期间进一步推进特殊教育改革和发展的意见》《"十一五"期间中西部地区特殊教育学校建设规划 (2008 ~ 2010 年)》《关于进一步加快特殊教育事业发展的意见》《中华人民共和国残疾人教育条例》《残疾人参加普通高等学校招生全国统一考试管理规定》《第一期特殊教育提升计划 (2014 ~ 2016 年)》和《第二期特殊教育提升计划 (2017 ~ 2020 年)》等政策性文件，体现了国家政策与法律的逐步完善，从特殊教育学校到融合教育形式转变，从资金投入至发达地区特殊教育学校到投入至中西部偏远贫困地区学校，从硬件建设到特殊教育师资力量的培养，从义务教育阶段延伸到学前教育和高中教育阶段，均体现了努力为特殊需要儿童搭建一个平等、尊重、融入的政策支持平台。

#### 2. 经济支持

为完善特殊需要儿童的生活补贴制度，2014 年共有 24 个省（区、市）的 33 个地区出台了儿童生活和助学补贴制度，补贴由每月人均 60 元增加到每月人均 1500 元不等。《第二期特殊教育提升计划 (2017 ~ 2020 年)》中提到加大经费投入，改善特殊教育办学条件，增强特殊教育的保障能力。对于特殊教育学校进行资金投入，统筹规划，合理布局，支持新建、改建和扩建特殊需要儿童学校的基础设施，完善教学设施，配备特殊教育所需的教学和康复设备，满足个性化教学和康复的需要。同时，支持有条件的地方开办孤独症儿童的特殊教育学校，提升教育的专业化。

#### 3. 环境支持

特殊需要儿童的成长环境，除了基本家庭环境之外，还要依靠学校和社会创建反歧视的社会环境，让特殊需要儿童在平等、尊重、和谐的环境中成长，这也是实现儿童福祉的最重要途径。在家庭环境中，父母的认知水平、情感情绪、婚姻质量都是特殊需要儿童健康成长的重要因素。家庭面临特殊需要儿童，往往会束手无策、焦虑不安、无望失落，这些负面情感直接影响了夫妻的情感和交流，父母的情感变化和矛盾争执，容易使特殊需要儿童形成矛盾性人格特征，产生无助感，更加弱化了特殊需要儿童的社会化功能。社会环境方面，无障碍设施、无障碍通道、公共交通的残疾人专用座椅，都是方便特殊需要儿童出行的公共环境，也是特殊需要儿童融入社会、参与社会的设施支持。

### (二) 支持措施

#### 1. 政府层面

（1）经济支持　2014 年颁布的《特殊教育提升计划 (2014 ~ 2016 年)》的主要措施中提出，随班就读的特殊需要儿童的生均预算内公用经费补助标准为 6000 元，但也会依据招生人数和生源的特殊情况适当追加预算经费。在非义务教育阶段的学前教育和高中阶段教育，也将重点向特殊教育倾斜，并对家庭贫困的特殊需要儿童实行免费的高中教育，多地区提高了相关经费投入。

（2）特殊教育教师培养 《第二期特殊教育提升计划（2017～2020年）》中规定：一是鼓励普通师范院校和综合性院校的师范专业普遍开设特教课程，在教师资格考试中加入一定比例的特殊教育相关内容，在整个教师队伍中普及特殊教育专业知识。二是省一级承担特教学校教师培训，县一级承担普通学校随班就读教师、资源教师和送教上门教师的培训，提升特教教师培训组织者的层级。

（3）特殊教育改革 教育部于2015年公布了《教育部办公厅关于公布国家特殊教育改革实验区名单的通知》，天津北辰区、河北省石家庄市、唐山丰南区、内蒙古自治区赤峰市、吉林省长春市宽城区等全国37个市（州）、县（区）被确定为国家特殊教育改革实验区。通过送教上门、随班就读、医教结合等模式探索并加快普及特殊需要儿童的义务教育，进一步推进更加合理规范的体制机制建设，为其他省市区提供借鉴经验。2014年，依据国家特殊教育提升计划的相关政策措施，特殊教育学校预算内生均公用经费从2000元提高到4000元以上，中央财政投入资金12.1亿元。进一步改善特殊教育学校的教学设施和学校环境，加快推进特殊教育学校课程和师生教材建设。

部分省份提出残疾孤儿经过评估后，可进入不同学校学习。一是对于具备正常条件的残疾孤儿，可与正常儿童一样到普通学校学习；二是在视力、听力、语言和智力存在残疾的孤儿，可到特殊教育学校学习；三是不能到特殊教育学校学习的残疾孤儿，可到儿童福利机构设立的特殊教育班进行学习。

**2. 社会层面**

营造良好的社会环境，构建相互联结和融合的社会支持体系对特殊需要儿童的成长十分重要。应加强社会媒体宣传力度，在儿童之间营造相互尊重、接纳的环境。部分公共交通配有残障人士无障碍设施、无障碍通道和残疾人专用座椅，有些公共场所已设有残障人士专用卫生间、儿童专用卫生间和母婴专用卫生间。

社会不仅要关注特殊需要儿童，也要关注特殊需要儿童的父母。父母长期面临特殊需要儿童的教养压力，需要残联、民政、社区等多部门定期组织家长培训，开展家长间的座谈与交流，建立家长间相互联系的沟通平台，提供专业信息，疏导家长心理问题。通过民间组织团体、志愿者服务等形式，加大宣传与指导力度，让特殊需要儿童及家长得到尊重、理解、平等与关爱，支持家长积极融入社会，力争为特殊需要儿童及家庭营造一个有力量、有温暖、有善意、有包容的社会大环境。

**3. 学校层面**

交流能力和谋生能力的课程对特殊需要儿童的成长至关重要。学校在教学计划中，应将德育、智育、体育、美育、劳育融入基础学科中，将理论与实践学习相结合，提升儿童的学习兴趣，减少单调乏味的课程，最大限度发挥儿童学习潜能，开发儿童学习技能课程。

在课程设置方面，学校可以依据儿童的不同状况和需求，制定教学大纲，因材施教。对于不同学生提供不同教材，采取不同的教学方式，这样为残疾儿童和教师都赢得自由的空间，使得教学方式更适应特殊需要儿童的能力和特点，教师的能力也得到一定的提升。

**4. 家庭层面**

家庭是特殊需要儿童生活的重要场所，家庭的温暖和支持是特殊需要儿童康复的重要保障。特殊需要儿童家庭中，为照顾儿童的特殊性，往往需要父母一方选择放弃工作，专职照顾儿童，或者交由祖父母代管儿童。无论哪一种陪伴和教养，都需要付出巨大的精力、耐力和代价，家庭成员的悲观与不稳定情绪，时常影响夫妻间的情感，让情感变得更脆弱。因此，夫妻要提高对特殊需要儿童的认知水平，相互鼓励和支持，共同承担养育特殊需要儿童的责任，并寻求心理咨询、康复训练、社会工作者的介入，要求支持和帮助。

## 六、特殊需要儿童福祉的未来展望

2019 年全国教育大会上提出，要以《第二期特殊教育提升计划》为引领，进一步完善特殊教育体系，提升保障能力。各地要认真做好残疾儿童数量的统计，了解和掌握残疾儿童的家庭状况，落实"一人一案"，保障更多残疾儿童在义务教育阶段能随班就读，获得更多地教育资源和专业指导。现行的特殊需要儿童福利制度更多以生活保障为主，缺少以特殊需要儿童能力开发为重点的儿童福利制度。特殊需要儿童面临能力弱，被歧视、被抛弃的现象依然很多。

### （一）特殊需要儿童福利制度的理念转型

特殊需要儿童的福利制度制定新理念是指为发展特殊儿童的能力提供保障性支持，尤其对于身体残疾的特殊儿童，对特殊需要儿童进行能力开发，使之残余能力得到强化，实现能力的最大化。能力得到最大限度的发挥，就能让不同特殊需求类型的儿童各尽其能，个体实现最大的人生价值。

### （二）特殊需要儿童福利支持加大

2008 年 3 月 28 日出台的《中共中央国务院关于促进残疾人事业发展的意见》，提出对残疾儿童实行优先抢救性治疗和康复，并对贫困家庭的残疾儿童给予康复经费的补助。2013 年《北京市残疾儿童少年康复服务办法》中规定了本市户籍中年龄未满 7 周岁的残疾儿童享受城乡最低生活保障，或重度残疾人生活补助家庭中满 7 周岁的残疾儿童，经过评估后，可到定点机构接受免费康复训练服务。2018 年 10 月，国务院印发了《关于建立残疾儿童康复求助制度的意见》，将孤独症儿童纳入康复救助范围。

### （三）从支持特殊需要儿童到支持家庭

从儿童个体支持到整个家庭支持，过去的福利项目主要针对残疾儿童提供福利，而未涉及整个家庭。能力开发型福利制度将不同于过去，不仅对残疾儿童提供福利服务，也对家庭提供福利津贴。在儿童康复方面，2015 年国家培训 4.2 万名听障儿童家长，并通过民间机构为特殊需要儿童家庭提供在线家长课程和远程家庭支持服务，多渠道开展关怀、教育、治疗、康复和咨询服务，促进家长的康复知识和能力的培养。

## 七、典型案例分析

### 1. 社工介入，帮助特殊需要儿童上学

小 M（化名）在 3 岁时因为误食药物原因导致了听力障碍，听不见外面的声音，渐渐就不说话了。现在她 8 岁了，已经到了上学的年龄。因为听力残疾，加上父母的愧疚之心，平时所有的事情都是父母帮着做，父母也担心孩子上了学，什么都做不了，所以不愿送去上学，觉得在家里小 M 才是最安全的。在当地妇联"志愿者结对子"的活动中，王某结识了小 M 一家。了解情况后，王某与小 M 的父母分析了现实问题和孩子的现实需求，从孩子的自身不愿与人交流，自理能力弱，到同辈群体的缺失，再到父母教养方式问题与小 M 的父母进行了长时间的交流与引导，同时积极与残联联系，协助小 M 选择特殊教育学校上学。

### 2. 老师对儿童语言的训练

4 岁男孩小 D（化名），出生时因脑缺氧曾经住院治疗一段时间。此前没上过幼儿园，一直由奶奶看护。他的动作协调性不太好，眼睛略显呆滞，间或有少量口水流到嘴角。初次送到幼儿园，并没有哭闹。与小朋友交往时语言表达极少，别人玩的时候他喜欢凑过去旁观，不能与小朋友们一起参加活动，也不能融入群体里，活动课时不能安静地跟小朋友一起活动，不能倾听老师的指导语，交流起来有些困难。

孩子在幼儿园时喜欢跟着老师。当老师翻看一本幼儿画书时，他会主动凑上来看。根据这个情况，老师主动陪他踢球、踢塑料圈，渐渐给予实物的反复刺激，他的交往和言语方面表现突飞猛进，孩子的父亲很感激，逢人就说老师教会了孩子说话。

### 3. 双语教学对实聋儿童的训练

小 L（化名）是一个 5 岁小男孩，刚来到康复院的时候，他的家长说，孩子会口述爸爸、妈妈、爷爷、奶奶等词语。通过训练发现他什么都听不见，是实聋，但是家长不愿意接受这个事实。老师多次与家长进行沟通，要求进行听力测试，家长观念不认同。老师对其进行口语和手语双语教学，经过 1 年多的训练，孩子在一次家长会上表演节目《看图识字》，孩子用唇语和手语共同表达图片的内容，家长非常高兴。

### 4. 唇腭裂的训练

小 Z（化名）是一个 3 岁的男孩，刚来到儿童福利院的时候 bpmf 混淆，两个字的词语，旁人听不出来。老师对他进行语言训练、噪音训练、舌操、呼吸训练等，同时借助于启音博士，最终训练效果已接近于正常人水平。

### 5. 肢体＋脑瘫后遗症的矫正

小 X（化名）还是一个 4 岁小女孩的时候，左腿走路非常的不稳，左手也有一些肢体残疾。教师对她进行早期干预，站楼梯 1/3 处，后 2/3 处空着。上午和下午各训练半小时，左手带矫正器直到睡觉，并且摘下后进行按摩。着重训练用左手拿东西，培养她的自理能力，最后平衡能力变得非常好，残疾手也可以做一些家务。小 X 现已婚，并且可以外出打工挣钱补贴家里。

**【材料链接】**

## 《第二期特殊教育提升计划（2017～2020 年）》

该计划由教育部等七部门于 2017 年 7 月 17 日联合发布，其中涵盖了 6 条措施，内容为：提高残疾儿童少年义务教育普及水平，精准施测，落实"一人一案"，到 2020 年残疾儿童少年义务教育入学率达到 95% 以上；加快发展非义务教育阶段特殊教育，努力增加残疾人接受非义务教育的机会；健全特殊教育经费投入机制，倾斜支持，增强特殊教育保障能力；健全特殊教育专业支撑体系，县区建立残疾人教育专家指导委员会和特殊教育资源中心；加强专业化特殊教育教师队伍建设，提高培养培训质量，完善编制津贴政策；推进特殊教育课程教学改革，完成新课标教材编写。

**【思考与练习题】**

1. 周围单亲家庭儿童、流动儿童、留守儿童和特殊需要儿童的生活状态和心理健康状况如何？
2. 弱势儿童的福祉有哪些方面内容？涉及哪些行政部门？

**【小组讨论】**

1. 目前弱势儿童的相关支持网络有哪些？还需要哪些方面的支持？
2. 结合弱势儿童的现状，请描绘一幅弱势儿童未来福祉展望图。

# 第七章　儿童福祉相关工作人员与职业发展

【学习目标】

掌握：儿童福祉工作人员的职业素养。

熟悉：儿童福祉相关职能部门。

了解：儿童福祉的未来发展趋势。

【本章导读】

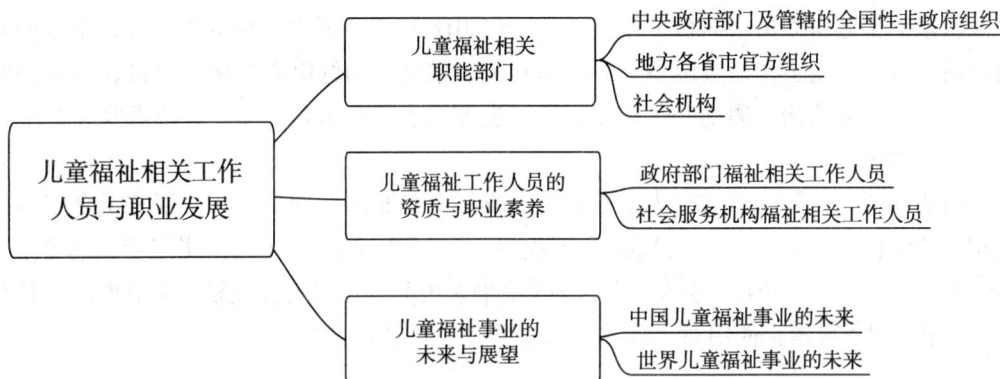

图7-1　儿童福祉相关工作人员与职业发展内容导读

　　儿童福祉的实现需要专业人才以及实施的平台，平台就是我国儿童福祉的相关的职能部门，专业人才是指具备儿童福祉素养和能力的工作人员。未来的中国及世界，儿童福祉的平台将不断完善和扩大，儿童福祉相关的工作岗位和事业发展有着十分好的前景。

# 第一节　儿童福祉相关职能部门

　　我国目前的儿童福祉政策行政体制中还没有统一管理儿童福祉的部门，相关职能部门仍处于零散分布的状态。

## 一、中央政府部门及管辖的全国性非政府组织

### （一）中央政府部门

**1. 民政部**

民政部是贯彻落实党中央关于民政工作的方针政策和决策部署的中央部门，内设机构中儿童福利司负责拟订儿童福利、孤弃儿童保障、儿童收养、儿童救助保护政策、标准，健全农村留守儿童关爱服务体系和困境儿童保障制度，指导儿童福利、收养登记、救助保护机构管理工作。

**2. 教育部**

教育部的主要职责是拟定教育督导的规章制度和标准，指导全国教育督导工作；依法组织实施对各级各类教育的督导评估、检查验收、质量监测等工作；起草国家教育督导报告；承办国务院教育督导委员会的具体工作，教育部基础教育司负责普通高中教育、义务教育、幼儿教育、特殊教育工作。

**3. 国家卫生健康委员会**

国家卫生健康委员会简称"卫建委"，于2018年3月成立，原为卫生部，下设妇幼健康司，拟订妇幼卫生健康政策、标准和规范，推进妇幼健康服务体系建设，指导妇幼卫生、出生缺陷防治、婴幼儿早期发展、人类辅助生殖技术管理和生育技术服务工作。

**4. 司法部**

司法部涵盖了预防未成年人的犯罪及未成年人犯罪的处理等工作，制定了众多与儿童相关的法律，例如《中华人民共和国收养法》《中华人民共和国未成年人保护法》《中华人民共和国预防未成年人犯罪法》《中华人民共和国母婴保健法》《中华人民共和国义务教育法》《禁止使用童工规定》等儿童保护的法律法规。

### （二）中央政府管辖的全国性组织

**1. 中华全国妇女联合会**

中华全国妇女联合会是1949年由中国共产党成立的妇女组织，基本功能是代表、捍卫妇女权益、促进男女平等，维护少年儿童权益，与社会各界密切联系，推动社会各界为妇女儿童办实事、办好事。

**2. 共青团中央**

共青团中央设有少年部，专门负责全国少年儿童的教育培养以及校内外面向儿童的保护工作，全国建有统一的中国少年先锋队，开展丰富多彩的活动，促进儿童健康成长。

**3. 中华全国总工会**

中国工会是中国共产党领导的职工自愿结合的工人阶级群众组织，是为妇女和家庭提供福利和支持的机构之一，间接对儿童的成长提供支持，部分工会在送温暖、捐款、发放节日礼物方面以儿童为对象，为儿童的福祉的实现起到重要作用。

**4. 中国残疾人联合会**

中国残疾人联合会简称"中国残联"，主要协调国务院有关残疾人事业方针、政策、法规、规划的制定与实施工作；协调解决残疾人工作中的重大问题；组织协调联合国有关残疾人事务在中国的重要活动。服务对象中包含残疾儿童，该协会是保障残疾儿童权益的重要社会力量。

**5. 中国红十字会**

中国红十字会是全国统一的红十字组织，是从事人道主义工作的社会救助团体，是国际红十字运动的成员，全国有多个分会，其业务包括有益于青少年身心健康的红十字青少年活动、无偿献血、救灾等。

## 二、地方各省市官方组织

中央政府部门及全国性的非政府组织在全国各地大多设有分支机构，负责儿童福祉政策的具体实施，例如市县的教育局、各单位工会、市县区的妇联、各省的未成年人保护委员会等。儿童福利院、妇女联合会、中国儿童基金会及各地方政府有关部门、司法机关、社会团体、学校、城市居民委员会、农村村民委员会等各方面共同参与，各负其责，为未成年人身心健康发展创造良好的社会环境。

在我国的港澳台地区，儿童福祉机构的设置与运行有着自身独特的地方，成立了很多的组织机构，服务于儿童，包含家庭求助热线、托婴中心、早期疗育、心理辅导、家庭咨询、儿童课后照顾服务等。

## 三、社会机构

我国政府积极推进社会机构参与儿童救助，2010 年的《国务院办公厅关于加强孤儿保障工作的意见》确立了"政府主导，民政牵头，部门协作，社会参与"的孤儿保障工作机制，初步拟定了"政府主导"和"官民合作"的工作思路。此外还通过《关于主动加强对个人和民办机构收留孤儿管理的通知》《中华人民共和国慈善法》《中华人民共和国儿童社会福利机构基本规范》等法律加强社会机构的建设。2017 年，我国社会组织超过 80 万个，被认定为慈善组织的超过 3000 家，其中很多都有儿童救助等项目，发展迅速。

中国香港政府自 20 世纪 60 年代开始主动承担起社会福利的责任，并与社会机构开展紧密的合作。这些机构成员包括政府部门及非政府机构的代表，负责向政府建议处理儿童问题的方法并监察儿童服务情况，获得政府支持，并与政府合作紧密。

# 第二节　儿童福祉工作人员的资质与职业素养

儿童福祉的实现需要专业人才，目前我国儿童福祉相关人才缺口大，没有全国统一的行业标准，培训福祉人才的学校和机构欠缺，需要进一步明确我国儿童福祉人才的种类、资质和培养途径，为未来我国儿童福祉的发展提供储备人才。

## 一、政府部门福祉相关工作人员

政府中的福祉相关部门主要指政府与儿童相关事务部门，妇联，社区儿童事务咨询部门等，工作人员可分为事务工作人员和业务工作人员。

事务工作人员是指政府部门中儿童事务办公室行政人员、儿童事务法律法规咨询员、儿童保护咨询人员、特殊需要儿童相关工作咨询人员等，该类从业人员必须了解我国儿童相关政策、法律和法规，自身职责和工作重点需与儿童生活直接相关。

业务工作人员主要分布在以下机构：少年宫、早教中心、儿童医院、母婴中心，幼儿园、早教机构、社区医院、智力障碍儿童养护机构、身体障碍儿童治疗机构、儿童心理问题辅导机构等。其工作直接面对家长和儿童，具体落实国家儿童福祉政策，提供可见的实质性支持，例如家长进行健康指导、成长监测、生活及学习指导、补贴补助的咨询与兑现等。

以社区的母婴中心为例，对社区内母婴生活进行支援，酌情配备专业的母婴生活顾问，对儿童进行一对一的咨询，实现社区儿童从被照顾到自我照顾的发展。这类工作人员需要直接接触到每个家庭的儿童，了解每个家庭的教养情况和儿童发展情况，在自身的医学、护理学知识和素养的基础上，还需要具备教育学、心理学的知识对监护人进行直接的育儿指导，并对整个社区儿童成长情况进行整体的把控。

## 二、社会服务机构福祉相关工作人员

社会服务机构以"健全人格＋专业素养"为标准，严格考试选拔制度，工作人员在合格后可在合适的岗位上任职，具体标准可参照具体机构性质而定。

### 1. 教育类机构工作人员

机构所有教师均需要持有普通话证、学历证书和教师资格证方可上岗，在 0～3 岁早教中心的工作人员除了具备专业的从业资格证书之外，还必须具备相应的儿童福祉照护技能。

### 2. 母婴中心工作人员

这类工作人员需具备婴幼儿保育知识，低龄儿童保育计划制定能力，解答和处理育儿相关问题的能力，以及医学、护理学的相关知识和技能。

### 3. 儿童福利院工作人员

该机构相关的从业人员必须具备法律专业知识、教育学和心理学知识和技能以及职业道德。

### 4. 儿童福利主任

儿童福利主任也叫作儿童福利督导员、儿童权利监察员、儿童主任等。自 2010 年第一批儿童福利主任上岗，截至 2018 年，基层儿童社会服务体系基本实现了全覆盖，由村（居）民委员会委员、大学生村官或专业社会工作者等担（兼）任的儿童主任，保障儿童的各方面的权利，解决儿童所在家庭的困境。

### 5. 咨询类工作人员

低龄儿童的福祉志愿中心在各大社区建立分支服务机构，对孤儿、受虐儿童等弱势儿童进行心理疏导。针对不同案件，对受虐儿童进行心理引导，包括专业的心理医生、护士、营养师、身心状态调理顾问、物理疗法指导师、社会交往能力指导师等。

**6. 儿童事务志愿者**

我国部分社区组建了儿童事务志愿者，以社内区高素质、高学历的居民为核心，建立社区儿童事务委员会，近距离把握本社区孕产妇和儿童的健康状况，随时提供家庭所需要育儿支持和指导。

新的发展带来新的需求，也将诞生很多新的儿童福祉工作人员从业标准，未来儿童福祉从业人员的自身素质、专业性和相关资质将会非常严格。相信随着我国儿童福祉相关法律法规的不断完善，儿童福祉工作人员的整体素质将呈现全新的状态。

# 第三节　儿童福祉事业的未来与展望

儿童福祉事业未来的前景是光明的，中国和世界儿童福祉在未来都将向着普及化、专业化、高覆盖、高质量的方向发展。

## 一、中国儿童福祉事业的未来

### （一）政策导向

#### 1. 鼓励社会力量参与儿童福祉事业

目前我国政府的政策导向十分明确，鼓励社会力量参与，以满足儿童的需求。以儿童教育福祉中的学前教育为例，政府积极发动社会力量，弥补学前教育的缺口，颁布了诸多文件，大力发展普惠性幼儿园，政府提供补贴并进行监管。除了教育福祉外，政府提供的医疗福祉、流浪儿童救助、孤儿帮扶等，所覆盖的儿童人数远远少于实际需求人数，社会力量的救助起了很大的辅助作用，未来中国儿童福祉的供给主体必然是多元的，由政府和社会共同组成的。

#### 2. 财政再分配向儿童倾斜

近些年，基础教育占 GDP 比重的增加，医疗与公共卫生占 GDP 比重的增加有力地推动了儿童福祉的发展，体现出财政再分配向儿童倾斜的政策导向。

2012 年，卫生部发布的《"健康中国 2020"战略研究报告》提出，到 2020 年中国卫生总费用占 GDP 比重达到 6.5% ~ 7.0%，主要健康指标基本达到中等发达国家水平，2017 年我国卫生总费用 51598.8 亿元，较上一年增加约 5254 亿元，占 GDP 的 6.2%。

#### 3. 儿童福祉覆盖范围扩大

儿童健康福祉方面，在过去的 20 多年中，中国儿童的健康水平有了较明显的改善，2015 年中国的孕妇死亡率为 27 人/10 万人，在世界范围内处于较低水平。2017 年国家卫生计生委颁布了《0~6 岁儿童健康管理服务规范》《孕产妇健康管理服务规范》等政策文件，进一步提升医疗方面对儿童健康福祉的支持力度，未来中国将继续提高儿童的健康保障，尤其是乡村儿童、贫困儿童和特需儿童的健康保障，逐步实现儿童医疗服务的平等和全覆盖。

儿童教育福祉方面，2018 年《中共中央国务院关于学前教育深化改革规范发展的若干意见》中提出，到 2020 年全国学前 3 年毛入园率达到 85%，普惠性幼儿园覆盖率（公办园和普惠性民办园在园幼儿占比）达到 80%，2035 年，全面普及学前 3 年教育。《国家中长期教育改革和发展规划纲要（2010~2020 年）》表示 2020 年九年义务教育巩固率达到 95%，在未来中国的教育普及是前景光明的，将逐步实现儿童教育的平等和全覆盖。

### （二）未来发展趋势

**1. 中国儿童福祉的猜想**

（1）学前教育立法　教育福祉是儿童福祉重要组成部分，《学前教育法》的制定一直是社会和教育界关注的事项，关于学前教育立法的提案最早是在 2000 年，经过将近 20 年的呼吁，终于列入全国人大的立法进程，教育部已经组建《学前教育法》立法起草小组，将加快推进立法工作。

（2）《儿童福利法》颁布　儿童福祉的实现需要完善的儿童福祉法律保障。2010 年开始民政部组织制定《儿童福利条例》（草案），2012 年完成起草工作。未来 10 年，将是中国儿童福祉法治化的重要时期，《儿童福利法》或《儿童福利条例》等法律有望获得通过，解决当下儿童各项权益保护相关的法律散落在国家各部门的法律文件当中不系统、不全面、执行起来操作性不强的困境，中国儿童的福祉将进入历史新阶段。

（3）普遍设立儿童权益代表人　2017 年，上海市普陀法院在全国率先探索儿童权益代表人的制度，开庭审理了一起涉及特殊儿童保护的离婚纠纷，解决了离婚双方忽略甚至侵占未成年子女权益的行为。由区妇女儿童工作委员会的工作人员作为儿童权益代表人，让孩子能够直接参与诉讼表达诉求。这一创新制度如果在全国推广普及，将会推动儿童权益保护获得实质性发展。

（4）儿童福利局成立　儿童福祉的实现依赖于政府部门的执行，目前儿童福祉的实施没有综合性的专门部门，效率不高，工作权限重叠且覆盖不全。儿童福利局在很多发达国家都有建立，专门管理儿童事务的机构，中国有望设立儿童福利局，整合儿童福祉各相关部门的行政功能，实现专事专办，权力集中，效率提升，覆盖全面，更好地为中国的儿童服务。

（5）儿童权利观获民众普遍认可　儿童权利在 20 世纪已经得到全世界的普遍认可，我国也在 1990 年加入联合国的《儿童权利公约》，尽管签署的比较早，但是在中国政府层面、社会层面和家庭层面对于儿童权利的认识还局限于中国传统观念中的儿童，即儿童应该听"别人"的，听"大人"的，儿童无法做决定，以至儿童的意见被成人忽视，最终父母替儿童做决定，社会忽视儿童的现象十分普遍。在未来的 20 年内，相信这种传统观念会有决定性的改变，儿童的权力得以挣脱几千年传统文化儿童观的束缚，发展到更高的层面。

（6）专业儿童福祉人才普及　目前我国儿童福祉专业人才的普及面临两个困难，一是缺少专业人才，二是留不住专业人才。职前培养方面，针对儿童福祉专门的人才培养缺少相关专业设置，没有专门的机构和部门培养儿童福祉人才。现在与儿童福祉关联密切的专业有教育类专业、心理学类专业、社工类及管理类专业，但是这些专业的培养人才的目标只是局限于各自的行业，如教育行业、管理行业、民政方面的服务行业等。未来的儿童福祉专业将是一个横跨哲学（伦理学）、法学（社会工作、人类学）教育（特殊教育、学前教育、小学教育、教育管理等）、医学（临床医学、护理学、妇幼保健医学）、管理（行政管理、人力资源管理、财物管理）等多个领域的全新专业，将从整体而非片面的视角为全体儿童提供服务和支持。在专业人才待遇方面，国家未来必将加大政策倾斜，增加编制数量，提高待遇，让儿童福祉的人才工作安心、顺心，更好地为儿童服务。

**2. 未来的政府、家庭、儿童与社会**

未来人们都会将全体儿童成长视为自己的责任，并构建出完整、和谐的儿童成长支援和保护体系。未来的儿童、家庭、政府、社会的关系将是十分密切的，这种密切的联系是主动的、有保障的、频繁的、统一的整体，而非被动的、松散、随性的连接。未来的政府在思想上和行动上都能够将儿童的权益放在首位，实现真正的"儿童优先""儿童最大利益"的原则。未来的家庭在政府完善的儿童福祉监督下，具备照料儿童的科学理念和基本能力，与政府共同组成防护网络，未来的社会将会为儿童提供健康的网络环境，各种无障碍设施覆盖中国土地的绝大部分公共区域，将诞生众多的服务儿童的非营利组织，这些组织帮助儿童和家庭解决困难，提升儿童成长品质和幸福指数。

## 二、世界儿童福祉事业的未来

### （一）儿童优先将广泛实现

儿童优先是 20 世纪世界各国广泛提倡的儿童问题的原则之一，但是在具体的实施上，并不是每个国家都做得很好，儿童的生存权得到普遍的保障，发展权和参与权实现地并不理想。在具体的政策支持和社会支持上，儿童优先在很多国家做得还很不到位，公共设施按照成人优先设计，家长在其他方面例如儿童的参与和表达诉求往往被成人忽视。未来应实现不仅仅在家庭中做到全面的儿童优先，在社会和政府层面也应从儿童的发展和健康的角度制定政策和决断问题。国家之间应能够打破国籍、组织等的界限，提供国际通用的儿童优先的统一做法，确保移民、出国求学、旅行等状态下的儿童在不同的大洲和不同的国度都能享受到"儿童优先"。

### （二）疾病救助与教育保障进一步普及

教育福祉和医疗福祉是儿童福祉的基本内容，目前各大洲的儿童教育福祉和医疗福祉发展情况差异明显，即便是在发达国家，儿童优先的程度和做法也有着较大差异。以瑞典为例，其有着很好的儿童福利根源在于国家政策倾向于母亲、儿童，即社会财富的再分配倾向于全体儿童的高福利、高支出。大部分的国家，包括近些年经济发展快速的国家，采取的方式仍然是补缺型，覆盖范围十分有限。但总体的趋势是各个国家在儿童教育和医疗上的投入呈现增长态势，最终必将在世界各国共同为全世界的儿童构建出一个完整的儿童教育和医疗保障网，实现贫有所养、病有所医、困有所扶。

### （三）构建儿童友好的世界秩序

儿童友好的世界是 21 世纪发展的趋势，西方国家提出 20 世纪是"儿童的世纪"，但现实是在 20 世纪儿童遭遇了诸多不幸，20 世纪上半叶的两次世界大战，众多儿童不仅遇难，还遗留下大量的孤儿，即便是到了 20 世纪末，世界的很多地方依然存在大量的童工以及贩卖儿童的犯罪行为，并且数量庞大的儿童面临疾病、战争、贫困的威胁。相信 21 世纪会是"儿童的世纪"的延续，并会在世界各国的共同努力下，打造一个真正"儿童友好的世纪"，这是美丽的憧憬，也是所有人努力的目标。

**【材料链接】**

**一、《北京市"十三五"时期儿童发展规划》**

（一）基本原则

1. 依法保护原则。在儿童身心发展的全过程，依法保障儿童合法权利，促进儿童全面健康成长。

2. 儿童优先原则。在制定法规、政策和资源配置等方面优先考虑儿童的利益和需求。

3. 儿童最大利益原则。处理和儿童相关的一切事务应从儿童身心发育特点和利益出发，保障儿童利益最大化。

4. 平等原则。为儿童创造公平的社会环境，保障儿童享有平等的权利与机会。

5. 儿童参与原则。创造有利于儿童参与的社会环境，鼓励、支持儿童参与家庭、文化和社会生活，畅通儿童表达意愿的渠道，重视吸收采纳儿童的意见诉求。

（二）具体目标

儿童与健康（人口素质、保健工作、健康水平）对应措施 11 条，例如"将预防艾滋病母婴传播纳入妇幼保健常规工作，加强预防艾滋病母婴传播综合服务"。

儿童与教育（基础教育、中高等职业教育、特殊教育、家庭教育）对应措施 7 条，例如"不断提高残疾儿童学前教育服务水平""提升家庭教育指导服务水平"等。

儿童与社会保障（儿童基本医疗、公共服务、儿童特殊群体的社会救助）共 7 项措施，例如"建立完善孤儿养育服务模式""开展困境儿童社会保护工作"。

儿童与法律（保障合法权益、预防和控制未成年人违法犯罪）共 11 项措施，例如"加强儿童财产权益保护""推动儿童维权通道机制建设"。

儿童与环境（社会环境、思想道德教育）共 14 项措施，例如"加大公共场所儿童公共服务设施建设，在城乡社区建设为儿童及其家庭提供游戏、娱乐、教育、卫生、社会心理支持和转介等服务的儿童之家""完善对儿童食品、玩具及用品的安全监管"。

**二、《北京市人民政府关于加强困境儿童和留守儿童保障工作的实施意见》（2016 年）**

（一）保障范围

1. 困境儿童

（1）因家庭贫困导致生活、就医、就学等困难的儿童，主要包括城乡低保家庭儿童、城乡低收入家庭儿童等。

（2）因家庭监护缺失或监护不当遭受虐待、遗弃、意外伤害、不法侵害的儿童，主要包括孤儿弃婴、事实无人抚养儿童、流浪儿童等。

（3）因罹患重病或身体残疾导致康复、照料、护理和社会融入等困难的儿童，主要包括残疾儿童、重病儿童、受艾滋病影响的儿童等。

（4）因其他特殊原因导致陷入临时困境的儿童，主要包括打拐解救儿童、临时失去家庭依靠的儿童等。

2. 留守儿童

留守儿童指因父母双方外出务工或一方外出务工、另一方无监护能力，缺乏亲情关爱和有效监护，需要政府和社会重点关注关爱的儿童。留守儿童中符合困境儿童条件的，纳入困境儿童保障范围。

（二）主要任务

1. 加强困境儿童和留守儿童监护工作。

（1）强化留守儿童家庭监护主体责任。

（2）落实困境儿童监护职责。

（3）发挥基层政府和自治组织作用。

（4）加强对家庭监护工作的引导。

2. 建立健全困境儿童和留守儿童救助保护机制。

（1）源头预防。

（2）强制报告。

（3）应急处置。

（4）评估帮扶。

（5）监护干预。

3. 完善困境儿童福利保障制度。

（1）完善生活保障。

（2）完善医疗康复保障。

（3）完善教育保障。

4. 健全困境儿童和留守儿童保障工作体系。

（1）健全工作网络。

（2）加强部门协同。

（3）充分发挥群团组织作用。

（4）鼓励支持社会力量有序参与。

【思考与练习题】

1. 儿童福祉从业人员的素养有何特殊性？
2. 结合实际，谈谈儿童福祉机构是如何运行的。

【小组讨论】

1. 如何看待中国儿童福祉事业的未来发展?
2. 如何看待世界儿童福祉事业的未来发展?

# 附录

## 1. 古代中国儿童福祉大事记

| 时间 | 王朝 | 事件 | 备注 |
|---|---|---|---|
| —— | 西周 | 保息六政，慈幼为六政之首 | 首次在官方政策中提及儿童福祉 |
| —— | 春秋 | 九惠之教，"慈幼""恤孤"，设"掌幼"官职 | 记载的首个儿童福祉专门管理机构及专职官员 |
| 前200年 | 西汉 | 汉高祖颁布《胎养令》 | 以法规形式鼓励生育 |
| 汉惠帝 | 西汉 | 若不满十岁有罪当刑者，皆完之 | 较早记录的儿童刑法的优待 |
| 6世纪初 | 南朝齐、梁、北魏 | 六疾馆、孤独园 | 机构救助的开始 |
| —— | 北宋 | 惠民药局 | 24小时的医疗救助 |
| 1247年 | 南宋 | 慈幼局 | 标志育婴事业从慈善机构中独立，世界最早的孤儿院 |
| —— | 明朝 | 圣母会 | 外国宗教在中国较早的救助儿童机构 |

## 2. 民国时期儿童福祉大事记

| 时间 | 举办单位 | 事件 | 备注 |
|---|---|---|---|
| 1928年4月4日 | 孔祥熙、邝富灼、高凤池、郭秉文等人发起 | 中华慈幼协会成立 | 民间团体 |
| 1929年10月 | 江苏省立民众教育院黄巷实验区 | 儿童幸福展览会 | |
| 1929年11月3日 | 南京市教育局和卫生局 | 婴儿比赛 | |
| 1932年5月 | 民国教育部 | 设立儿童节，每年4月4日 | 颁布《儿童节纪念办法》，"使人人有慈幼思想，人人负慈幼责任" |
| 1934年10月 | 中华慈幼协会召集，各省市民政厅、社会局协助 | 第一次全国慈幼领袖会议 | 上海举办，15省代表出席 |
| 1935年 | 国民政府，中华慈幼协会 | 设立"儿童年" | 1935年8月1日至1936年7月31日 |
| 1936年1月30日 | 全国儿童年实施委员会、教育部、国立编译馆、南京市社会局、南京市儿童年实施委员会等 | 全国儿童读物展览会 | 筛选共计2450种读物 |
| 1936年5月17日 | 全国儿童年实施委员会、教育部、南京市社会局、南京市儿童年实施委员会、国立编译馆等 | 全国儿童教具玩具展览会 | 分成十六类，陈列在八个陈列室中 |

续表

| 时间 | 举办单位 | 事件 | 备注 |
|---|---|---|---|
| 1936 年 8 月 | 中华慈幼协会召集，各省市民政厅、社会局协助 | 第二次全国慈幼领袖会议 | 青岛举办 |
| 1941 年 | 社会部 | 第一次全国儿童福利会议 | 研讨儿童福利的工作范围、推行方法，完成儿童福利政策及实施的研究报告，订立"善种）、善生、善养、善教、善保五大政策目标。 |
| 1942 年 9 月 | 社会部 | 编辑出版《儿童福利研究报告》（初稿），包括儿童福利政策纲领（草案）、儿童福利立法原则（草案）和儿童福利实施方案（草案）等 | |
| 1942 年 11 月 27 日 | 国民党中央 | 国民党中央第五届十中全会通过谷正纲、孙科、陈果夫、吴铁成、叶楚伧 5 人提出的《请确立儿童福利立法原则及推行办法纲要》一案 | 标志着国民政府的儿童福利立法正式启动 |
| 1944 年 | 社会部 | 拟订《儿童福利法草案》，孕产妇的保健，胎儿、婴儿、幼儿、学童、不幸儿童的保育，虐待儿童的防止，流浪儿童的教护等共 11 章 131 条 | |
| 1944 年 | 儿童保育会 | 第二次全国儿童福利会议 | 成立全国儿童福利协会，推进《儿童福利建议书》 |
| 1946 年 | 社会部与善后救济总署 | 第三次全国儿童福利会议 | 颁布十七点大会宣言；确立儿童工作由社会、教育、卫生、心理多方面配合；全国各大学配合开设课程，训练儿童福利工作人员，成立儿童福利研究社 |

### 3. 晚清、民国时期儿童慈善家列表

| 姓名 | 主张 | 行动 | 时间 | 影响 |
|---|---|---|---|---|
| 熊希龄 | 教养孤贫失学之男女儿童 | 创办北平香山慈幼院，设有幼稚园、小学、职业学校、师范学校等 | 1920 年 | 1966 年被接管，共培养孤贫儿童 6000 多名 |

续表

| 姓名 | 主张 | 行动 | 时间 | 影响 |
|---|---|---|---|---|
| | —— | 创办南通设立育婴堂 | 1904 年 | 开办一年，活婴千余 |
| | 盲哑具有普通之学识，逼使自立谋生，重视盲哑学生职业技术教育 | 创办狼山盲哑学校 | 1912 年 | 带动全国各地创办盲哑学校 |
| 张 謇 | 实业、教育和慈善三位一体，主张"举事必先智，启民智必由教育；而教育非空言所能达，乃先实业。实业教育既相资有成，乃及慈善，乃及公益" | 江苏南通开办 370 所小学、6 所中学和 3 所高等学校 | —— | 促进江苏南通教育和福利事业的发展，全国榜样示范作用 |
| | —— | 上海首创协赈公所 | 1878 年 | 领导江、浙、沪绅商赈灾施行募赈分离 |
| 经元善 | 女童也需上学 | 上海创办经正女学 | 1898 年 | 中国第一所女学，招收 8 ~ 15 岁女学生，中文课程与西文，英文、算术、地理、体操等 |

## 4. 晚清民国时期儿童慈善思想家列表

| 姓名 | 主张 | 行动 | 影响 |
|---|---|---|---|
| 孙中山 | 三民主义民生论，养民济民，安老怀少，"男子五六岁入小学堂，以后由国家教之养之，至二十岁止" | 创立三民主义，建立中华民国 | 慈善思想 |
| 康有为 | 慈善事业无宗族，家国之界限，主张"公养""公教""公恤"，婴儿出生，从公立育婴院到大学皆免费 | 著有《大同书》认为中国传统宗族慈善事业仅仅局限于本宗本族，以至于中国人重宗族而轻国家 | 慈善思想 |
| 洪仁玕 | 慈善事业由民间为主，兴建鳏寡孤独院，跛盲聋哑院，医院等 | 资政新篇 | 慈善思想 |

## 5. 晚清民国时期 3 ~ 6 岁儿童教育政策列表

| 时间 | 政策名称 | 具体内容 | 备注 |
|---|---|---|---|
| 1902 年 8 月 15 日 | 钦定蒙学堂章程 | —— | 未公布 |
| 1904 年 1 月 | 奏定蒙养院章程及家庭教育法章程 | 蒙养家教合一，蒙养院列入国家教育体系，设立保育室、游戏室等 | |
| 1911 年 | 地方学务章程施行细则 | 城镇乡乡连合会或其分区所设公用学堂中设立蒙养院 | |
| 1912 年 | 师范教育令 | 第 1 条：女子师范学校"以造就小学教员及蒙养园保姆为目的"<br>第 10 条：女子师范学校"应设蒙养园" | |

续表

| 时间 | 政策名称 | 具体内容 | 备注 |
|---|---|---|---|
| 1916 年 1 月 8 日 | 国民学校令施行细则 | 第 73 条："蒙养园以保育满三周岁至入国民学校年龄之幼儿为目的"<br>第 74 条："保育幼儿，务令其身心健全发达，得良善之习惯，以辅助家庭教育" | |
| 1932 年 | 幼稚园课程标准 | 学前教育的总目标：增进幼稚儿童身心的健康；力谋幼稚儿童应有的快乐和幸福；培养人生基本的优良习惯；协助家庭教养幼稚儿童，并谋家庭教育的改进 | 1936 年修改 |
| 1932 年 10 月 | 幼稚园课程标准 | 幼稚园的教材编写、课程标准、设备标准、训育标准等 | |
| 1933 年 3 月 | 修正幼稚园小学课程标准实施办法 | —— | |
| 1933 年 5 月 3 日 | 幼稚园中小学音乐教材编订委员会章程 | 音乐教材 | |
| 1939 年 12 月 | 幼稚园规程 | —— | |
| 1943 年 12 月 | 幼稚园设置办法 | —— | |

## 6. 现代中国儿童福祉大事记

| 时间（年） | 活动名称 | 举办单位 | 受益儿童 | 活动详情 |
|---|---|---|---|---|
| 1978 | 儿童免疫计划 | —— | 全体 | 疫苗接种 |
| 1981 | 中国儿童少年基金会 | 全国妇联 | 全体儿童 | 创设四个公益品牌 |
| 1986 | 中华人民共和国义务教育法 | 教育部 | 全体儿童 | 教育保障 |
| 1991 | 加入《儿童权利公约组织》 | 全国人大常委会 | 全体儿童 | 与国际接轨 |
| 1991 | 中华人民共和国收养法 | 全国人大常委会 | 孤儿、弃婴、无力抚养的子女 | 法律保障 |
| 1991 | 中华人民共和国未成年人保护法 | 全国人大常委会 | 全体儿童 | 法律保障 |
| 1993 | 北京星星雨教育研究所 | 田慧萍 | 孤独症儿童 | 孤独症儿童的康复指导、咨询服务等 |
| 1994 | 中华人民共和国母婴保健法 | 全国人大常委会 | 母亲和婴儿 | 健康保障 |
| 2001 | 儿童社会福利机构基本规范 | 民政部 | 儿童福利机构 | 机构建设规范 |
| 2004 | 明天计划 | 民政部 | 社会福利机构中 0～18 岁残疾儿童 | 手术矫治和康复，2004～2014 年，8 万多孤残儿童受益 |
| 2006 | 国务院关于解决农民工问题的若干意见 | 国务院 | 进城务工人员子女上学 | 教育保障 |

续表

| 时间（年） | 活动名称 | 举办单位 | 受益儿童 | 活动详情 |
|---|---|---|---|---|
| 2010 | 关于开展提高农村儿童重大疾病医疗保障水平试点工作的意见 | 卫生部 | 农村儿童 | 医疗保障 |
| 2011 | 中国儿童发展纲要（2011～2020年） | 国务院 | 全体儿童 | 政策支持与保障 |
| 2013 | 关于开展适度普惠型儿童福利制度建设试点工作的通知 | 民政部 | 儿童 | 设立儿童福利指导中心、儿童福利服务工作站、儿童福利主任、督导员 |
| 2016 | 关于加快推进母婴设施建设的指导意见 | 国家卫生计生委等部门 | 婴儿、母亲 | 设施保障 |
| 2018 | 中共中央国务院关于学前教育深化改革规范发展的若干意见 | 国务院 | 学前儿童 | 教育保障 |
| 2019 | 关于促进3岁以下婴幼儿照护服务发展的指导意见 | 国务院 | 0～3岁儿童 | 教养保障 |

## 7. 美国儿童福祉大事记

| 时间（年） | 事件 |
|---|---|
| 1909 | 召开白宫儿童会议 |
| 1912 | 联邦儿童局成立 |
| 1920 | 儿童福利联盟建立 |
| 1935 | 颁布《社会保障法》 |
| 1974 | 颁布《儿童虐待预防法案》 |
| 1980 | 颁布《收养救助与儿童福利法案》 |
| 1990 | 颁布《儿童保育与发展固定拨款法》 |
| 1994 | 颁布《1994年开端计划法修正案》 |
| 2002 | 颁布《不让一个孩子落后法》 |
| 2011 | 颁布《儿童和家庭服务改善与创新法案》 |

# 主要参考书目

1. 王雪梅．儿童福利论．北京：社会科学文献出版社，2014．

2. 刘晓东．儿童教育新论．南京：江苏教育出版社，1998．

3. 吕洪业．中国古代慈善简史．北京：中国社会出版社，2014．

4. 周愚文．宋代儿童的生活与教育．中国台北：师大书苑有限公司，1996．

5. 周国华．流动儿童的教育管理与社会支持．济南：山东教育出版社，2014．

6. 阮志贞，陈致和，托尼·赛奇．卫生慈善事业在中国．魏柯玲，译．北京：商务印书馆，2016．

7. 周震欧．儿童福利．中国台北：巨流图书公司，1991．

8. 林胜义．儿童福利．中国台北：五南图书出版股份有限公司，2012．

9. 霍力岩．学前比较教育学．北京：北京师范大学出版社，2015．

10. 简·尼尔森，谢丽尔·欧文，卡萝尔·德尔则尔．单亲家庭的正面管教．杨淼，张丛林，林展译．北京：北京联合出版公司，2017．

11. 刘杨．流动儿童社会处境、发展状况及影响机制．北京：北京大学出版社，2013．

12. 刘荣华．当前中国农村留守儿童精神抚养问题研究．北京：人民出版社，2017．

13. 亓迪．促进儿童发展：福利政策与服务模式．北京：社会科学文献出版社，2018．

14. 王振耀．系统建设普惠型儿童福利体系：中国儿童福利政策报告2015．北京：社会科学文献出版社，2016．

15. 邓纯考．中国农村留守儿童教育变迁．北京：中国社会科学出版社，2018．

16. 万国威．社会福利转型下的福利多元建构：西部农村留守儿童的实证研究．北京：中国社会科学出版社，2016．

17. 刘春玲，江琴娣．特殊教育概论．2版．上海：华东师范大学出版社，2015．

18. 廖全明，夏加强，刘杨．弱势少年儿童群体社会适应能力发展特点研究．成都：西南交通大学出版社，2016．

19. 高圆圆．中国残疾儿童福利研究．北京：中国劳动社会保障出版社，2014．

20. 卢德生．留守与流动儿童受教育的社会支持研究．北京：人民出版社，2017．

21. 周皓．流动儿童发展的跟踪研究．北京：北京大学出版社，2014．

22. 国家卫生健康委员会．中国卫生健康统计年鉴2018．北京：中国协和医科大学出版社，2018．

23. 陈羿君．幸福开源：低收入女性单亲家庭的生活应对研究．苏州：苏州大学出版社，2012．

24. 董溯战．中国农村留守儿童社会保障法律问题研究．北京：中国政法大学出版社，2018．

25. 陈旭．留守儿童的社会性发展问题与社会支持系统．北京：人民出版社，2013．

26. 野口勝己，赤木正典．児童福祉論．東京：建帛社，2007．

27. 衣斐哲臣．子ども相談·資源活用のワザ．東京：金剛出版，2008．

28. 福田公教，山縣文治．新・プリマーズ/保育/福祉児童家庭福祉．京都：シネルヴァ書
房，2010.

29. 髙玉和子，髙橋弥生．子ども学講座④子どもと福祉．東京：一藝社，2009.

30. 井村圭壯，相澤讓治．児童家庭福祉の成立と課題．東京：勁草書房，2013.